MICHAEL DEBUS

Auferstehungskräfte im Schicksal

Michael Debus

Auferstehungskräfte im Schicksal

Die Sakramente
der Christengemeinschaft

Urachhaus

ISBN 978-3-8251-7526-9

2. Auflage 2007
Erschienen im Verlag Urachhaus

Umschlagabbildung: Uta Albeck
Umschlaggestaltung: Uschi Weismann
Druck: buch bücher dd ag, Birkach

Inhalt

Teil III
Die Sakramente der Christengemeinschaft

»Das Wichtigste ist nicht, was der Christus Jesus gelehrt hat, sondern was er der Menschheit gegeben hat. Seine Auferstehung ist ein Geborenwerden eines neuen Gliedes der menschlichen Natur.«

Rudolf Steiner

Einleitung

Dieses Buch möchte einen Beitrag geben zu einer Sakramententheologie der Christengemeinschaft. Als die Christengemeinschaft 1922 als Bewegung für religiöse Erneuerung begründet wurde, geschah das im Bewusstsein eines vollständigen Neubeginns in der Geschichte des Christentums. Es schien wenig zu geben, woran man anschließen konnte, und vieles, was ganz neu zu schaffen war. Auch neue Namen mussten gefunden werden, um Verwechslungen mit dem »Alten« zu vermeiden. Das Wort Kirche wurde für Jahrzehnte abgelehnt, weil es auf Vergangenes zu deuten schien. Diese klare innere Ausrichtung auf die Zukunft ist auch weiterhin das wichtigste Wesensmerkmal der Christengemeinschaft, aber es kann inzwischen deutlicher gesehen werden, dass es der Ergänzung bedarf. Die Christengemeinschaft ist nicht nur eine »Schöpfung aus dem Nichts«, sondern sie steht auch in einem bestimmten Strom der christlichen Entwicklung, den Rudolf Steiner einmal die »Kirchenströmung« genannt hat. Von ihm ist für geistige Strömungen auch das Prinzip der Kontinuität formuliert worden, das besagt, dass neue geistige Impulse immer an das Bisherige in irgendeiner Form anzuknüpfen haben, wenn sie für die Welt fruchtbar werden sollen. Auch die Christengemeinschaft muss sich Rechenschaft geben können, woran sie geistig anknüpft, ohne sich dabei in ihrem Selbstverständnis von der Vergangenheit her bestimmen zu lassen. Diesem Gesichtspunkt folgend soll in dieser Arbeit untersucht werden, wo in der Entwicklung der Sakramententheologie die Punkte sind, an die ein neues Sakramentenverständnis anschließen kann, aber auch wo Entwicklungen eingetreten sind, die für die Christengemeinschaft einen ganz neuen Ansatz fordern.

Nachdem zunächst der Frage nach den Sakramenten im Allgemeinen nachgegangen wird (Teil I und II), werden dann die Sakramente der Christengemeinschaft im Einzelnen unter diesem Gesichtspunkt besprochen (Teil III). Dabei folgt die Darstellung weniger einem gemeindepraktischen Anliegen, sondern es geht in erster Linie um ein Verständnis der geistigen Prozesse, wie sie in dem jeweiligen Ritual zum Ausdruck kommen. Eine gewisse Ausnahme bildet die Trauung. Hier schien es notwendig, sich dem Thema stärker von der praktisch-konkreten Seite her anzunähern. Auch im Übrigen folgen die Kapitel dieses Teiles nicht durchgängig einer einheitlichen Systematik und sind in den einzelnen Elementen verschieden ausführlich, teilweise mit längeren Einschüben (Taufe), teilweise auf die wesentlichen Grundelemente konzentriert (Menschenweihehandlung). Zuletzt (Teil IV) fällt der Blick noch einmal auf das Ganze, nun mit einem weitergeführten Verständnis für den erneuerten Sakramentalismus. Wer sich hauptsächlich für die einzelnen Sakramente interessiert, kann die Lektüre auch mit Teil III beginnen.

Die zitierten Bibelstellen entstammen verschiedenen Übersetzungen; es wurde jeweils die Übersetzung gewählt, die den zitierten Gegenstand am deutlichsten zum Ausdruck zu bringen schien.[1]

Die Arbeit wendet sich an Menschen, die sich für die geistigen Grundlagen der Christengemeinschaft und ihren Ort in der Geschichte der Theologie interessieren. Im Allgemeinen werden gewisse Grundkenntnisse der Anthroposophie vorausgesetzt, wie z.B. die der verschiedenen Wesensglieder des Menschen. Im Weiteren ist es bei einer Darstellung wie der vorliegenden angezeigt, manchmal auch etwas ausführlicher bestimmte Gesichtspunkte aus der anthroposophischen Geisteswissenschaft heranzuziehen, durch die sich ein vertieftes Verständnis der Sakramente ergeben kann. Die Anthroposophie als solche ist für die Christengemeinschaft zwar nicht im engeren Sinn die Quelle ihrer Theologie, aber in vielen wichtigen Fragen kommen von ihr oftmals entscheidende Verständnishilfen.

Die vorliegende Arbeit hat ihre Geschichte. Es begann1969 – da war Gottfried Husemanns[2] bedauernde Bemerkung in einer Kursstunde, die Christengemeinschaft habe bis jetzt noch keine eigene Sakramententheologie entwickelt. Sachlich berührte es die Tatsache, dass die Gründer der Christengemeinschaft im Wesentlichen aus dem Protestantismus

[1] Es handelt sich im Wesentlichen um folgende Übersetzungen: Einheitsübersetzung (1980), Unrevidierte Elberfelder Bibel (1905), Revidierte Elberfelder Bibel (1993), Lutherbibel (1912) und Revidierte Lutherbibel (1984). Einmal wird auch Emil Bocks Übersetzung herangezogen.

[2] Gottfried Husemann (1900–1972), Mitbegründer der Christengemeinschaft, war der erste Leiter des 1933 errichteten Priesterseminars in Stuttgart.

kamen und sich zunächst wohl deshalb insbesondere mit einem neuen Evangelienverständnis auseinander gesetzt haben. Hier konnte auch an eine große Fülle von Anregungen Rudolf Steiners unmittelbar angeknüpft werden. Dieser erste theologische Ansatz hat bis heute zu zahlreichen bemerkenswerten Veröffentlichungen in Büchern und Zeitschriften geführt. Die Beschäftigung mit den Sakramenten hingegen beschränkte sich weitgehend auf Grundsätzliches und auf Einführungsliteratur. Hätten die Gründer in größerer Zahl einen katholischen Hintergrund gehabt, wäre die theologische Gewichtung dieser beiden Gebiete vermutlich anders, vielleicht sogar umgekehrt gewesen. Der erste Keim einer besonderen Sakramententheologie der Christengemeinschaft ist dann wohl von Rudolf Frieling in einem kleinen Aufsatz gelegt worden, der 1939 in der Zeitschrift *Die Christengemeinschaft* erschienen ist.[3] Das wurde bisher nicht wirklich fortgesetzt und weiterentwickelt, auch nicht von Frieling selbst.

Die hier ausgeführten Gedanken entstammen aber nicht allein persönlichen Studien, sondern sind in fast dreißigjähriger Lehrtätigkeit am Priesterseminar in Stuttgart, also im Dialog mit Studenten und Mitdozenten entstanden. Sie erheben nicht den Anspruch, fertig und abgeschlossen zu sein, sondern wollen gerne den weiteren Dialog über dieses wichtige Gebiet anregen. So sei an dieser Stelle zunächst einmal den zahlreichen Studenten gedankt, die als ungenannte Mitautoren im Hintergrund stehen. Dann geht an weitere Menschen der Dank: an die Studenten, Kollegen und Mitarbeiter des Priesterseminars im Sommersemester 2005 für das Ermöglichen einer zehnwöchigen Abwesenheit; an Dorothea und Michael Schmidt für den äußeren Rahmen auf ihrer Farm in Ontario, wo die Niederschrift des Buches möglich wurde; an diejenigen, die während des Entstehens mitgelesen und hilfreiche Kommentare gegeben haben. Arnold Suckau sei für eine erste kritische Durchsicht des Manuskripts und für wertvolle theologische Hinweise herzlich gedankt. Und schließlich möchte ich Dr. Wolfgang Niehaus dafür danken, dass er sich für dieses Projekt von Anfang an eingesetzt und es dann auch als Lektor begleitet hat.

[3] Rudolf Frieling (1901–1986), Mitbegründer der Christengemeinschaft, ab 1960 Erzoberlenker. Der Aufsatz ist inzwischen als Nachdruck erschienen, s. Literaturverzeichnis.

Teil I

Grundlagen eines zeitgemäßen Sakramentenverständnisses

1 Die erneuerten Sakramente in der christlichen Entwicklung

Seit 1922/23 werden die sieben Sakramente in erneuerter Form gefeiert. Sie stehen im Zentrum des Wirkens der Christengemeinschaft, die als »Bewegung für religiöse Erneuerung« gegründet worden ist. Religiöse Erneuerung ist in der Entwicklung der Kirche ein immer wieder auftretendes Thema gewesen, sodass sich die Christengemeinschaft zunächst einmal in einer Reihe mit früheren Reform-Bewegungen zu befinden scheint. Besonders gegen das Ende des Mittelalters, als die äußere und innere Verfassung der Kirche immer weniger dem gewandelten Bewusstsein der Menschen entsprach und zugleich die Missstände zunahmen, wurde der Ruf nach einer »Reform der Kirche an Haupt und Gliedern«[1] immer lauter und ein innerkirchlicher Reinigungsprozess immer dringlicher erwartet. So kam die Zeit der Reformkonzilien[2], die sich durch vier Jahrhunderte wenig wirksam immer wieder mit ähnlichen Fragen beschäftigten. Der notwendige Durchbruch konnte nicht erzielt werden. So brach statt einer Reform der Kirche schließlich die Reformation aus, ausgelöst durch den Priester-Mönch Martin Luther (1483–1546). Auch Luther wollte zunächst nichts anderes als die bestehende Kirche reformieren. Wo immer die Reformation zum Durchbruch kam, wurden deshalb selbstverständlich die gleichen Kirchengebäude weiter verwendet und die gleichen Altäre genutzt, an denen zunächst weiterhin geweihte »katholische« Priester wirkten, die sich aber die Freiheit nahmen (soweit sie im Schutz der Landesfürsten standen), endlich mit den ersehnten Reformen zu beginnen. Sie hatten sich dabei von der Autorität des Papstes losgesagt, gegen den sich die ganze leidenschaftliche Ablehnung Luthers als den in Rom residierenden »Antichrist« wandte. Ein Prozess war dadurch in Gang gekommen, der schließlich zu Konsequenzen führte, die ursprünglich

[1] Auf dem Konzil von Vienne 1311/12 wurden zum ersten Mal diese Worte gebraucht.

[2] Fünf im Lateran abgehaltene Konzilien (1123, 1139, 1179, 1215, 1512–17), das Konstanzer Konzil (1414–18) und das Konzil von Basel/Ferrara/Florenz ab 1431.

nicht beabsichtigt waren. Denn die Reformation hatte zunächst eine rein innerkirchliche Zielrichtung, führte dann aber zuletzt doch zur Gründung einer anderen, einer »zweiten« Kirche. Was im Mittelalter undenkbar gewesen war, wurde nun Wirklichkeit: Vorher hatte man sich »Kirche« niemals im Plural vorstellen können, denn es gab eben nur die *eine* Kirche für alle Christen.

Man kann einwenden, dass doch schon im 11. Jahrhundert das große Kirchen-Schisma eintrat, die Trennung der orthodoxen Ostkirche von der römisch-katholischen Westkirche. Aber diese Trennung wurde (und wird) im Westen bei allen damit verbundenen schmerzlichen Empfindungen doch nicht so gesehen, dass es dadurch zwei Kirchen gäbe. Die Priester der Ostkirche stehen in der gleichen anerkannten apostolischen Sukzession wie die Priester der Westkirche und vollziehen die Sakramente auch nach römisch-katholischem Verständnis »gültig«. Es ist also ein Getrenntsein innerhalb der einen Kirche, weshalb die Abendmahlsgemeinschaft mit orthodoxen Christen möglich ist.[3] Erst durch die Reformation entsteht eine zweite Kirche, in der grundlegende Tatsachen der katholischen Kirche aufgegeben worden sind.[4] Da es aber nach katholischer Auffassung, dem mittelalterlichen Bewusstsein weiterhin ganz entsprechend, eine zweite Kirche nicht geben kann, stehen für sie die Protestanten außerhalb der einen Kirche, und eine Abendmahlsgemeinschaft mit ihnen ist nicht möglich. Allenfalls die protestantische Taufe kann von der katholischen Kirche anerkannt werden, weil »im Notfall« der Vollzug der Taufe nicht notwendig an das Weihe-Priestertum gebunden ist.

[3] Nach katholischem Kirchenrecht gibt es mit den orthodoxen und orientalischen Kirchen die Möglichkeit einer begrenzten Sakramentsgemeinschaft für die Sakramente der Eucharistie (Abendmahlgemeinschaft), Buße und Krankensalbung.

[4] Grundlegend ist, dass es kein Weihe-Priestertum mehr gibt. Die protestantischen Geistlichen stehen nicht mehr in der apostolischen Sukzession. Von den sieben Sakramenten der mittelalterlichen Kirche behält Luther nur Taufe und Abendmahl bei, weil er allein für sie einen ausreichenden Grund in der Bibel findet. In der Abendmahlslehre lehnt er die Anschauung von der stofflichen Verwandlung des Brotes und Weines in Leib und Blut Christi (Transsubstantiation) ab.

Indem sich die Reformatoren ganz und gar auf die Bibel, das »Wort Gottes«, gründeten, bekam die gottesdienstliche Predigt als Verkündigung und Unterweisung eine bis dahin nicht gekannte Bedeutung. Das entsprach durchaus der neuen Bewusstseinsverfassung der Menschen an der Schwelle der Neuzeit und ihrem Bedürfnis nach einer eigenen Urteilsbildung auch in religiösen Dingen. Das ist auch heute zeitgemäß. Dabei verlor aber der Protestantismus die Messe, und aus seinem Gottesdienst sind kultische Elemente weithin verschwunden.[5] Auch die Auffassung der Sakramente, wie sie sich bis dahin in der (katholischen) Kirche herausgebildet hatte, wurde aufgegeben.

Vor diesem Hintergrund können wir fragen, wie sich die Christengemeinschaft selbst im Strom der christlichen Entwicklung sieht. Die Erneuerung des religiösen Lebens, die sie sich zum Auftrag gemacht hat, ist von vornherein nicht als innerkirchliche Erneuerung (»Reform«) angestrebt worden, auch wenn viele der maßgeblichen Gründer der Christengemeinschaft protestantische Theologen waren, Rittelmeyer sogar an führender Stelle in der evangelischen Kirche. Für die Gründer spielte die Vorstellung einer »dritten Kirche« im Anschluss an Schelling[6] eine gewisse Rolle. Diese dritte Kirche wurde als die zukunfttragende Synthese von Katholizismus und Protestantismus verstanden, als die johanneische Kirche, die auf das petrinische und paulinische Christentum folgen sollte.[7] Besonders Johannes Werner Klein war es, in dem dieses Ideal wohl zuerst auflebte.[8] Und doch kann einem

[5] Allerdings gibt es in einigen Bereichen des Protestantismus im 20. Jahrhundert auch wieder liturgische Bestrebungen. Vgl. z.B. Walter Birnbaum: *Das Kultusproblem und die liturgischen Bewegungen des 20. Jahrhunderts.* Tübingen 1970; Wilhelm Stählin: *Berneuchen antwortet.* Kassel 1939.

[6] Vgl. Robert Goebel: *Schelling: Künder einer neuen Epoche des Christentums.* Stuttgart o.J. (1975), S. 118 ff.

[7] Eberhard Kurras: *Christus-Erfahrungen. Petrus – Paulus – Johannes.* Stuttgart 1975.

[8] Schon 1919 schreibt er in einem Brief: »Das Ideal, das mir vorschwebt, ist die Errichtung einer großen, geistgetragenen, christlichen Volkskirche. Du kennst meine Verehrung für den katholischen Kult als dem Hüter wahrer, großer Mysterien ... Aber als Mensch stehe ich vor der Tatsache, dass die katholische Kirche versagt hat, wie jede andere ... Sie herrscht durch Autorität, verquickt mit der Macht der Mysterien ... Wir fordern die Errungenschaften des Protes-

wirklichen Verständnis der Christengemeinschaft dieses Bild nicht entsprechen. Sie will ganz gewiss keine dritte Kirche sein, jedenfalls nicht in dem Sinn, wie es eine katholische und evangelische Kirche gibt. Das Wort Kirche hatte sogar durch lange Zeit bei vielen Priestern der Christengemeinschaft einen ausgesprochen negativen Klang. Nicht als Kirche, sondern als Bewegung (für religiöse Erneuerung) verstand man die Christengemeinschaft. Das war so, obwohl im Credo der Christengemeinschaft die Kirche als eine entscheidende Tatsache genannt wird (11. Satz): »Gemeinschaften, deren Glieder den Christus in sich fühlen, dürfen sich vereinigt fühlen in einer Kirche, der alle angehören, die die heilbringende Macht des Christus empfinden.« Von da fällt ein Licht auf das, was mit Kirche gemeint ist, denn obwohl diese neue Art von Kirche gewiss ganz anders ist als die irdisch gegründete mittelalterliche Kirche, gibt es auch für sie keinen Plural. Es ist die *eine* Kirche, der alle wahren Christen angehören. Aber es kann durchaus verschiedene Gemeinschaften geben, »deren Glieder den Christus in sich fühlen«. So kann von der Christengemeinschaft aus auf andere Gemeinschaften – nicht »Kirchen« – geblickt werden, die sich zum Christentum bekennen. Es kann für die Christengemeinschaft aber kaum einen Grund geben, solche Gemeinschaften etwa auf ihre Christlichkeit hin zu beurteilen, weil es allein die konkreten Menschen sind, insofern sie »den Christus in sich fühlen«, durch die eine Gemeinschaft christlich wird. Deshalb wird auch die Taufe einer anderen Glaubensgemeinschaft in Bezug auf Gültigkeit, Ungültigkeit oder »Christlichkeit« im Allgemeinen durch die Christengemeinschaft nicht beurteilt. Ein solches Urteil wäre höchstens im Hinblick auf den einzelnen Menschen denkbar, also in Bezug darauf, ob er ein »wahrer« Christ ist. Das ist aber so intim, dass es sich einer äußerlichen Beurteilung leicht entzieht. So kann man bei Gemeinschaften, die sich zum Christentum bekennen, letztlich nur die Frage haben, ob die Wege zu einer Christus-Beziehung, die innerhalb einer solchen Gemeinschaft gepflegt werden, zeitgemäß sind, ob also die beiden wichtigsten Leitsterne über diesen Wegen stehen: einmal

tantismus für alle Menschen: Geistesfreiheit und Gewissensfreiheit ... Nur auf anthroposophischem Boden kann die neue Kirche gebaut werden ...« (Rudolf Gädeke: *Die Gründer der Christengemeinschaft.* Dornach 1992, S. 89).

eine konkrete (nicht abstrakt-theoretische) Beziehung zur übersinnlichen Welt und dann die Gewissens- und Gedankenfreiheit im Bereich des Religiösen. Die Christengemeinschaft gibt es nur deshalb, weil es Menschen gibt, die zeitgemäße Wege zu Christus suchen. Was das heißt, hat Hans-Werner Schroeder in seiner Darstellung der Gründung der Christengemeinschaft ausgeführt.[9]

Wenn nun hier über die »erneuerten Sakramente« gesprochen wird, ist damit nicht gemeint, dass irgendetwas schon Bestehendes, etwa die Sakramente der römisch-katholischen oder der orthodoxen Kirche, durch die Christengemeinschaft einer Reform unterzogen worden sei. In diesem Sinn kann man sagen: Die Christengemeinschaft knüpft *nicht* an die bestehenden Kirchen an. Sie geht – um es einfach und direkt zu sagen – aus der »Offenbarung Christi« in unserer Zeit hervor. Die Offenbarung Christi ist mit seinem Erscheinen vor 2000 Jahren nicht abgeschlossen, wie es die katholische Kirche 1965 auf dem Zweiten Vatikanischen Konzil (1962–1965) noch einmal formuliert hat,[10] sondern sie geht mit der Zeit weiter. Sie war im Urchristentum anders als in der Reformationszeit und hat wieder eine neue Stufe erreicht im 20. Jahrhundert. Diese fortschreitende Offenbarung, die wir heute die »Wiederkunft Christi«[11] nennen, ist die Quelle der wahren Erneuerung des Christentums, aus der sich die *eine* christliche Kirche neu gründen kann. Sie ist auch der Quell, aus dem die zeitgemäßen Kultusformen stammen und damit verbunden die Sukzession einer auf der Erde wirkenden Priesterschaft. Aus diesem Quell stammt die Siebenheit der Sakramente in erneuerter Form. Damit die Christengemeinschaft entstehen konnte, bedurfte es mächtiger geistiger Hilfe, nämlich eines Menschen, der vollbewussten Zugang zu diesem Quell hatte, vielleicht vergleichbar mit Moses, der von Jahwe auf dem Berg Sinai den levitischen Kultus empfing. Rudolf Steiner ist in

[9] Hans-Werner Schroeder: *Die Christengemeinschaft. Entstehung – Entwicklung – Zielsetzung.* Stuttgart ²2001.

[10] »Daher ist die christliche Heilsordnung, nämlich der neue und endgültige Bund, unüberholbar, und es ist keine neue öffentliche Offenbarung mehr zu erwarten vor der Erscheinung unseres Herrn Jesus Christus in Herrlichkeit.« (18.11.1965; *Dogmatische Konstitution über die göttliche Offenbarung;* Kap. 1, Art. 4.)

[11] Schroeder s. Anm. 9, S. 15 f.

entsprechender Weise der entscheidende Geburtshelfer für die Christengemeinschaft geworden.

Der Kultus der Christengemeinschaft, sein Wortlaut und die Art seiner Ausführung, ist also in seinen wesentlichen Elementen nicht von Menschen – etwa einem Gremium von Theologen – »gemacht«, sondern entstammt der Offenbarung Christi, vermittelt durch einen Menschen. In seinem christlichen Gehalt hat er deshalb für die Christengemeinschaft den gleichen Rang wie das Neue Testament, das auch – zu einer früheren Zeit – der Offenbarung Christi entstammt. Eine weitere Offenbarungsquelle kennt die Christengemeinschaft nicht. Dieser Hinweis scheint wichtig, weil oft, vor allem in kirchlichen Kreisen, die Vermutung (oder sogar Behauptung) ausgesprochen wird, über das Neue Testament hinaus gebe es für die Christengemeinschaft in der Anthroposophie eine zweite und womöglich wichtigere Offenbarungsquelle. Das stimmt nicht. Überhaupt ist Anthroposophie ihrem Wesen nach (Geistes-)Wissenschaft, also gänzlich auf das menschliche Verständnis gegründet. Dabei wird vorausgesetzt, dass das menschliche Erkenntnisvermögen gegenüber dem bloß auf die Sinneswelt bezogenen Denken erweitert werden kann. Anthroposophie ist dann nicht wie eine Offenbarung »gegeben«, sondern muss denkend erarbeitet werden. Eine »auf Gott zurückgeführte Enthüllung einer vorher ›verborgenen‹ religiösen Wirklichkeit, die der Mensch als für sein Leben existenziell wichtig erfährt und die allein mit den Mitteln der menschlichen Vernunft weder begriffen noch begründet werden kann« (Brockhaus-Definition von Offenbarung) ist sie erklärtermaßen nicht. Deshalb lehnt Rudolf Steiner auch jede Lehrautorität in der Anthroposophie ab: Nichts soll »aufgenommen werden auf Autoritätsglauben hin.«[12] Wer also bestimmte anthroposophische Inhalte unverständlich und für sich selbst nicht nachvollziehbar findet, kann sie auf sich beruhen lassen. Das gilt selbstverständlich auch für Priester der Christengemeinschaft. Umgekehrt muss man aber auch sagen, dass gerade durch die Anthroposophie für viele Menschen die überlieferten Inhalte des Christentums (z.B. Trinität, Taufe, Abendmahl, Auferstehung) erst wirklich verstehbar

[12] GA (Rudolf Steiner Gesamtausgabe, Bibliographie-Nr. s. Literaturverzeichnis) 254, Vortrag vom 18.10.1915.

werden – selbstverständlich, wie bei allem Verstehen, nicht in einem abschließenden Sinn. Das bezieht sich auch auf die Inhalte des Neuen Testamentes. Insofern spielt für viele, ja wohl die allermeisten Priester der Christengemeinschaft Anthroposophie eine entscheidende Rolle für ein wahrhaftiges Ausüben ihres Berufes. Sie ist eine Verstehenshilfe, keine Offenbarungsquelle.

Bei den Wortlauten des Kultus ist das aber gänzlich anders. Der Kultuswortlaut ist tatsächlich als Offenbarung gegeben, wie das Neue Testament auch, und mit einer eigenen ihm innewohnenden Autorität gültig für den, der sich mit ihm verbindet. Ob und wie weit er ihn auch versteht, ist eine Frage der inneren Reife und des Lebens mit ihm. Es ist ein Wachstumsprozess, der nie an ein Ende kommt. Deshalb findet die Freiheit in der Lehre, die jedem Priester der Christengemeinschaft zukommt (auch und gerade in Bezug auf die Anthroposophie), ihre Grenze beim Kultus. Auch etwa unverstandene Wortlaute des Kultus können von einem lehrenden Priester nicht infrage gestellt werden, wenn er damit nicht zugleich sich selbst in seinem Tun infrage stellen will. Die Sicherheit, den Kultus auch künftig nicht infrage stellen zu wollen, gehört deshalb zu den wichtigen inneren Vorbereitungsschritten, die jeder werdende Priester zu leisten hat.

Was für die Anthroposophie also nicht gilt, trifft auf den Kultus der Christengemeinschaft zu: Er ist – gleichberechtigt neben dem Neuen Testament – für die Christengemeinschaft eine zweite Offenbarungsquelle. Damit ist auch ein bestimmtes Verhältnis von Liturgie zur Theologie gegeben, das sich umgekehrt zu dem in der katholischen Kirche verhält. Dort gibt es nämlich den Primat der Theologie gegenüber der Liturgie: Nur was im Glauben gewiss ist, kann von der Liturgie bezeugt werden. So heißt es etwa in der Bulle »Munificentissimus Deus« (in ihr wurde die leibliche Himmelfahrt Mariens dogmatisiert), die Papst Pius XII. 1950 erließ: »Da nun die Liturgie der Kirche den katholischen Glauben nicht schafft, sondern ihn voraussetzt, und die gottesdienstlichen Übungen aus diesem Glauben wie die Früchte vom Baum stammen …« Die Liturgie entsteht also aus theologischer Einsicht. Aus einem Konzilsbeschluss können neue liturgische Inhalte und Formen hervorgehen. So sind etwa auf dem 2. Vatikanischen Konzil große Veränderungen im liturgischen Bereich vorgenommen worden bis hin zur

Schaffung eines ganz neuen Rituals für die Kindertaufe (in Ablösung der durch 2000 Jahre praktizierten Verwendung des Erwachsenen-Taufrituals für Kinder). Das wäre in der Christengemeinschaft undenkbar. Kultusformen und -texte können nicht aufgrund von theologischen Einsichten gemacht werden. Interessanterweise spielte diese Illusion in der Gründungsgeschichte der Christengemeinschaft eine problematische Rolle. Nachdem nämlich Johannes Werner Klein im Februar 1920 die erste Frage in Richtung auf eine religiöse Erneuerung an Rudolf Steiner gestellt hatte, indem er im Sinne Schellings nach der dritten Kirche über Katholizismus und Protestantismus hinaus fragte, bekam er zur Antwort: »Wenn Sie das durchführen, was Sie vorhaben – und es lassen sich die Formen dafür finden –, dann bedeutet das etwas ganz Großes für die Menschheit.« Das war ein Angebot Rudolf Steiners zu helfen. Johannes Werner Klein hat diese Antwort aber missverstanden und sich für die nächsten Jahre einen Plan gemacht: Beendigung des Studiums, Studium aller Kulte der Menschheit, Verkünden der Anthroposophie, Aufbau einer Organisation, Bilden eines neuen Kultus. Ein gutes Jahr später (entsprechend lange hat sich dadurch die Gründung der Christengemeinschaft verzögert!), Ostern 1921, hat Klein seinen Irrtum bemerkt.[13] Inzwischen hatte der Gründerkreis sich zu bilden begonnen, und die Zusammenarbeit mit Rudolf Steiner begann, die schließlich zu geistgeoffenbarten Kultusformen führte. Aber so, wie die Christengemeinschaft nicht aus der Anthroposophie herausgewachsen ist, so sind auch ihre Ritualien nicht einfach anthroposophische Wortlaute und auch nicht durch die persönliche Philosophie eines Menschen entstanden. Sie sind aber durch Rudolf Steiners Vermittlung aus der Christus-Offenbarung heraus »durch Anthroposophie dargereicht«[14]. Aus dem lebendigen Umgang mit solchen Kultus-Wortlauten können – umgekehrt als es der katholischen Auffassung entspricht – grundlegende theologische Einsichten gewonnen werden.[15]

[13] Siehe Rudolf Gädeke: *Die Gründer der Christengemeinschaft*. Dornach 1992, S. 90.

[14] GA 260a, Dornach 1987, S. 397.

[15] Es sei hier bemerkt, dass es innerhalb der katholischen Theologie auch andere Auffassungen gibt, die der Liturgie als »Factum Ecclesiae« (Pius IX.) eine Dogmen begründende Kraft zuschreiben. Sie beziehen sich auf ein Wort des

Damit sind wir beim ersten methodischen Ausgangspunkt angelangt, von dem aus hier ein Verständnis der erneuerten Sakramente gesucht wird: dem Kultuswortlaut selbst.[16] Im Weiteren wird die Anthroposophie entscheidende Verständnishilfen bieten. Dann wird es sich schließlich darum handeln, den geistigen Ort zu bestimmen, an dem die Christengemeinschaft in der Geschichte des Christentums steht. Auch wenn sie in ihrer Wirksamkeit nicht von den bestehenden Kirchen ausgeht, ist sie dennoch der »Kirchenströmung«[17] zugehörig und hat mit ihrer Sakramententheologie anzuknüpfen an das, was bisher schon ausgebildet worden ist. Das gilt insbesondere für die katholische Theologie bis zum Konzil von Trient (1545–1563). Was danach kommt, können wir unberücksichtigt lassen, denn »die nachtridentinische Theologie hat die Sakramentenlehre nicht mehr wesentlich befruchtet.«[18] Und was dann im 20. Jahrhundert wieder neu in der katholischen Theologie aufbricht, ist zwar in manchen Punkten von Interesse (z.B. die Mysterientheologie, s. S. 60) und lohnend, dass sich die Christengemeinschaft damit auseinander setzt, aber nicht mehr etwas, woran sie im engeren Sinn anknüpft, weil nun ihre eigene theologische Tradition beginnt.

Papstes Coelestin I. (432): »Legem credendi statuat lex orandi« (Das Gesetz des Betens möge das Gesetz des Glaubens bestimmen). Papst Pius IX. hat sich 1854 bei der Begründung seines Mariendogmas (Unbefleckte Empfängnis) auf dieses Prinzip berufen, das ansonsten von der katholischen Theologie allgemein nicht akzeptiert wird.

[16] Innerhalb der Rudolf-Steiner-Gesamtausgabe sind die kultischen Texte inzwischen im Rahmen der theologischen Kurse veröffentlicht worden in GA 343, 344 und 345.

[17] GA 343, 4.10.1921.

[18] J. Finkenzeller, in: *Lexikon für Theologie und Kirche*. Freiburg 1957–65, Bd. IX, S. 224.

2 Kultische Handlungen und Sakramente

2.1 Die kultischen Handlungen in der Christengemeinschaft

Es gibt in der Christengemeinschaft elf Kultushandlungen mit einem eigenen Ritualwortlaut, die als Gemeindefeiern gehalten werden:[19]

1. *Die Taufe.* Sie ist eine reine Kindertaufe und kann bis zum Konfirmationsalter vollzogen werden, danach in der Regel nicht mehr.
2. *Die Konfirmation.* Sie wird in der Zeit zwischen Ostern und Himmelfahrt an den 14-Jährigen vollzogen. Die Taufe ist Voraussetzung.[20]
3. *Die Menschenweihehandlung* (das Altarsakrament). An der Kommunion können Menschen ab der Konfirmation bzw. ab dem Konfirmationsalter teilnehmen.
4. *Die Beichte.* Sie setzt die Mündigkeit des Menschen voraus.
5. *Die Letzte Ölung.* Dieses Sakrament wird vollzogen, wenn der Sterbeprozess manifest wird.
6. *Die Priesterweihe.* Sie kann an Männern und an Frauen vollzogen werden (von Anfang an, seit 1922). Ehelosigkeit (Zölibat) ist nicht Bedingung.
7. *Die Trauung* wird vollzogen bei der Verbindung von Mann und Frau.
8. *Die Sonntagshandlung für die Kinder* wird für Schulkinder bis zur Konfirmation gehalten und findet in der Regel sonntags statt.
9. *Die Weihnachtshandlung für die Kinder* wird für Schulkinder bis zur Konfirmation gehalten und findet einmal jährlich statt, in der Regel am 25. Dezember.
10. *Das Kinderbegräbnis.* Für Kinder bis zur Konfirmation (Erdbestattung oder Kremation).
11. *Die Bestattung.* Für Erwachsene ab der Konfirmation bzw. ab dem Konfirmationsalter (1. Teil: Aussegnung; 2. Teil: Erdbestattung oder Kremation).

[19] Zu diesen Handlungen gibt es Literatur von E. Fischer, J. Lenz, Chr. Rau, H.-W. Schroeder, s. Literatur.

[20] Die Taufe anderer christlicher Kirchen wird im Allgemeinen anerkannt.

Die ersten sieben kultischen Feiern sind im engeren Sinn die *Sakramente,* die letzten vier gelten nicht als Sakramente. Warum nicht – und wodurch wird eine Kultushandlung zum Sakrament? Zunächst muss man sagen, dass die Sakramente als »heilende Arznei« mit der Gesundung der Inkarnation verbunden sind (Heilung von der »Sündenkrankheit«), sich also immer auf den inkarnierten Menschen beziehen. Die beiden letztgenannten Kultushandlungen sind schon deshalb keine selbstständigen Sakramente, weil sie nicht für einen lebenden Menschen gehalten werden. Warum aber sind die Sonntagshandlung und die Weihnachtshandlung für die Kinder keine Sakramente? Man kann die Anschauung haben, dass die geistige Substanz, die in die Obhut der Christengemeinschaft gegeben ist, ihrem Wesen nach die Substanz der sieben Sakramente ist, und dass jedes der Sakramente in Bezug auf seine Stellung im Leben einen »Umkreis« hat, zu der andere kultische Handlungen gehören. Das Kinderbegräbnis ist in diesem Sinn der Taufe zugeordnet, Sonntagshandlung und Weihnachtshandlung für die Kinder der Konfirmation, die Bestattung der Letzten Ölung. So kann man auch jene Kultushandlungen, die nicht im engeren Sinn Sakramente sind, zum Gesamtorganismus der Sakramente zählen. Indem sie bestimmten Sakramenten zugeordnet sind, empfangen sie einen sakramentalen Charakter.[21] Das kultische Gut der Christengemeinschaft enthält also seinem Wesen nach nichts anderes als die Gesamtheit der *sieben Sakramente,* zu der weitere Kultushandlungen gehören, die in einer beson-

[21] Die Sonntagshandlung und die Weihnachtshandlung sind von Rudolf Steiner schon vor der Gründung der Christengemeinschaft den Lehrern des Freien Religionsunterrichtes an der Waldorfschule gegeben worden. (Auf Bitten von Eltern wurde der Freie Religionsunterricht für solche Kinder eingerichtet, deren Eltern als so genannte »Dissidenten« keiner der bestehenden Konfessionen angehörten.) Sie werden also textgleich im Rahmen der dort gehaltenen Feiern von Lehrern gehalten. Nach einem Gespräch, das Emil Bock mit Rudolf Steiner darüber geführt hat, ob es ein Unterschied sei, wenn diese Handlungen innerhalb der Christengemeinschaft gehalten würden, machte er sich folgende Aufzeichnung (unveröffentl.): »Es war aber von Anfang an klar, dass diese Feiern, allein schon dadurch, dass sie in unserem Rahmen im priesterlichen Gewand zu zelebrieren sein würden, bei uns zu einem unmittelbaren Bestandteil des Sakramentalismus werden müssten.«

deren Beziehung zu jeweils einem bestimmten Sakrament stehen. Die kultischen Handlungen können dann in der Siebenheit der Sakramente wie folgt zusammengefasst werden:

1. Taufe *und Kinderbegräbnis*
2. Konfirmation *und Sonntagshandlung / Weihnachtshandlung für die Kinder*
3. Menschenweihehandlung (Kommunion)
4. Beichte
5. Letzte Ölung *und Bestattung*
6. Priesterweihe
7. Trauung

Wenn ein Kind (vor dem Konfirmationsalter) stirbt, ist die Form der Bestattung anders als beim Erwachsenen und trägt dem besonderen Schicksal Rechnung, dass ein Mensch vor Erlangung der »Erdenreife« die Erde wieder verlässt; die Kindertaufe geht in das Kinderbegräbnis über, das in seinem strengen trinitarischen Aufbau und bei den verwendeten Substanzen (Wasser und Asche) eine inhaltliche und eine Formverwandtschaft zur Taufe hat. Die Konfirmation wird sieben Jahre lang durch die Sonntagshandlung und die Weihnachtshandlung für die Kinder vorbereitet. Auch hier besteht zwischen (vor allem dem ersten Teil) der Konfirmation und diesen beiden Handlungen deutlich eine inhaltliche und Formverwandtschaft. Letzte Ölung und Bestattung sind durch die Schwelle des Todes verbunden: Die Letzte Ölung führt den Menschen hin zu dieser Schwelle, die Bestattung setzt diesen Weg jenseits der Schwelle fort.

2.2 Die Sakramente in der katholischen, orthodoxen und protestantischen Kirche

In der katholischen Kirche werden ebenfalls sieben Sakramente gefeiert. 1547 wird auf dem Konzil von Trient (gegen die Reformatoren) formuliert: »Wer sagt, die Sakramente des Neuen Bundes seien nicht alle von Christus Jesus, unserm Herrn, eingesetzt, oder es seien mehr oder weniger als sieben, nämlich Taufe, Firmung, Eucharistie, Buße, Letzte

Ölung, Weihe und Ehe, oder eines von diesen sieben sei nicht eigentlich und wirklich Sakrament, der sei ausgeschlossen.« Seit dem Ende des 12. Jahrhundert ist die Siebenheit der Sakramente in der Kirche allgemein anerkannt.[22]

Die Taufe wird an Kindern und Erwachsenen vollzogen.

Die Firmung wurde im Lauf der Geschichte in verschiedenen Lebensaltern vollzogen. Sie wird vom Bischof gespendet. Durch Papst Pius X. (1903–14) kam als Firmalter die Zeit nach der Erstkommunion, also das 10.–12. Lebensjahr, in Übung. Neuere Vorschläge gehen dahin, das Firmalter weiter hinauszuschieben.

An der *Eucharistie (Kommunion innerhalb der Messe)* können Menschen ab der Erstkommunion teilnehmen. Das Alter der Erstkommunion wurde 1215 (IV. Laterankonzil) auf »die Jahre der Unterscheidung« festgelegt, also auf das siebte bis zwölfte Lebensjahr. Im Jahre 1910 bestimmte Pius X. das 7. Lebensjahr als Norm.

Die Buße (Beichte) bereitet die Kommunion vor. In der Abwehr auftretender Fragen nach einem nicht zu frühen Beichtalter wurden die Bischöfe der Kirche 1971 noch einmal aufgefordert, »von dem geltenden Brauch«, die Kinder vor der Erstkommunion zur Erstbeichte zu führen (also der Norm nach im 7. Lebensjahr), nicht abzuweichen.[23]

Die Letzte Ölung wird seit dem 12. Jahrhundert so genannt. Empfänger ist der »von einer lebensgefährlichen Krankheit befallene Christ, der den Gebrauch der Vernunft erlangt hat.« Wer dem sicheren Tod entgegengeht, aber nicht von Todesschwäche befallen ist (etwa ein zum Tode Verurteilter oder ein Soldat in einer lebensgefährlichen Lage), kann die Letzte Ölung nicht empfangen. »Diese sind durch das Sakrament der Firmung für die Aufgaben ausgerüstet, welche fordern, sich in der vollen Kraft des Lebens der Todesgefahr auszusetzen oder dem sicheren Tod preiszugeben – mit der entsprechenden sittlichen Gesinnung, sei es dem Starkmut des Märtyrers oder der Pflichttreue gegen das Vaterland

[22] In einem kirchlichen Dokument erschien die Siebenzahl der Sakramente zuerst im Jahre 1208 im Glaubensbekenntnis von Papst Innozenz III. gegen die Waldenser.

[23] Johann Auer/Joseph Ratzinger: *Kleine Katholische Dogmatik*, Bd. VII. Regensburg ²1979, S. 375.

oder der Aufopferung für die Rettung des Nächsten oder der büßenden Genugtuung.«[24] Seit dem 2. Vatikanischen Konzil (1962–1965) heißt die Letzte Ölung *Krankensalbung* und ist nicht mehr an das Sterben gebunden, sondern kann jedem Kranken gespendet werden.

Priesterweihe (sie kann nur an Männern vollzogen werden, die ehelos leben) und *Trauung* gelten als »Standessakramente«, weil sie nicht an den gewöhnlichen Lebenslauf gebunden sind, sondern in einen bestimmten Stand versetzen.

Außer den Sakramenten gibt es noch eine reiche Fülle von kultischen Handlungen, die *Sakramentalien* genannt werden. Wir beschäftigen uns mit ihnen im nächsten Kapitel.

Auch in den orthodoxen Kirchen des Ostens werden sieben Sakramente gepflegt. Trotz der Trennung von der römisch-katholischen Kirche seit dem 11. Jahrhundert hat die Ostkirche zweihundert Jahre später problemlos den Gedanken der Siebenheit für die Anzahl der Sakramente von der Westkirche übernommen, obwohl die liturgische Praxis der Ostkirche eine solche differenzierte Unterscheidung viel weniger nahe legt.[25] Die Sakramente heißen dort *Mysterien*. Die sieben Mysterien sind:

Taufe – Myronsalbung (= Firmung) – Eucharistie. Diese drei Sakramente erscheinen am Anfang des Lebens als *eine* Feier: Das kleine Kind empfängt mit der Taufe auch gleich die Myronsalbung und Kommunion (ggf. nur in flüssiger Form, d.h. nur Wein). Die weiteren Mysterien sind: *Ordination* (sie kann nur an Männern vollzogen werden: Einem verheirateten Mann ist die Fortsetzung der Ehe nach der Priesterweihe

[24] Michael Schmaus: *Katholische Dogmatik*, Bd. III/2. München 1941, S. 419.

[25] Man sprach von »heiligen Handlungen« und verstand darunter nicht nur die Sakramente, sondern auch die verschiedenen Weihen und Segnungen. Auf dem Unionskonzil von Lyon 1274 akzeptierten dann die Orthodoxen in der »Professio fidei« die Siebenzahl der Sakramente. Aber in einer lehramtlich maßgebenden Weise wird über die Siebenheit der Mysterien doch erst in der »Orthodoxos Homologia« (Confessio orthodoxa) des Petrus Mogila gesprochen, die 1642 auf der Synode von Jassy die Zustimmung der Synodenteilnehmer fand und in der Folge von allen morgenländischen Patriarchen approbiert wurde. Sie wird zu den »Symbolischen Büchern« der Orthodoxie gerechnet, also zu den normativen Glaubensregeln.

erlaubt; einem unverheirateten Priester ist die Eheschließung untersagt), *Ehe, Buße, Krankensalbung* (diese wird an den Kranken vollzogen und ist kein Sterbesakrament). Die Siebenheit spielt im Bewusstsein und in der Theologie der orthodoxen Kirche aber eine viel geringere Rolle als im Westen, ja, sie wird von orthodoxen Theologen ab dem ausgehenden 19. Jahrhundert auch schon wieder in ihrer Absolutheit infrage gestellt. Von 1903 stammt etwa die Äußerung des russischen Priestermönches Tarasij: »Die Praxis der ganzen östlichen Kirche ist nie auf den engen Pfad der offiziellen Theologie gegangen und hat stets auch anderen heiligen Riten und Gebeten eine hohe Wirksamkeit zugeschrieben … Die Begrenzung der Zahl der Mysteria und ihre Definition sind durchaus willkürlich und trügerisch; sie entspringen unmittelbar der lateinischen Scholastik und ihrer juristischen Art.«[26]

In der protestantischen Kirche wird nur noch von zwei Sakramenten gesprochen, nämlich von Taufe und Abendmahl, weil nur für diese beiden sich – nach Luthers Ansicht – eine biblische Begründung findet. Gleichberechtigt, womöglich sogar übergeordnet, tritt neben die sakramentale Zeichenhandlung das verkündigende Wort. So schreibt Luther: »Die Worte sind göttliche Gelübde, Zusagung und Testament. Die Zeichen sind Sakramente, das ist, heilige Zeichen. Nun als viel mehr liegt an dem Testament, denn an dem Sakrament, also liegt viel mehr an den Worten, denn an den Zeichen. Denn die Zeichen mögen wohl nicht sein, dass dennoch der Mensch die Worte habe, und also ohne Sakrament, doch nicht ohne Testament selig werde.«[27] Bei Calvin und Zwingli verliert das Sakrament gegenüber dem Wort noch mehr an Bedeutung. Zwingli hat selbst mit dem Wort Sakrament Probleme, weil es ihm eine Bedeutung zu suggerieren scheint, die Taufe und Abendmahl nach seiner Auffassung nicht zukommt: »Sehr wünschte ich, die Deutschen hätten das Wort ›Sakrament‹ niemals in ihren Sprachschatz aufgenommen, es sei denn, dass sie es deutsch, unmissverständlich, aufgenommen hätten.«[28]

Die Zusammenschau von katholischem, orthodoxem und protestantischem Sakramentenverständnis zeigt, dass die Siebenheit der Sakramente

[26] Zitiert bei Robert Hotz: *Sakramente im Wechselspiel zwischen Ost und West.* Zürich-Köln 1979, S. 274 f.

[27] Ebd., S. 92 f.

[28] Ebd., S 95.

nur in der katholischen Theologie durch das Konzil von Trient dogmatisch fest verankert ist. Aber selbst hier sind in den letzten Jahrzehnten von namhaften Theologen Auffassungen formuliert worden, die der Siebenheit eher eine mythische als eine reale Bedeutung zumessen. Karl Rahner beispielsweise meint, dass man je nach geschichtlicher oder theologischer Sichtweise heute auch von neun Sakramenten sprechen könne.[29] Alexandre Ganoczy schreibt: »Der letzte Eindruck von der Siebenzahllehre ist doch der einer weitreichenden Relativität und Flexibilität.«[30] Bei Herbert Vorgrimler schließlich lesen wir: »Die Frage, warum Gott nach katholischer Auffassung gerade sieben Einzelsakramente gewollt hat, nicht eins mehr und nicht eins weniger, entschärft sich, wenn das Institutionell-Sakramentale in den Rahmen der allgemein-sakramentalen Heilsökonomie eingebettet wird. Die Siebenzahl selber kann symbolisch verstanden, braucht nicht als zwingend nachgewiesen zu werden.«[31] Die Gründe, die gegen ein absolutes Festhalten an einer Siebenheit von Sakramenten vorgebracht werden, sind einleuchtend: Es gab keineswegs von Anfang an sieben Sakramente, im Gegenteil, es dauerte über tausend Jahre, bis diese Auffassung auftrat. Des Weiteren ist die Entstehungsgeschichte der einzelnen Sakramente sehr verschieden. Taufe und Abendmahl gab es von Anfang an, andere Feiern haben sich erst allmählich herausgebildet. Einige haben in diesem Prozess sogar mehrfach ihre Bedeutung gewechselt. Schließlich sind die Vollzüge der Sakramente, ihre Wurzeln in der religiösen Praxis und ihr Bezug zu bestimmten Lebenssituationen so verschieden und unvergleichbar, dass es fast wie Willkür erscheinen muss, wenn aus der großen Fülle kirchlicher Feiern sieben herausgegriffen und als Sakramente in einen besonderen Rang erhoben worden sind.

Wir müssen auch die Bedenken Luthers ernst nehmen, der zwar anerkennt, dass Taufe und Abendmahl biblisch begründet sind, der aber zugleich die Frage hat, ob es denn irgendeine Gemeinsamkeit zwischen Taufe und Abendmahl gäbe, die es nahe legen könnte, von beiden als Sakramenten zu sprechen. Im Neuen Testament jedenfalls gibt es hierfür

[29] Zitiert bei Alexandre Ganoczy: *Einführung in die katholische Sakramentenlehre*. Darmstadt 1979, S. 40 f.

[30] Ebd., S. 41.

[31] Herbert Vorgrimler: *Sakramententheologie*. Düsseldorf 1987, S. 57.

keine Grundlage. Nirgends werden Taufe und Abendmahl unter einem gemeinsamen Oberbegriff zusammengefasst und erwähnt. So ist also nicht nur die Siebenzahl der Sakramente zu befragen, sondern viel weitergehend auch die Berechtigung, von Sakramenten im Allgemeinen zu sprechen. Für Luther jedenfalls war der Sakraments-Begriff, den er dann doch verwendet, eher eine abstrakte Zusammenfassung von Taufe und Abendmahl, als dass er eine eigene Wirklichkeit repräsentierte.

Für die Christengemeinschaft ist der Lebensprozess in der Pflege der Sakramente ein umgekehrter. Es war im Zugehen auf ihre Gründung von vornherein klar, dass im Zentrum der religiösen Erneuerung ein Kultus stehen würde als Gesamtheit von sieben Sakramenten. Diese Gesamtheit ist *der* Kultus, der als »Ur-Sakrament« gegeben ist und nicht aus einer historischen Entwicklung abgeleitet wird. Bemerkenswerterweise wird in der heutigen katholischen Theologie entsprechend von Jesus Christus als dem »Ursakrament« gesprochen. Man beruft sich dabei auf eine bestehende Tradition: Augustinus nannte Christus das »mysterium Dei«, bei Thomas ist er das »fundamentale Sakrament«. Luther sagt: »Nur ein einziges Sakrament kennt die Heilige Schrift, das ist Christus, der Herr selbst.« Das Wort *Ursakrament* kommt dann im 20. Jahrhundert auf (1934 bei Carl Feckes) und spielt in der Theologie nach dem 2. Vatikanischen Konzil eine große Rolle.[32] Man spricht auch von *Hauptsakrament* und meint damit die Kirche. Diese Bedeutungen können bei dem Begriff *Ursakrament* mitklingen. Der theologische Weg der Christengemeinschaft führt also nicht von einzelnen konkreten kultischen Handlungen zu einem daraus abstrahierten Sakramentenbegriff, sondern umgekehrt von der Wirklichkeit des Ur-Sakramentes zu den Einzelsakramenten. Darauf gründet sich das Verständnis der Sakramente im Allgemeinen.

2.3 Sakramentalien und kosmisches Christentum

Von jeher hat es in der katholischen (und orthodoxen) Kirche auch kultische Handlungen gegeben, die nicht im engeren Sinn zu den seit dem

[32] Ebd., S. 44 ff.

12. Jahrhundert benannten sieben Sakramenten gehören. Sie werden (ebenfalls seit dem 12. Jahrhundert) »Sakramentalien« genannt und beziehen sich im Wesentlichen auf die »Heiligung« der äußeren Welt. Es gibt nahezu keine Sache und kein Ding natürlicher oder menschlicher Herkunft, das in der katholischen Kirche nicht Gegenstand einer sakramentalen Segnung werden könnte. Mit fortschreitender Zivilisation ist auch der ganze Bereich der Technik einbezogen worden. Beispiele können wir einer – beliebig herausgegriffenen – Zusammenstellung[33] von Sakramentalien entnehmen. Da gibt es den Segen

- *für Menschen*, z.B. Opfer und Segen der Mutter, Segen über ein gesundes Kind, Segen über ein krankes Kind,
- *für die Natur*, z.B. Kräutersegen; Segen über eine Quelle; Segen über Felder, Almen, Weiden; Segen über die Bienen,
- *über Nahrungsmittel*, z.B. Segen über Brot; Segen über Käse und Butter; Segen über Ostereier,
- *über technische Erzeugnisse*, z.B. Segen über eine Maschine zur Erzeugung elektrischen Lichtes; Segen über einen Hochofen; Segen über die Eisenbahn und ihre Wagen,
- *für besondere Schwierigkeiten*, z.B. Segen gegen Wasserflut; Segen gegen Ungeziefer; Segen über eine Arznei.

Bei den liturgischen Formeln dieser Sakramentalien wird immer – auf eine mehr oder weniger einleuchtende Weise – an Motive aus dem Alten oder Neuen Testament angeknüpft. So wird beispielsweise beim »Segen über die Eisenbahn und ihre Wagen« auf das Erlebnis des Apostels Philippus Bezug genommen, der zu einem Äthiopier in dessen Wagen einsteigt und ihn auf der Fahrt schließlich zum Christentum bekehrt (Apostelgeschichte 8,26 ff.).

Eine theologische Reflexion über die Sakramentalien hat erst im 12. Jahrhundert begonnen durch Petrus Lombardus[34], der die Sakramente von den Sakramentalien unterschied. Die Sakramente sind von Christus

[33] Hugo Dausend: *Die Sakramentalien* (Reihe *Religiöse Quellschriften*, Hrsg. J. Walterscheid), Düsseldorf 1930.

[34] Petrus Lombardus (um 1100–1160), 1140 Lehrer an der Kathedralschule von Notre Dame in Paris, 1159 Bischof.

eingesetzt als Heilszeichen, die das Handeln Gottes am Menschen zum Ausdruck bringen. Bei den Sakramentalien geht es um das Handeln des Menschen an der Welt, um deren Verchristlichung, wofür der Mensch aber mitverantwortlich ist. So kann auch die Auffassung verstanden werden, dass die Sakramentalien nicht unmittelbar von Christus, sondern von der Kirche eingesetzt sind.

Indem in den Sakramentalien die Wirksamkeit der Erlösungstat Christi nicht allein für den Menschen, sondern auch für die Welt angesprochen wird, erscheint eine weitere Dimension des Christentums, die in der Entwicklung der Kirche im Westen nur ungenügend berücksichtigt worden ist: seine kosmische Dimension. Es gibt einschlägige Stellen im Neuen Testament, vor allem bei Paulus, die auf den kosmischen Christus hinweisen. Auf der anderen Seite ist das kosmische Christentum diskreditiert worden, weil es von der frühchristlichen Gnosis vertreten wurde. So schreibt ein katholischer Theologe in diesem Zusammenhang kritisch: »Des weiteren beruhte der Werbeerfolg der Gnostiker auf der These, dass sie als Christen höheren Ranges, als ›geistliche Menschen‹, allein die rechte Deutung des kosmischen Geschehens besäßen und so allein zur vollkommenen Erkenntnis Gottes befähigt seien.«[35] Heute ist es an der Zeit, diesen verlorenen Bereich des Christentums in neuer Form zurückzugewinnen. Das ist ein zentrales Thema der anthroposophischen Christologie und gehört auch zu den Grundlagen der Theologie der Christengemeinschaft.[36] Aber auch auf protestantischer Seite gibt es hierzu neuere Veröffentlichungen.[37] Und im Bereich des Katholizismus gibt es Theologen, die von einem kosmischen Christentum in Verbindung mit den Sakramentalien sprechen: »Die Mitte des Heilsgeschehens ist Christus, in dem die Welt erschaffen ist, in dem die Welt ihren Bestand hat, der die Welt durch seinen Tod erlöst hat (Kolosser 1,15–20), der als Richter die Welt vollenden (Matthäus 25,11 ff.) und der endlich den neuen Himmel und die neue Erde schenken wird (Apokalypse 21). … Im Dienste dieses durch Gottes Heilsgeschichte

[35] Karl Baus im *Handbuch der Kirchengeschichte*, Bd. I, S. 217, Freiburg/Br. 1985.

[36] Siehe Hans-Werner Schroeder: *Der kosmische Christus*. Stuttgart 1995.

[37] Werner Thiede: *Wer ist der kosmische Christus?* Göttingen 2001.

kosmischen Christus steht die Kirche mit ihren Sakramentalien.« Denn sie umfasst »nicht nur die Menschen, sondern als Leib des kosmischen Christus auch die Welt der Menschen und den Kosmos.«[38]

Hier erhebt sich natürlich die Frage, ob es in der Christengemeinschaft, in der ja das kosmische Christentum eine wichtige Rolle spielt[39], auch Sakramentalien gibt. Die Antwort ist eindeutig: Die Christengemeinschaft kennt keine Sakramentalien in der überlieferten Art. Selbstverständlich ist das nicht deshalb, weil sie in der »Heiligung der Welt« keine Aufgabe sähe; aber zwischen dem Handeln Gottes, das allem Kultus zugrunde liegt, und dem Handeln des Menschen aus eigener Verantwortlichkeit wird die Grenze deutlich gezogen. Letzteres gehört nicht in den Bereich des Kultischen.

Denken wir an einen verschmutzten Fluss. Was würde hier etwa ein *Segen des Flusses* bedeuten? Soll man Gott um sauberes Wasser bitten? Oder der *Segen über ein Auto* mit der Bitte, die Engel mögen »stets von allen Gefahren befreien«: Soll er bewirken, dass der Fahrer oder die anderen Verkehrsteilnehmer nun vorsichtiger fahren, sodass die Unfallgefahr in diesem Fahrzeug geringer ist? Wir müssen heute, vielleicht schmerzlich, anerkennen, dass die Menschheit eine Verantwortung für die Zukunft der Erde trägt, die ihr niemand abnimmt, auch nicht Gott oder die Kirche. Taten sind gefordert, die nicht einfach durch Gebete oder kultische Handlungen ersetzt werden können. Das gilt auch im Hinblick auf Sakramentalien.

Die »Heiligung der Welt« ist dennoch ein zentrales Motiv im Kultus der Christengemeinschaft, der nicht in erster Linie nur als Gnadenwirkung für den Einzelnen eine Bedeutung hat. Das Wandlungsgeschehen, das vom Altar ausgeht, ergreift letztlich die ganze Schöpfung. Für sie hat der Mensch eine Verantwortung, die noch tiefer ist als die Verantwortung für das ökologische Gleichgewicht der Erde, für die die Menschheit allmählich erwacht. Der Mensch verdankt den Naturreichen unter ihm, dem Mineral-, Pflanzen- und Tierreich, seine menschliche Existenz, nicht nur in einem äußeren Sinn, sondern noch tiefer. Die heutigen Na-

[38] Auer/Ratzinger, Bd. VI, S. 118 und 122.

[39] Entsprechend hat sich die Christengemeinschaft von konfessioneller Seite den Vorwurf zugezogen, »neugnostisch« zu sein.

turreiche und das Reich des Menschen waren einstmals *ein* Reich, das sich dann im Lauf einer langen, geistig geprägten Entwicklung differenziert hat. Man kann das ganz äußerlich mit zwei Jungen vergleichen, die eine Mauer besteigen wollen, die ihre Körpergröße überragt. Der eine gibt dem anderen die Möglichkeit, auf seine Schultern zu steigen und so die Mauer zu erklimmen, sodass der eine »oben« sein kann, weil der andere zurückgeblieben und deshalb »unten« ist. In diesem Bild spricht sich ein tief greifendes soziales Gesetz aus. Diejenigen, die »oben« sind, schulden immer denen etwas, die »unten« sind, auch wenn sie sich das nicht bewusst machen und denken, sie seien aufgrund eigener Verdienste »oben«. Auch die Menschheit ist in der Schöpfung »oben« und gegenüber den Reichen unter ihr, die auf verschiedenen Stufen der Entwicklung »zurückgeblieben« sind, ein Schuldner. Das Wort von der *Erlösung der Tierwelt*[40] hat hier seinen berechtigten Ausgang. Auf dieses Geheimnis weist Paulus im Römerbrief hin (Römer 8,19 ff.):

»Rings um uns her wartet die Schöpfung mit großer Sehnsucht darauf, dass in der Menschheit die Söhne Gottes zu leuchten beginnen. Die Schöpfung ist der Vergänglichkeit unterworfen, nicht um ihrer selbst willen, sondern um dessentwillen, der sie in die Vergänglichkeit mit hineingerissen hat, und so ist in ihr alles von Zukunftssehnsucht erfüllt. Denn auch durch die Schöpfung soll der Atem der Freiheit hindurchgehen; die Tyrannei der Vergänglichkeit soll aufhören.«

Etwas Ähnliches hat auch Christian Morgenstern ausgedrückt in einem Gedicht, das *Fußwaschung* überschrieben ist:

Ich danke dir, du stummer Stein,
und neige mich zu dir hernieder:
Ich schulde dir mein Pflanzensein.

Ich danke euch, ihr Grund und Flor,
und bücke mich zu euch hernieder:
Ihr halft zum Tiere mir empor.

[40] Siehe Rudolf Meyer: *Zur Erlösung der Tierwelt*. Stuttgart 1970.

Ich danke euch, Stein, Kraut und Tier,
und beuge mich zu euch hernieder:
Ihr halft mir alle drei zu Mir.

Wir danken dir, du Menschenkind,
und lassen fromm uns vor dir nieder:
weil dadurch, dass du bist, wir sind.

Es dankt aus aller Gottheit Ein-
und aller Gottheit Vielfalt wieder.
In Dank verschlingt sich alles Sein.

Es gibt also eine Aufgabe des Menschen an der Schöpfung, der er früher noch wie im Schoß der Gottheit nachkam, im Gebet zu Gott. Heute wird dieses Gebet zur weltlichen Tat. Die Substanz der Sakramente bleibt nicht länger im geschlossenen Milieu kultischen Handelns, sondern strömt durch das Handeln des Menschen in die Welt aus und verwandelt – »heiligt« – sie. Diesen Gedanken hat Rudolf Steiner ausgeführt: »Dasjenige, was in den alten Kulten des Christentums symbolisch gepflogen wurde, das muss die ganze Welt ergreifen; was bloß auf dem Altar vollzogen wurde, das muss die ganze Welt ergreifen. Die Menschheit muss lernen, die Natur so zu behandeln, wie die Götter selber die Natur behandelt haben: nicht in uninteressierter Weise Maschinen bauen, sondern bei allen Verrichtungen einen Gottesdienst erfüllen, Sakramentalismus in alles bringen.«[41] Im Weiteren führt er am Beispiel der Taufe aus, wie ihre Substanz in die Welt einfließt in einer christlichen, dem Kind entsprechenden Pädagogik.

Die »Sakramentalien« der Christengemeinschaft sind also Taten des Menschen, in denen die Substanz der Sakramente wirksam wird. Beim einzelnen Menschen ist das gewiss nur sehr anfänglich möglich. Dennoch bleibt es ein großes Ziel, dass er einmal immer mehr in »allen Verrichtungen einen Gottesdienst erfüllen« kann. Die Sakramente sind also der Quell eines beginnenden sakramentalen Handelns des Menschen.[42]

41 GA 172, 27.11.1916.

42 Es soll hier ausdrücklich erwähnt sein, dass jede wahre spirituelle Schulung

Solche ganz »weltlichen« und vom Menschen verantworteten Handlungen müssen heute an die Stelle treten, wo zu anderen Zeiten kultisches Handeln angezeigt war, denn im Wesen des Christentums liegt es, dass Gott gegenüber der Welt in die Ohnmacht gegangen ist. Er wirkt nur noch durch den Menschen.

Als Abschluss dieses Kapitels soll noch auf eine Reihe von kultischen Handlungen geblickt werden, die innerhalb der Christengemeinschaft vollzogen werden und scheinbar doch den Charakter von Sakramentalien haben, weil sie sich nicht auf den Menschen, sondern auf Dinge der Welt beziehen.

Es gibt die Weihe von Substanzen: *Wasser, Asche, Öl.* Sie werden benötigt für Kinderbegräbnis (Wasser und Asche), Letzte Ölung und Priesterweihe (Öl), Bestattung (Wasser) und Raumweihe (Wasser). Die bei der Taufe verwendeten Substanzen Wasser, Salz, Asche bedürfen hingegen keiner vorausgehenden Weihe, weil sie im Verlauf der Taufhandlung geweiht werden. Ähnliches gilt für die übrigen kultischen Substanzen (Weihrauch, Brot, Wein).

Die *priesterlichen Gewänder* werden ebenfalls geweiht.

Dann gibt es die *Raumweihe* für einen ausschließlich dem Kultus dienenden Raum.

Das *Altarbild* wird geweiht.

Der *Kelch* wird geweiht.

Die *dem Altar zugehörigen Gegenstände und kultischen Geräte* werden geweiht.

Die Weiheformeln sind der Wortgestalt nach viel freier als die eigentlichen Ritualtexte der Christengemeinschaft. Viele von diesen Handlungen werden auch nur in einfacher Form in der Sakristei vollzogen. Es findet tatsächlich eine »Heiligung der Welt« in ritueller Form statt, was als Merkmal von Sakramentalien angesehen werden könnte. Dennoch handelt es sich hier um etwas anderes, weil die Weihen sich ausschließlich auf Dinge beziehen, die dem Kultus dienen, die also erklärtermaßen von der Welt ausgesondert sind. Es sind Handlungen, die zum Innenraum des Kultus gehören, nicht zur Welt.

der Keimboden für solches sakramentale Handeln ist. Insbesondere gilt das für den Schulungsweg der Anthroposophie.

2.4 Kultus und Sakrament in der Anthroposophie

Anthroposophie ist Wissenschaft vom Geist und als solche nicht Religion. Wissenschaft und Religion sind ganz verschiedene Bereiche des Geisteslebens. Deshalb betont Rudolf Steiner wiederholt: »Anthroposophie als solche kann nicht religionsbildend auftreten«[43] und auch »Anthroposophie stört niemandes religiöses Bekenntnis«[44]. Dennoch hat die Geisteswissenschaft ein anderes Verhältnis zur Religion als die heute an den Universitäten gepflegte Wissenschaft. Rudolf Steiner geht von einem erweiterten Wissenschaftsbegriff aus im Anschluss an Goethe, der zum ersten Mal von einer Dreiheit von Wissenschaft, Kunst und Religion sprach. Goethe sagt: »… alle drei sind eins von Anfang und am Ende wenn gleich in der Mitte getrennt.«[45] Eine wesentliche Aufgabe der Anthroposophie ist dementsprechend, diese drei Gebiete des Geisteslebens wieder zu vereinigen, allerdings ohne sie zu vermischen in der Art, wie sie »eins von Anfang« waren, sondern unter Bewahrung der fruchtbaren Differenzierung, die entstand, weil sie »in der Mitte getrennt« sind. Die Überwindung der Trennung soll also in der Art herbeigeführt werden, dass die drei am Ende – in übertragener Anwendung einer Formel Tertullians – »ungetrennt und unvermischt« vereinigt sind. Anthroposophie beginnt als Wissenschaft. Sie untersucht die geistige Welt und ihre Wesen, wie das z.B. in der *Geheimwissenschaft im Umriss* (GA 13) geschieht. Aber wenn sich der Leser in das Erforschte wirklich vertieft, kann er gegenüber dem, was er da zur Kenntnis nimmt, Ehrfurcht entwickeln – eine Seelenstimmung, die mehr als nur wissenschaftliches Interesse ist. Schließlich kann sogar das Bedürfnis erwachen, zu diesen geistigen Wesen, von denen man Kenntnis bekommen hat, eine konkrete Beziehung herzustellen. Die innere Hinwendung zu diesen Wesen ist der Anfang einer Kommunikation, also Religion, denn Kommunikation mit höheren Wesen ist Religion. Das Mittel dieser Kommunikation ist – im weitesten Sinn verstanden – das Gebet. Auch die Kommunikation

[43] GA 343, 24.9.1921.

[44] GA 72, 19.10.1917.

[45] Siehe Michael Debus: »Wissenschaft – Kunst – Religion. Ein prophetischer Hinweis Goethes«. In: Jean-Claude Lin (Hrsg.): *Wirken im Zeichen von Kunst, Wissenschaft und Religion*. Stuttgart 1999.

mit dem Mitmenschen kann Religion werden, wenn dabei das höhere Wesen des anderen Menschen im Blick ist. Dann gehören soziales Leben und Religion aufs engste zusammen. Bei Steiner findet sich deshalb auch neben der Dreiheit Wissenschaft – Kunst – Religion, wie sie sich bei Goethe findet, die andere Dreiheit Wissenschaft – Kunst – soziales Leben (gelegentlich auch zusammen mit Religion als Vierheit).[46] Nach dem Dargestellten kann es verständlich werden, dass zu dem Satz »Anthroposophie als solche kann nicht religionsbildend auftreten« ein anderer Satz von Steiner dazugestellt werden muss, der scheinbar ein Widerspruch zum ersten ist: »So beginnt Anthroposophie überall mit Wissenschaft, belebt ihre Vorstellungen künstlerisch und endet mit religiöser Vertiefung.«[47]

Es zeigt sich hier aber, dass Steiner nicht nur einen erweiterten Wissenschaftsbegriff, sondern auch einen erweiterten Religionsbegriff hat. Die religiöse Vertiefung, von der er spricht, ist nicht gleichzusetzen mit der Religion, die in den christlichen Kirchen gepflegt wird. Deren Grundlage ist das gläubige Gebet, die unmittelbare Hinwendung zu Gott, dessen Existenz vorausgesetzt und im Glauben erfahren wird. Eine Wissenschaft vom Geist gehört zunächst nicht zu diesen Grundlagen; in den konfessionellen Kirchen war und ist sie im Gegenteil sogar ein negativ besetztes Thema (und »Theologie« deshalb für die Kirchen eigentlich ein befragenswertes Wort, weil es nicht wirklich »Wissenschaft von Gott« meint). Dennoch gibt es eine Beziehung des religiösen Erlebens zur Wissenschaft: das sind die Erkenntnisbedürfnisse, die dem Menschen aus seinen religiösen Erfahrungen erwachsen. Er möchte allmählich das Erlebte auch verstehen und entwickelt so gegenüber dem Übersinnlichen ein »wissenschaftliches« Interesse. Die große Frage des modernen Menschen an die Kirche ist deshalb, ob und wie weit sie dieses Bedürfnis angemessen befriedigen kann. So gibt es die Religion, die für den heutigen Menschen zum Anfang eines Weges werden kann, der zu einer Wissenschaft vom Übersinnlichen führt. Und dann gibt es die religiöse Vertiefung als Ergebnis eines Weges, der in der Geisteswis-

[46] Z.B. GA 333, 19.12.1919 / GA 77b, 21.8.1921 / GA 343, 28.9.1921 / GA 79, 26.11.1921 (die letzten beiden Beispiele mit Religion als Vierheit).

[47] GA 257, 30.1.1923.

senschaft seinen Anfang hat. Das Erste ist Aufgabe einer zeitgemäßen Kirche, das Zweite ist der Weg der Anthroposophie.

Wir erwarten nun nicht, dass z.B. Begriffe wie Kultus, Kommunion oder Sakrament in der Anthroposophie eine Rolle spielen, weil sie zum Wortschatz der Kirche und der durch sie gepflegten Religion gehören. Umso mehr kann es überraschen, dass Rudolf Steiner gerade diese Worte sogar ausgesprochen häufig heranzieht, um geisteswissenschaftlich erforschte Tatsachen zu charakterisieren. Was haben religiöse Begriffe in wissenschaftlichen Beschreibungen zu suchen? Wenn wir der anthroposophischen Methode treu bleiben wollen, müssen wir sie zunächst als rein wissenschaftliche Begriffe nehmen, losgelöst von allem religiösen Vorverständnis. Und in der Tat sind die meisten Äußerungen Steiners, in denen er Worte wie *sakramental, kultisch* oder *Kommunion* verwendet (wenn es sich nicht gerade um ausgesprochene Beschreibungen religiöser Tatsachen handelt), nur sehr eingeschränkt als Aussagen über Religion oder religiöses Leben anwendbar. Es sind aber diese Worte, die in besonderer Weise über das nur Wissenschaftliche hinausweisen und auf die religiöse Vertiefung des anthroposophischen Erkenntnisweges deuten können.

Ein Bespiel ist das Wort *Weltengrund*. Es taucht schon 1886 in den *Grundlinien einer Erkenntnistheorie der Goetheschen Weltanschauung* (GA 2) auf. Die entsprechende Textpassage lautet: »Unsere Ansicht hat gezeigt, dass jede Annahme von einem Seinsgrunde, der außerhalb der Idee liegt, ein Unding ist. Der gesamte Seinsgrund hat sich in die Welt ausgegossen, er ist in sie aufgegangen. Im Denken zeigt er sich in seiner vollendetsten Form, so wie er an und für sich selbst ist. Vollzieht daher das Denken eine Verbindung, fällt es ein Urteil, so ist es der in dasselbe eingeflossene Inhalt des Weltgrundes selbst, der verbunden wird. Im Denken sind uns nicht Behauptungen gegeben über irgendeinen jenseitigen Weltengrund, sondern derselbe ist substantiell in dasselbe eingeflossen.«[48] Steiner verwendet hier die Worte *Seinsgrund*, *Weltgrund* und *Weltengrund*. Die ersten beiden sind gängige philosophische und keine religiösen Begriffe, auch wenn sie im Gang der Philosophiegeschichte immer wieder auch personal verstanden wurden. *Weltengrund* ist in der

[48] S. 84 in der Ausgabe 2003.

Philosophie kein übliches Wort und gehört zur besonderen Terminologie Steiners. Er gebraucht dieses Wort hier aber offensichtlich synonym mit Weltgrund, also ebenfalls philosophisch. In der weiteren Entwicklung der Anthroposophie erfährt dann dieser Begriff seine religiöse Vertiefung. 1907 spricht er klar vom »göttlichen Weltengrund«[49] im Sinne eines religiösen Begriffs. Und schließlich kommt 1921 das Ungewöhnliche, dass der Weltengrund nicht nur religiös verstanden wird, sondern dass sich in den von Rudolf Steiner übermittelten Ritualwortlauten der Christengemeinschaft das Gebet unmittelbar an den Weltengrund richtet. Steiner erläutert, »dass das Opfer gebracht wird dem Vater, dem Weltengrund.«[50] Wir können an diesem Beispiel des Begriffs *Weltengrund* den Prozess sehen, der von der Geisteswissenschaft ausgehend in die religiöse Vertiefung führt.

Ähnlich ist es mit den Wörtern *Kultus* und *Kommunion.* 1887 schreibt Rudolf Steiner: »Das Gewahrwerden der Idee in der Wirklichkeit ist die wahre Kommunion des Menschen.«[51] Auf diesen Satz hat er später immer wieder Bezug genommen, wenn er von der Bedeutung der wirklichen Erkenntnis sprach, einmal sogar von »einem allgemeinen sakramentalen Erleben der Erkenntnis«. Kommunion ist in diesem Kontext wieder ein rein philosophischer Begriff. Wer in der Lage ist, Ideen zu »schauen«, der erlebt die Wirklichkeit so, dass er sich nicht mehr getrennt, sondern eins mit ihr fühlt in einer »wahren Kommunion«. Das Urbild eines Menschen, der dieser Kommunion teilhaftig war, ist

[49] GA 56, 10.10.1907.

[50] GA 343, 6.10.1921. Dass die Christengemeinschaft das Gebet in der Menschenweihehandlung zunächst an den Weltengrund richtet, bevor dann der Vatergott genannt wird, hat ihr den Vorwurf gebracht, sie bete zu einem unpersönlichen Gott – zu Unrecht. Der Vatergott ist kein unpersönlicher Gott, und dass er zunächst Weltengrund genannt wird, hat eine christologische Bedeutung: Wir müssen mithilfe des Christus erst in die Lage kommen, »Vater« sagen zu dürfen. Deutlich sagt das auch Paulus im Römerbrief (8,14 f.): »Denn alle, die sich vom Geist Gottes leiten lassen, sind Söhne Gottes. Denn ihr habt nicht einen Geist empfangen, der euch zu Sklaven macht, sodass ihr euch immer noch fürchten müsstet, sondern ihr habt den Geist empfangen, der euch zu Söhnen macht, den Geist, in dem wir rufen: Abba, Vater!«

[51] GA 1, Dornach 1987, S. 126.

vermutlich Goethe. Steiner erwähnt immer wieder das Gespräch[52], das Goethe mit Schiller im Juli 1794 in Jena führte im Anschluss an eine Sitzung der naturforschenden Gesellschaft und in dem Goethe gegenüber Schiller seine Erfahrung der Urpflanze erläuterte und »mit manchen charakteristischen Federstrichen eine symbolische Pflanze« vor Schillers Augen entstehen ließ. Schiller entgegnete aber: »Das ist keine Erfahrung, das ist eine Idee.« Worauf Goethe nur noch antworten konnte: »Das kann mir sehr lieb sein, wenn ich Ideen habe, ohne es zu wissen, und sie sogar mit Augen sehe.« Goethe sah mit Augen das, was Schiller Idee nannte. Das »Gewahrwerden der Idee in der Wirklichkeit« war ihm unmittelbare Erfahrung, in der er seine Kommunion mit der Wirklichkeit erlebte. Auch dieser Begriff erfährt seine religiöse Vertiefung. 1922 führt Steiner wieder aus, wie Erkenntnis zur Kommunion werden kann. Jetzt aber geschieht das – anders als 1887 – durchaus im Hinblick auf die neu gegründete Christengemeinschaft und den dort geübten religiösen Kultus mit seiner Kommunion. Und nun erfährt der bloße Gedankenaspekt der Erkenntnis seine religiöse Vertiefung zur »geistigen Kommunion«, indem auch der Beitrag des Fühlens und Wollens zur wahren Erkenntnis einbezogen wird. Diesen ganzen Prozess, der zur Vereinigung mit der Wirklichkeit der Welt führt, nennt Rudolf Steiner hier »Kultus«, kosmischen Kultus. »Was sonst nur abstrakte Erkenntnis wäre, wird zu einem fühlenden und wollenden Verhältnis zur Welt. Die Welt wird zum Tempel, die Welt wird zum Gotteshaus. Der erkennende Mensch, sich aufraffend im Fühlen und Wollen, er wird zum opfernden Wesen. ... So ist spirituelle Erkenntnis eine wirkliche Kommunion, der Beginn eines der Menschheit der Gegenwart gemäßen kosmischen Kultus.«[53]

Außer vom kosmischen Kultus, der eine Tatsache der spirituellen Erkenntnis ist, spricht Rudolf Steiner auch vom »umgekehrten Kultus«. Handelt es sich beim kosmischen Kultus um das Verhältnis des erkennenden Menschen zur Welt, darum, die Ideen des Kosmos »mit Augen zu sehen«, so handelt es sich beim umgekehrten Kultus um das Verhältnis des erkennenden Menschen zum Mitmenschen, insofern dieser ebenfalls ein nach Erkenntnis Strebender ist. Man könnte in einer An-

[52] Z.B. GA 6, Dornach 1990, S. 21.

[53] GA 219, 31.12.1922.

wendung des Goethe-Wortes auf diese Situation sagen: Es handelt sich darum, die Idee des anderen Menschen »mit Augen zu sehen«. Rudolf Steiner nennt das »Erwachen«, ein Wort, das bei ihm ein tiefes Bedeutungsspektrum hat (sein viertes Mysteriendrama etwa heißt *Der Seelen Erwachen*). »Die Menschen erwachen aneinander, und indem sie sich immer wieder und wiederum finden, erwachen sie, indem jeder in der Zwischenzeit ein anderes durchgemacht hat und etwas weitergekommen ist, in einem gewandelten Zustand aneinander.«[54] Wenn sich im Sinn des umgekehrten Kultus »die gemeinsame reale Geistigkeit« mit den anthroposophisch Zusammenarbeitenden verbindet, ist das wieder eine Tatsache, die ganz aus dem geisteswissenschaftlichen Erkenntnisstreben hervorgeht und zur religiösen Vertiefung führt.

Sowohl der kosmische Kultus als auch der umgekehrte Kultus haben keine liturgische Gestalt.[55] Sie ereignen sich rein geistig. Wir benötigen deshalb für ein Verständnis solcher Kultus-Arten sehr bewegliche Begriffe, weil das Wesentliche eines Kultus gerade darin liegt, dass er als Liturgie *für die Sinne* erscheint. Andere Formen des geistigen oder religiösen Lebens würde man nicht Kultus nennen. Indem Rudolf Steiner es dennoch tut, weist er auf die religiöse Vertiefung hin, die diese beiden Prozesse (Welterkenntnis, Gemeinschaftsbildung) erfahren können. Es gibt noch einen dritten Kultus, der keine liturgische Gestalt hat: der »übersinnliche Kultus«, der sich in der geistigen Welt an der Wende des 18./19. Jahrhunderts ereignet hat und durch den Menschenseelen vorbereitet worden sind, im kommenden Michael-Zeitalter, das Ende des 19. Jahrhunderts begonnen hat, Diener des Zeitgeistes zu werden.[56] Wieder sind wir herausgefordert, uns einen Kultus vorzustellen, der keine sinnliche Erscheinungsform hat. Wenn der irdische Kultus übersinnliche Tatsachen abbildet, welche Tatsachen bildet der übersinnliche Kultus ab? Rudolf Steiner nennt ihn auch den »imaginativen Kultus«, »Imaginationskultus« und »Kultus von Imaginationen«. Imaginationen

[54] GA 257, 27.2.1923.

[55] Es sei hier angemerkt, dass es anthroposophische Publikationen gibt, in denen der kosmische und der umgekehrte Kultus gleichgesetzt werden. Dem liegt offensichtlich ein Missverständnis zugrunde.

[56] GA 237 (besonders 8.7.1924), 238 und 240.

sind solche Erscheinungsformen der geistigen Welt, die am nächsten an die sinnliche Welt heranreichen. Sie gehören der »niedersten« Stufe der geistigen Welt an, auf der Höheres sich offenbaren kann. So ist dieser übersinnliche Kultus die Offenbarung, das Abbild einer sehr viel höheren Welt in Imaginationen, an der der Mensch (in der Zeit zwischen Tod und neuer Geburt) sonst keinen bewussten Anteil haben könnte.

Zuletzt wollen wir noch den Begriff *Sakrament* betrachten, wie er ebenfalls von Rudolf Steiner sehr häufig verwendet wird. Ähnlich wie die schon betrachteten ursprünglich religiösen Begriffe erfährt auch dieser Begriff eine entscheidende Erweiterung in eine bestimmte Richtung. Man könnte sie nennen: die Sakramentalisierung des ganzen Lebens. Schon 1904 nennt Rudolf Steiner als die Aufgabe der Anthroposophie: »Der Mensch muss wiederum spirituelles Leben schaffen bis in jeden Handgriff und jeden Schritt hinein; und das wieder einzuführen, ist die Aufgabe und das Bestreben der spirituellen Bewegung. Der Sakramentalismus der früheren Zeit muss wiederkommen.« Und: »Es ist das Wesen des Sakramentalismus, dass der Mensch das Alltägliche mit spiritueller Weihe erfüllt.«[57] In diesem Zusammenhang erscheint dann auch immer wieder das Bild: »Der Laboratoriumstisch muss zum Altar werden.«[58] Das bedeutet, dass das Handeln des Menschen in der äußeren Natur zunächst keine andere Qualität hat als z.B. das, was durch eine Maschine verändert wird. Religiöse Vertiefung heißt wieder eine tiefere Verbindung des Menschen – hier: mit seinen Taten. Er muss seine Handlungen mit entsprechenden Gefühlen und Empfindungen verbinden, dann beginnen sie für die Welt eine andere Bedeutung zu haben als eine bloße Maschinenwirkung. Was oben ausgeführt worden ist über die Sakramentalien der Christengemeinschaft, beschreibt das, was Rudolf Steiner die Sakramentalisierung des Lebens nennt, indem der Labortisch unserer täglichen Arbeit zum Altar wird, an dem die Gesinnung gegenüber unserem Handeln sich bildet.

Es gibt also in der Anthroposophie religiöse Worte wie Weltengrund, Kommunion, Kultus, Sakramentalismus, die von Rudolf Steiner zu-

[57] GA 92, 8.7.1904.

[58] Einige Beispiele: GA 98, 4.12.1907 / GA 104, 27.6.1908 / GA 182, 9.10.1918 / GA 216, 30.9.1922.

nächst ohne religiösen Kontext verwendet werden, die aber offen sind, eine religiöse Bedeutung neuer Art zu gewinnen, wenn Anthroposophie zur religiösen Vertiefung führt.

Es sei noch angemerkt, dass Rudolf Steiner vor dem ersten Weltkrieg innerhalb der von ihm geleiteten Esoterischen Schule auch Kultushandlungen ganz anderer Art einrichtete, die er später einmal »Erkenntniskultus«[59] nannte (an anderer Stelle »symbolisch-kultische Betätigung«[60], deren Inhalt »nur die Demonstration geisteswissenschaftlicher Erkenntnisse« gewesen sei). Das war ein Kultus, der tatsächlich sinnenfällig in Erscheinung trat. Ebenso gilt das für die Handlungen, die Rudolf Steiner für den Freien Religionsunterricht der Waldorfschule gab.[61] Sie sind ausgesprochenermaßen religiöser Kultus, was überraschen kann, denn der Weg der Anthroposophie geht ja, wie wir gesehen haben, nicht vom religiösen Erleben, sondern von der Erkenntnis aus. Es wird aber verständlich, wenn man berücksichtigt, dass diese Handlungen ursprünglich nicht für Erwachsene, sondern für die Kinder und Jugendlichen des Freien Religionsunterrichtes gegeben wurden.

59 Am 28.7.1922 im Gespräch mit Bock, Geyer und Rittelmeyer; von Bock überliefert.

60 GA 28, Kap. 36.

61 Dieser Religionsunterricht wurde auf Bitten hin von ihm für Kinder eingerichtet, deren Eltern keiner der bestehenden Konfessionen angehörten, s. GA 269 und oben S. 25.

3 Der Kultus und seine Herkunft

3.1 Der Gottesbund

Es gibt verschiedene Wege, um der Frage nach dem Ursprung des Kultus nachzugehen. Wir wollen zunächst vom Menschen ausgehen. Wer in eine Beziehung zu einem anderen Menschen eintreten möchte, weiß, dass das eigene Bedürfnis allein noch nicht ausreicht, um eine gelungene Begegnung herbeizuführen, sondern dass auch die Bedürfnisse des anderen Menschen zu berücksichtigen sind. Daraus ergeben sich dann mögliche *Formen* der Begegnung. In jeder Menschenbegegnung spielen die Formen eine große – oft nicht einmal bewusste – Rolle. Diese Formen sind verschieden nach Zeitalter, Kultur, Generation, aber sie sind vorhanden, selbst dort, wo man meint, sich gänzlich formlos begegnen zu können. Auch Formlosigkeit ist eine Art von Form. Eine besondere Rolle spielen Formen in der Beziehung zu höheren Wesen, was insbesondere in der Religion seine Bedeutung hat. Wir haben schon davon gesprochen, dass das Gebet die religiöse Kommunikationsform ist, um göttlichen Wesen zu begegnen. Es ist Form, auch wenn es als »freies Gebet« scheinbar keiner Form bedarf. Schon die Unterscheidung zwischen dem Zustand des Betens und anderen Zuständen zeigt, dass Beten eine Form hat. Die intensivste Form des Gebetes ist seine rituelle im Kultus. Hier entsteht nun die Frage: Wer macht die Form des Kultus? Eine nahe liegende Antwort wäre vielleicht: der Betende selbst, denn er drückt in den Formen seines Gebetes aus, was er sagen möchte, ähnlich der Körpersprache, die das gesprochene Wort eines Menschen begleitet und vielleicht verstärkt.

Ein schönes und bekanntes Beispiel eines auf diese Weise selbst geschaffenen Kultus gibt Goethe in seiner Autobiografie *Dichtung und Wahrheit*. Als siebenjähriger Knabe hatte er einmal das unmittelbare religiöse Bedürfnis, »sich dem großen Gotte der Natur, dem Schöpfer und Erhalter Himmels und der Erden, … unmittelbar zu nähern; der Weg dazu aber war sehr sonderbar. Der Knabe hatte sich überhaupt an den ersten Glaubensartikel gehalten. Der Gott, der mit der Natur in unmittelbarer Verbindung stehe, sie als sein Werk anerkenne und liebe, dieser schien ihm der eigentliche Gott, der ja wohl auch mit dem Menschen wie mit allem übrigen in ein genaueres Verhältnis treten könne, und für denselben ebenso wie für die Bewegung der Sterne, für Tages- und Jahrszeiten, für Pflanzen und Tiere Sorge tragen werde ... Eine Gestalt konnte der Knabe diesem Wesen nicht verleihen; er suchte ihn also in seinen Werken auf, und wollte ihm auf gut alttestamentliche Weise einen Altar errichten. Naturprodukte sollten die Welt im Gleichnis vorstellen, über diesen sollte eine Flamme brennen und das zu seinem Schöpfer sich aufsehnende Gemüt des Menschen bedeuten.«[62] Er baut nun alles auf, wie er es für geeignet hält, und hält dann seine Feier. »Alles gelang nach Wunsch, und die Andacht war vollkommen.« Als er seine kultische Andacht wiederholen will, fehlt etwas und die Opferflamme richtet großen Schaden an. Das macht ihn sehr betroffen, »der Mut zu neuen Opfern war ihm vergangen, und fast möchte man diesen Zufall als eine Andeutung und Warnung betrachten, wie gefährlich es überhaupt sei, sich Gott auf dergleichen Wegen nähern zu wollen.« Dieses Erlebnis ist wie ein Urbild: Goethe richtet in kindlicher Unbefangenheit einen »Kultus« ein nach seinen eigenen Vorstellungen und erlebt unmittelbar das Unangemessene des Vorgangs.

Eine urbildliche Art, Kultus einzurichten, finden wir im Alten Testament. Mose ist derjenige, der von Jahwe die Anweisungen empfängt, wie der Kultus einzurichten sei bis in alle Einzelheiten (Exodus 25,8 ff.). Er soll den Kultus zuletzt nicht selbst ausüben, sondern seinen Bruder Aaron als den Ersten des neu gestifteten levitischen Priestertums einsetzen (Exodus 28,1 ff.). Die Initiative zu diesem Kultus geht von Jahwe aus und ist Teil des Bundes, den Jahwe mit dem Volk Israel schließt und dessen Inhalt »das Gesetz« ist. Am Sinai wird dieser Bund geschlossen, dessen symbolischer Ausdruck die beiden steinernen Tafeln mit den zehn Geboten sind: »Dann sprach der Herr zu Mose: Schreib diese Worte auf! Denn aufgrund dieser Worte schließe ich mit dir und mit Israel einen Bund. Mose blieb dort beim Herrn vierzig Tage und vierzig Nächte. Er aß kein Brot und trank kein Wasser. Er schrieb die Worte des Bundes, die zehn Gebote, auf Tafeln. Als Mose vom Sinai herunterstieg, hatte er

[62] Goethe: *Aus meinem Leben. Dichtung und Wahrheit.* Erstes Buch, HA Bd. 9, S. 43 ff.

die beiden Tafeln der Bundesurkunde in der Hand. Während Mose vom Berg herunterstieg, wusste er nicht, dass die Haut seines Gesichtes Licht ausstrahlte, weil er mit dem Herrn geredet hatte … Als Mose aufhörte, mit ihnen zu reden, legte er über sein Gesicht einen Schleier« (Exodus 34,27 ff.). Dieser Bund hat dem Alten Testament seinen Namen gegeben, denn *testamentum* ist die lateinische Übersetzung von Bund. Dass die Heilige Schrift der Juden aber den »alten« Bund zum Inhalt hat, ist ein Urteil aus christlicher Sicht und findet sich bei Paulus: »Weil wir eine solche Hoffnung haben, treten wir mit großem Freimut auf, nicht wie Mose, der über sein Gesicht eine Hülle legte, damit die Israeliten das Verblassen des Glanzes nicht sahen. Doch ihr Denken wurde verhärtet. Bis zum heutigen Tag liegt die gleiche Hülle auf dem Alten Bund [Alten Testament], wenn daraus vorgelesen wird, und es bleibt verhüllt, dass er in Christus ein Ende nimmt. Bis heute liegt die Hülle auf ihrem Herzen, wenn Mose vorgelesen wird. Sobald sich aber einer dem Herrn zuwendet, wird die Hülle entfernt« (2. Korinther 3,12 ff.).

Was bedeutet hier *Bund*? Letztlich ist es ein Vertrag der Gottheit mit den Menschen, im höchsten Sinn eine »Rechtsbeziehung« in der Form »wenn – dann«. Wenn die Menschen bestimmte Bedingungen erfüllen, dann wird vorhersehbar Gott entsprechend zum Heil der Menschen handeln. Dass Gottes Handeln im Rahmen eines Bundes für die Menschen vorhersehbar ist, gibt ihnen eine Freiheit, die sie sonst nicht hätten. Darin liegt der Sinn: Der Bund ist ein entscheidender Schritt auf dem Weg einer Erziehung zur Freiheit, die der Menschheit durch die göttliche Welt zuteil wird. Genau genommen ist der Alte Bund dabei die Zusammenfassung von drei Bünden: Der erste wird mit Noah geschlossen, der zweite mit Abraham, der dritte mit Mose. Der Bund mit *Noah* bringt die Berechenbarkeit der Natur unabhängig von der Moralität der Menschen (Genesis 8,20 ff.), der Bund mit *Abraham* (Genesis 17,1 ff.) eröffnet ihm eine große Nachkommenschaft, er wird der Stammvater des auserwählten Volkes. Der Bund mit *Mose* bringt das Gesetz und damit den Weg zur moralischen Autonomie. Dass die Natur berechenbar wird, dass es Naturgesetze gibt, schenkt dem Menschen die äußere Freiheit, die so weit gehen kann, dass er wegen der unerschütterlichen Wirksamkeit der Naturgesetze für sich sogar den Schluss ziehen kann, es gäbe keinen Gott. Die Freiheit, die Abraham zuteil wird, ist die Zukunftsperspektive, die sein Dasein durch die Nachkommenschaft empfängt. Das Handeln des Menschen hat Zukunft. Und die Freiheit schließlich, die durch das mosaische Gesetz kommt, liegt in der beginnenden moralischen Autonomie: Wer das moralische Gesetz kennt, beginnt mögliche Konsequenzen seiner Taten zu kennen und dadurch einen Keim für innere Freiheit zu entwickeln. Der Beitrag des Menschen ist beim Bund mit Noah das Opfer: Noah baut einen Altar und opfert. Und Jahwe »roch den lieblichen Geruch« – und stiftet den Bund. Bei Abraham ist es die Bereitschaft, die Fortpflanzung ganz in den Dienst Jahwes zu stellen. Das äußere Zeichen dafür ist die Beschneidung. Bei Mose ist es die Erfüllung des Gesetzes als Willenserziehung. Dieser dreifache Bund mit Gott ist im Alten Testament die Voraussetzung für den Kultus.

Im Neuen Testament[63] ist es ebenso. Ein wesentlicher Anstoß für den christlichen Abendmahls-Kultus liegt in der Aufforderung Christi: Tut dies zu meinem Gedächtnis (Lukas 22,19, 1. Korinther 11,24 f.). Und das wird dann zugleich der Ausdruck des Neuen Bundes sein. Die Initiative geht wieder von der geistigen Welt aus, das Ergebnis ist eine neue Freiheit – hier die Freiheit vom mosaischen Gesetz, das sich nun durch Christus gänzlich in die individuelle moralische Verantwortlichkeit verwandelt.

Der christliche Kultus hat seinen Ursprung im Neuen Bund Gottes mit den Menschen. Er ist eine verlässliche Zusage Gottes, gegenwärtig zu sein, wenn die Menschen »seiner eingedenk« das Mahl im Sinne seiner Einsetzung feiern.

3.2 Das Zusammenwirken der Geister der Form mit den Geistern der Persönlichkeit

Der Blick auf das Alte und Neue Testament hat uns im Bund Gottes mit den Menschen die Quelle des Kultus erkennen lassen. Das gilt auch für den Kultus der Christengemeinschaft. Wenn Rudolf Steiner sagt, »die

[63] Der Ausdruck »neues« Testament (neuer Bund) findet sich schon im Alten Testament (Jeremia 31,31). Darauf wird dann im Neuen Testament einige Male Bezug genommen: bei den Abendmahlsberichten von Lukas (Lukas 22,20) und Paulus (1. Korinther 11,24 f.) sowie im Hebräerbrief (Kap. 8 und 9).

Christengemeinschaft ist auf geistigem Boden von geistigen Wesen gestiftet in Wirklichkeit«[64], so bestätigt sich damit, dass, dem Urbild des Bundes entsprechend, die Initiative dafür von der geistigen Welt ausging. Diese Initiative bedurfte, wie alle Initiativen, des Echos. So kann die Initiative der Gründer der Christengemeinschaft als Echo auf die Initiative der geistigen Welt und im Sinne des sich weiterentwickelnden Christentums als eine Bestätigung des Bundes verstanden werden.

Aus der Anthroposophie ergibt sich aber auch noch eine weitere Perspektive. In der dort beschriebenen Kosmogonie wird die Schöpfung von Welt und Mensch als das Werk der neun Engel-Hierarchien geschildert, die den göttlichen Schöpfungsplan ausführen. Rudolf Steiner gibt den Hierarchien eigene Namen, verwendet aber auch die Namen weiter, die von Dionysius Areopagita[65] stammen, auf den die christliche Hierarchienlehre zurückgeht. In der (kosmogonischen) Evolution gibt es nun verschiedene Epochen (Schöpfungstage), größere und kleinere, und innerhalb dieser Epochen lösen sich die hierarchischen Wesen mit dem Schwerpunkt ihrer Wirksamkeit ab. Die eigentlich schöpferischen Wesen sind die oberen Hierarchien ab den Geistern der Form (Exusiai). Die Engel, Erzengel und Geister der Persönlichkeit (Archai) stehen näher beim Menschen und sind noch nicht schöpferisch tätig, d.h. sie haben noch keinen Anteil am Hervorbringen der äußeren Schöpfung. Ihr Wirken ist mehr innerlich und besonders auf den Menschen bezogen. Deshalb ist in den Epochen der Evolution immer dann ein besonderer Wendepunkt erreicht, wenn in der Folge des Wirkens der verschiedenen Hierarchien der Übergang von den Geistern der Form auf die Geister der Persönlichkeit erfolgt.

Rudolf Steiner beschreibt, wie ein solcher Übergang in der nahen Vergangenheit erfolgt ist. Er nennt als zeitlichen Schwerpunkt dafür das 4. Jahrhundert n.Chr. Aber das beginnt schon Jahrhunderte vorher und

64 GA 346, 20.9.1924.

65 Dionysius Areopagita (Pseudo-Dionysios; 6. Jh.), Pseudonym für einen mystischen Schriftsteller, der sich mit Dionysius Areopagita aus Apostelgeschichte17,34 identifizierte. Johannes Scotus übersetzte die Schriften um 860 ins Lateinische. Sie wurden als urchristliche Zeugnisse genommen und genossen im Mittelalter höchstes Ansehen. Erst 1895 konnte nachgewiesen werden, dass die Schriften aus dem 6. Jahrhundert stammen.

dauert bis zum Beginn der Neuzeit. Bis zu diesem Übergang wurde das Denken der Menschen »verwaltet« von den Geistern der Form. Das bedeutet, dass die Gedanken in ähnlicher Weise wie die äußeren Dinge der Schöpfung den Menschen als »gegeben« erschienen, wie eine Offenbarung. Die Menschen erlebten sich nicht in erster Linie wie wir heute als *denkende* Wesen, sondern den Gedanken gegenüber eher *wahrnehmend*, d.h. wie von außen fertige Gedanken wahrnehmend. Indem nun die Verwaltung des Denkens auf die Geister der Persönlichkeit übergeht[66], bildet sich unsere heutige Situation: Das Denken wird innerlicher, persönlicher erfahren. Der Mensch erlebt, dass das Denken eine innere Aktivität erfordert und dass die Gedanken nicht von außen gegeben, sondern von ihm selbst hervorgebracht werden müssen. Damit hat der moderne Mensch auch ein ganz anderes Verhältnis zur Wirklichkeit, das sich in den philosophischen Auseinandersetzungen der Scholastik[67] über Kant bis zur gegenwärtigen Wissenschaftstheorie auswirkt. Indem das Denken als etwas Persönliches erfahren wird, erscheint es auch subjektiv. Dann kann aber sehr leicht die Folge sein, dass uns die im Denken erfasste »subjektive Wirklichkeit« als unwirklich gilt, weil wir ihre reale Beziehung zur objektiven Welt nicht mehr finden können.

Diese Frage steht im Zentrum der philosophischen Schriften Rudolf Steiners (im Wesentlichen die Schriften, die vor 1900 erschienen sind). Für den erkennenden Menschen gibt es zwei Wirklichkeitsfaktoren: das Wahrnehmen und das die Wahrnehmung begreifende Denken. Wenn das Denken nicht mehr als Offenbarung gegeben ist, sondern vom Menschen tätig hervorgebracht werden muss, gilt das auch für die Wirklichkeit. So sagt Steiner dem entsprechend: »Dass die Wirklichkeit durch das Erkennen nicht *gefunden* werden kann, weil sie als Wirklichkeit im Erkennen erst geschaffen wird, das wird kaum irgendwo empfunden.«[68] Das heißt aber nicht, dass die so erfasste Wirklichkeit unwirklich ist, wohl aber, dass wir an ihrem Zustandekommen einen schöpferischen Anteil haben. Die Geister der Form haben also die Verwaltung des

[66] Steiner spricht mehrere Male darüber: GA 186, 20.12.1918 / GA 187, 28.12.1918 / GA 222, 16.+17.+18.3.1923.

[67] Im Nominalismus-Realismus-Streit.

[68] GA 2, Anmerkungen zur Neuauflage 1924.

Denkens an die Geister der Persönlichkeit übergeben, aber sie stehen noch hinter dem Wahrnehmen, weshalb dieses uns als das »unmittelbar Gegebene«[69] erscheint. Im Erkenntnisprozess heute wirken also in der Wahrnehmung und im Denken die Geister der Form und die Geister der Persönlichkeit zusammen. Noch in der Antike war das anders, da stand der ganze Erkenntnisprozess unter der Führung der Geister der Form.[70]

Von hier aus kann die Brücke geschlagen werden zu einem Kultus, wie er ebenfalls heute vollzogen werden kann. Da gilt es zunächst Anschluss zu finden an die Geister der Form. Rudolf Steiner schrieb in einem Brief an Marie von Sivers: »Dies sollte unser Ideal sein: *Formen* zu schaffen als Ausdruck des inneren Lebens. Denn einer Zeit, die keine Formen schauen und schauend schaffen kann, muss notwendigerweise der Geist zum wesenlosen Abstraktum sich verflüchtigen und die Wirklichkeit muss sich diesem bloß abstrakten Geist als geistlose Stoffaggregation gegenüberstellen ... Und weil man größeren Menschenmassen gegenüber Formen vergeistigt doch nur durch das Medium der Religion zeigen kann, so muss die Arbeit nach der Zukunft dahin gehen: religiösen Geist in sinnlich-schöner Form zu gestalten.«[71] Diese Formen, auch wenn sie »geschaffen« werden, kommen doch von den Geistern der Form und sind deshalb »unmittelbar gegeben«, d.h. geoffenbart. Das betrifft alles, was dem sinnlichen Bereich des Kultus angehört: die Zeichen, die Handlung und die Worte.[72] Dann aber muss der Kultus noch vollzogen werden, damit er eine Realität ist. Und dieser Vollzug ist heute – ähnlich wie das Erkennen – ein anderer Vorgang als in früheren Zeiten. Früher war auch der Vollzug etwas, hinter

[69] GA 2, 7. Kapitel.

[70] Aus seiner Forschung beschreibt das Rudolf Steiner so: »Bis zum neunten Jahrhundert nach dem Mysterium von Golgatha stand der Mensch anders zu seinen Gedanken als später. Er hatte nicht die Empfindung, dass er die in seiner Seele lebenden Gedanken selbst hervorbringe. Er betrachtete sie als Eingebung einer geistigen Welt. Auch wenn er über das Gedanken hatte, was er mit seinen Sinnen wahrnahm, waren ihm die Gedanken Offenbarungen des Göttlichen, das aus den Sinnesdingen zu ihm sprach« (GA 26, 17.8.1924).

[71] GA 262, Brief vom 25.11.1905.

[72] In den antiken Mysterien kannte man die Dreiheit von Zeichen, Handlung und Wort auch und nannte sie δεικνύμενα (*deiknymena*): die Schau des vom

dem noch die Geister der Form standen, und deshalb »gegeben«, ohne dass der den Kultus Vollziehende einen persönlichen Beitrag zu leisten hatte, außer eben alles in der richtigen Ordnung zu tun. Das ist in der katholischen Kirche noch heute weitgehend so: Damit der Kultus gültig ist, muss der Priester zunächst die richtige Form von Zeichen, Handlung und Wort einhalten (seit der Scholastik *forma et materia* genannt). Aber dann kommt noch dazu, dass er ihn auch innerlich richtig vollzieht, d.h. mit der richtigen *Intention*. Hier würde man nun den persönlichen Beitrag des Priesters erwarten, hinter dem die Geister der Persönlichkeit stehen. Es ist aber so, dass die Intention gerade nicht persönlich sein soll, sondern auch objektiv-gegeben, nämlich »das zu tun, was die Kirche tut« (*intentio faciendi quod facit ecclesia*). Die individuelle Intention kommt also nicht in Betracht. Hier haben wir augenscheinlich ein nicht mehr zeitgemäßes Fortwirken solcher Geister der Form, die gewissermaßen ihre Aufgabe nicht weitergeben und so »zurückbleiben«. Sie wirken überall dort, wo die heute notwendige Einbeziehung der Persönlichkeit des Menschen unterbunden wird. Das geschieht aber nicht nur an der in diesem Beispiel genannten Stelle im kirchlichen Zusammenhang, sondern ganz polar zur Kirche im Bereich der heute allgemein anerkannten wissenschaftlichen Forschung. Dort gehört die Forderung nach Ausschaltung alles Persönlichen als Forderung nach Objektivität ebenfalls zu den ersten und wichtigsten Grundsätzen (s. Kapitel 5.2.2).

Rudolf Steiners Wissenschaftsbegriff ist anders, nicht weniger objektiv, aber doch unter völliger Einbeziehung der jeweiligen Persönlichkeit in den Forschungsweg. Das kommt sehr deutlich in einem Brief über seine *Philosophie der Freiheit* zum Ausdruck. Er will, dass sein Buch genommen wird »in jeder Zeile als *persönliches* Erlebnis … *Ich lehre* nicht; ich erzähle, was ich innerlich *durchlebt* habe. Ich erzähle es so, wie ich es gelebt habe. Es ist alles in meinem Buche persönlich gemeint. Auch die Form der Gedanken … Willkürlich, ganz individuell ist bei mir manche

Priester Dargebotenen, besonders der in der *cista mystica* bewahrten Kultgegenstände und -symbole; δρώμενα (*drómena*): die kultischen Handlungen; λεγόμενα (*legómena*): ein die beiden ersteren begleitender und erklärender Vortrag religiöser Texte. Vgl. *Lexikon für Theologie und Kirche*, Bd. 7, S. 719, Feiburg 1986.

Klippe übersprungen, durch Dickicht habe ich mich in meiner nur mir eigenen Weise durchgearbeitet. Wenn man ans Ziel kommt, weiß man erst, dass man da ist. Vielleicht ist aber überhaupt die Zeit des Lehrens in Dingen, wie das meine, vorüber. Mich interessiert die Philosophie fast nur noch als Erlebnis des Einzelnen.«[73] Das Objektive und alle Menschen Betreffende der *Philosophie der Freiheit* geht hier zusammen mit dem ganz und gar Persönlichen, aus dem heraus der Autor geschrieben hat. Das Allgemeingültige muss heute vom Persönlichen getragen werden, wenn es eine Wirklichkeit haben soll. Die Geister der Form müssen mit den Geistern der Persönlichkeit zusammenwirken.

Das gilt auch für einen zeitgemäßen Kultus. Er muss in seinen Formen in Übereinstimmung mit der geistigen Welt sein. Alles entspricht strengster Notwendigkeit in der Wortgestalt und im Gang der Handlung. Hier können nur Menschen vermitteln, die in hohe Bereiche der geistigen Welt mit ihrem Bewusstsein reichen und dort, wie Mose auf dem Berg Sinai von Jahwe, den Kultus aus dem Reich der Geister der Form empfangen. Aber dann bedarf der als Form gegebene Kultus noch einer Intention für den Vollzug, die von den Geistern der Persönlichkeit befeuert ist in ähnlicher Weise, wie das Rudolf Steiner von seiner *Philosophie der Freiheit* geschrieben hat. Diese Intention darf nicht Willkür sein, aber sie kann auch nicht als Vorschrift von außen kommen. Der moderne Mensch kann sich auf das besinnen, was er als seine eigene Grundintention für sein Leben anerkennen will. Wenn das in Übereinstimmung ist mit dem, was für das Vollziehen des Kultus vorausgesetzt werden muss, kann der Betreffende berufen werden, den Kultus auszuüben. Er wird das dann mit der Intention tun können, das zu tun, was er *selbst* tun will, wenn er sich nur recht versteht. Ähnlich wie Rudolf Steiner kann man dann vielleicht etwas pointiert formulieren: »Es ist alles im Kultus persönlich gemeint.« Und gerade dadurch ist der Kultus für alle da und auf eine zeitgemäße Art völlig objektiv. Diesen Kultus zu pflegen, ist die immer neu zu fassende Aufgabe der Christengemeinschaft. Er hat seine Wirklichkeit in dem Zusammenwirken der Geister der Form mit den Geistern der Persönlichkeit.

[73] GA 39, Brief an Rosa Mayreder vom 4.11.1894.

Teil II

Die Entwicklung des Sakramentenverständnisses in der Geschichte des Christentums

4 Die Väterzeit

4.1 Die Frage nach der allgemeinen Sakramentenlehre

Die sieben Sakramente, die in der Christengemeinschaft gepflegt werden, scheinen wenig Gemeinsames zu haben. Sie haben keine gemeinsame Textgestalt, und ihr Ort im Leben ist sehr unterschiedlich. Die zeitliche Dauer ihres Vollzugs hat eine große Variationsbreite. Für einige gibt es auch biografische Fälligkeiten, so bei der Geburt oder im Reifealter; für andere, etwa für die Beichte, muss die Gelegenheit bewusst herbeigeführt werden. Einige können nur einmal empfangen werden (etwa die Konfirmation), andere leben von der Wiederholung (z.B. die Kommunion). Die meisten können von allen Menschen im Gang ihrer Biografie empfangen werden, einige nur von bestimmten Menschen (z.B. die Trauung). Gibt es überhaupt eine Berechtigung, allgemein von Sakramenten zu sprechen? Im Neuen Testament wird zwar die Einsetzung der Taufe und des Abendmahls geschildert, aber es gibt dort keinen gemeinsamen Oberbegriff. Auch die Reformatoren taten sich schwer, von Sakramenten im Allgemeinen zu sprechen. Und schließlich sprechen selbst katholische Theologen von der »tiefen Verschiedenheit, die zwischen den einzelnen Sakramenten waltet und die ein Jahrtausend lang keine systematisch geschlossene, allgemeine Sakramentenlehre entstehen ließ.«[1]

In der Christengemeinschaft ist eine ganz neuartige allgemeine Sakramentenlehre von Rudolf Steiner keimhaft veranlagt worden.[2] Sie bedarf noch der Ausarbeitung und Entfaltung, wofür in dieser Arbeit erste Schritte gemacht werden sollen. Wir beginnen damit, in der Geschichte des Christentums zu verfolgen, wie sich allmählich ein Sakramentenverständnis und, damit verbunden, auch eine allgemeine Sakramentenlehre herausgebildet haben.

[1] Auer/Ratzinger, Bd. VI, S. 20.

[2] Vor allem in zwei Vorträgen: GA 342, 14.6.1921 und GA 343, 2.10.1921.

4.2 Mysterium

In der ersten Zeit des Christentums, der Zeit der apostolischen Väter, sprach man noch nicht von Sakramenten. Man nannte die beiden von Christus direkt eingesetzten Feiern einfach konkret beim Namen: Taufe und »Brotbrechen«[3] bzw. »Liebesmahl« (Agape)[4]. Gemeinsam war diesen beiden rituellen Feiern, dass sie auf eine Anweisung des Herrn zurückgingen, man fasste sie aber nicht begrifflich zusammen. Das wurde anders, als das Christentum in den griechischen Kulturraum eintrat. Nun musste es sich in der Welt der hellenistischen Philosophie behaupten, die Christen mussten lernen, die Inhalte ihrer Religion in griechisch-philosophischen Begriffen auszudrücken und gegen Vorwürfe zu verteidigen. Eine ganze Reihe von Schriftstellern des 2. Jahrhunderts, die das leisteten, werden deshalb »Apologeten«[5] genannt. Das hat eine starke Rückwirkung auf das Christentum gehabt, es verband sich dadurch bis zu einem gewissen Grad mit dem griechischen Denken. Vor allem in der evangelischen Theologie wird dieser Vorgang heute im Wesentlichen kritisch beurteilt; man sieht darin eine »Hellenisierung« des Christentums im Sinne einer Überfremdung. Aber man kann das auch anders sehen.

Das Christentum wurde vorbereitet durch das Judentum. Man hat schon im frühen Christentum das Alte mit dem Neuen Testament in Beziehung gebracht durch die so genannte »typologische« Betrachtungsweise. Das heißt, man brachte eine bestimmte Gestalt oder ein Ereignis des Alten Testamentes (Typus) mit einer entsprechenden Gestalt oder einem Ereignis des Neuen Testamentes (Antitypus) in Beziehung, z.B. den Propheten Jonas (Typus) mit Christus (Antitypus), wie das im Neuen Testament sogar direkt ausgeführt ist (Matthäus 12,40): »Denn wie Jona drei Tage und drei Nächte im Bauch des Fisches war[6], so wird

[3] Apostelgeschichte 2,42; 2,46; 20,7.

[4] Judasbrief 12.

[5] Apologia (ἀπολογία) = Erwiderung, Verteidigung. Einer der wichtigsten Apologeten ist Justin der Märtyrer, * in Flavia Neapolis (heute Nablus), nach seiner philosophischen Ausbildung in Ephesus zum Christentum bekehrt, wirkte er als christlicher »Philosoph« u.a. auch in Rom, wo er unter Präfekt Junius Rusticus (163–167) Märtyrer wurde.

auch der Menschensohn drei Tage und drei Nächte im Innern der Erde sein.« Die typologische Betrachtungsweise hat weiter gewirkt, wenn auch nicht als vordergründige Theologie, bis dann im ausgehenden 13. Jahrhundert in Europa die so genannten »Armenbibeln« auftauchten, in denen in reichen und kostbaren Bildern entsprechende Szenen aus dem Alten und Neuen Testament einander gegenübergestellt sind. Außer dem Alten Testament kann man aber auch noch von einem zweiten – griechisch-heidnischen – Vorbereitungsstrom des Christentums sprechen. Man kann vereinfacht sagen: Die Aufgabe des Judentums im Hinblick auf die Vorbereitung des Christentums bestand darin, die Voraussetzungen für die Inkarnation des Messias zu schaffen, die besondere *Leiblichkeit* vorzubereiten. Das Griechentum stand im Gegensatz zum Judentum, aber nicht zum Christentum. Deshalb trug Paulus auch dafür Sorge, dass Heiden, die zum Christentum kamen, nicht vorher erst durch Beschneidung Juden werden mussten (Apostelgeschichte 15,1 ff.). Der Beitrag des Griechentums zum Christentum lag nun genau darin, worin bestimmte Theologen heute eine »Überfremdung« sehen: in der philosophischen Begrifflichkeit, mit deren Hilfe das Christentum *verstanden* werden konnte. Das Christentum hat seine Wurzeln nicht nur im Judentum und im Alten Testament, sondern auch im Heidentum und seinen Mysterien, besonders im Griechentum; Griechisch ist ja auch die Sprache des Neuen Testamentes. Das ist wohl zum ersten Mal in aller Klarheit von Rudolf Steiner dargestellt worden in dem 1902 erschienenen Buch *Das Christentum als mystische Tatsache und die Mysterien des Altertums*[7]. Im Vorwort zur 2. Auflage weist er darauf hin, »wie der Quell des Christentums sich seine Voraussetzungen geschaffen hat in den Mysterien der vorchristlichen Zeit. In dieser ›vorchristlichen Mystik‹ wird der *Boden* aufgezeigt, in dem als ein Keim selbständiger Art das Christentum gedeiht.«

Von den Apologeten wurde zum ersten Mal ein Taufe und Abendmahl zusammenfassender Begriff eingeführt, der die christliche kultische Feier als solche charakterisieren sollte. Von Justin († etwa 165) wird dafür das Wort μυστήριον, *Mysterium*, verwendet. Es ist an dieser

6 Jona 2,1.

7 GA 8. Der Titel lautet so ab der 2. Auflage 1910.

Stelle nicht notwendig, die ganze Bedeutungsgeschichte dieses Wortes heranzuziehen. Ein Bezug zu den vorchristlichen Mysterien ist jedenfalls erkennbar. Dass diese Feiern, die wir heute Sakramente nennen, dem entsprechen, was einmal die Mysterienfeiern waren, erhellt auch aus einer weiteren Schilderung Steiners in dem genannten Buch (Kapitel *Die Evangelien*): »Das Christentum sollte ein Mittel sein, durch das jeder den Weg finden konnte. Ist er nicht reif dazu, so ist ihm wenigstens nicht die Möglichkeit abgeschnitten, dass er in einer gewissen Unbewusstheit der Mysterienströmung teilhaftig werde … Etwas genießen können von den Früchten der Mysterien sollten fortan auch diejenigen, welche nicht an der Einweihung noch teilnehmen können.« In dem, was Steiner hier Früchte der Mysterien nennt, können wir auch die Sakramente sehen, die von Justin Mysterien genannt werden und in der Ostkirche heute noch so heißen.

Mit dem Wort *Mysterium* ist eine besondere innere Blickrichtung gegeben, die später in der westlichen Kirche verloren ging.[8] Der katholische Theologe Michael Schmaus[9] beschreibt das so: »Das Mysterium Christi wird von den Aposteln verkündet. Die Kirche trägt es weiter durch alle Zeiten. Sie setzt es immer wieder gegenwärtig im Kulte. So bedeutet das Wort *Mysterion* den Kult. Seit Christus nicht mehr sichtbar unter uns weilt, lebt er mit seinem Heilswirken im Kulte … Im Allgemeinen lässt sich sagen, dass in der alten Kirche bis Augustinus die Überzeugung bestand, dass im Vollzug des Sakramentes der Heilige Geist sich auf die stofflichen Elemente herablässt, sie heiligt und ihnen eine heiligende Kraft mitteilt. Er wird herabgerufen durch Weihehandlungen unter bestimmten Gebeten und Formeln.«[10] Dass »der Heilige Geist sich auf die stofflichen Elemente herablässt, sie heiligt und ihnen eine heiligende Kraft mitteilt«, wird sonst in der Theologie *Epiklese* (Herabrufung) genannt. Es ist bedeutsam, dass in der Ostkirche, die diese Stimmung bis heute noch mit ihren »Mysterien« verbindet, erklärtermaßen die Auffassung besteht, dass in der Liturgie (der Messe) die Wandlung durch

[8] Anfang des 20. Jahrhunderts gab es durch Odo Casel, OSB, innerhalb der katholischen Kirche einen neuen Impuls für eine »Mysterientheologie«.

[9] Er gehört auch zu den Vertretern der Mysterientheologie.

[10] Michael Schmaus: *Katholische Dogmatik*, Bd. III/2. München 1941, S. 3 ff.

die Epiklese bewirkt wird. In der Chrysostomos-Liturgie etwa lautet das Epiklese-Gebet: »Auch bringen wir Dir diesen geistlichen und unblutigen Opferdienst dar und rufen und bitten und flehen zu Dir: Sende herab Deinen Heiligen Geist auf uns und diese Gaben hier.«

Die römische Messe hat keine Epiklese[11] und eine andere Wandlungsauffassung[12]. Die römische Kirche nennt ihre Sakramente auch nicht Mysterien. Im Kultus der Christengemeinschaft findet sich die Wandlungs-Epiklese, nämlich die Bitte, die »Gnadekraft« des Heiligen Geistes möge »erdenwärts« wirken und dadurch Brot und Wein in Leib und Blut Christi verwandelt werden. In diesem Punkt ist die Menschenweihehandlung eher der orthodoxen Liturgie verwandt, obwohl sie ansonsten eine nähere Verwandtschaft zur römischen Messe hat.

4.3 Sacramentum

Der Mysteriums-Begriff ist im Osten der Christenheit verankert. Für den Westen und das Abendland musste noch ein weiterer Schritt getan werden. Die inhaltliche Weiterentwicklung fand ihren Ausdruck in der Übersetzung des griechischen Wortes μυστήριον (*mysterion*) ins

[11] »Von einer eigenen Wandlungs-Epiklese in der römischen Messe fehlt in den Urkunden jede sichere Spur« (LThK² 3, 935). Der katholische Theologe Wilhelm Maas hat 1999 eine im Auftrag der Theologischen Forschungsstelle an der Freien Hochschule der Christengemeinschaft in Stuttgart erstellte Studie vorgelegt (noch unveröffentlicht), die zu dem Ergebnis kommt, die katholische Messe habe doch eine Wandlungsepiklese. Insbesondere führt er Gründe dafür an, dass das Canon-Gebet *Supplices te rogamus* in Wahrheit als Epiklese zu verstehen sei. Auch die gegenwärtige katholische Theologie vertritt heute – offensichtlich aus kirchenpolitischen Gründen (römisch-katholisch / orthodoxes Dialogpapier, München 1982) – das Vorhandensein einer Epiklese mit der Auffassung, das eucharistische Hochgebet als Ganzes sei Epiklese. »Hier dürfte eine … zukunftsweisende ökumenische Konvergenz angepeilt sein …« (LThK³ 3, 716).

[12] »Während nach katholischer Lehre einzig die Worte des Herrn die eucharistische Wandlung bewirken, verlegen die von Rom getrennten Orientalen die Wandlungskraft entweder ausschließlich in die Epiklese oder in die Epiklese in Verbindung mit den Einsetzungsworten« (LThK² 3, 935 f.).

Lateinische. In den altlateinischen Bibelübersetzungen, das gilt für die nordafrikanischen Texte, aber auch die aus Italien stammende *Itala*, wird das griechische *mysterion* fast immer mit *sacramentum* übersetzt. Das ist sehr erstaunlich, denn es ist eigentlich falsch. Das griechische Verb μύειν (*myein*) heißt *(die Lippen) schließen*. Das damit zusammenhängende Substantiv μυστήριον (*mysterion*) bedeutet zunächst: das Geheimnis (das innere Erlebnis, über das man die Lippen fest verschließt, d.h. schweigt) mit einem dann noch darüber hinausgehenden Bedeutungsspektrum. *Sacramentum* hingegen hat eine ausgesprochene Willenskomponente: Es hat mit dem Heiligen (*sacrum*) zu tun, bedeutet aber praktisch, dass in Rechtsverfahren jede der beiden streitenden Parteien im Tempel (am heiligen Ort) ein Pfand (*sacramentum*) hinterlegen muss, das dem Tempel zufällt, wenn der Prozess verloren wird. Die andere Bedeutung ist »Gelöbnis« und der »Fahneneid« der Soldaten. Weil *mysterion* und *sacramentum* so weit auseinander liegen, ist in späteren lateinischen Übersetzungen der Bibel, insbesondere in der *Vulgata* des Hieronymus (Ende des 4. Jh.) μυστήριον im Wesentlichen nicht mehr mit *sacramentum*, sondern mit *Mysterium* als lateinischem Fremdwort übertragen worden. Dennoch ist durch Tertullian[13] die Übersetzung *mysterion – sacramentum* außerhalb der Bibel schließlich eine wichtige theologische und kirchengeschichtliche Tatsache geworden. Wo Justin für Taufe und Kommunion den gemeinsamen Begriff *Mysterium* benutzt, gebraucht Tertullian als entsprechendes Wort *Sakrament*. Mit diesem Wort und seiner Bedeutung sind in der westlichen Kirche die Sakramente, zunächst Taufe und Kommunion, in Erscheinung getreten. Der Name drückt den Gelöbnis- und Verpflichtungscharakter aus, den sie für denjenigen annehmen, der sie empfängt.

Für das Besondere dieses Wortes spricht der Kultus der Christengemeinschaft. Friedrich Rittelmeyer hatte einmal einen Traum, in dem er Rudolf Steiner nach dem Ursprung der Menschenweihehandlung

[13] Tertullian, Quintus Septimius Florens, * um 160 in Karthago als Sohn eines heidnischen *centurio proconsularis*, erhielt eine vorzügliche rhetorische und juristische Bildung und wirkte wahrscheinlich in Rom als Anwalt. Nach seiner Bekehrung (um 195) widmete er sich in Karthago bis zu seinem Tode (nach 220) der Verbreitung und Vertiefung des christlichen Glaubens. Ob er als Katechet auch Priester war, wie Hieronymus berichtet, bleibt zweifelhaft.

fragte. Das war noch zu Lebzeiten Steiners, und es ergab sich später die Gelegenheit, ihn direkt danach zu befragen. Rittelmeyer berichtet davon: »In jenem Gespräche im Jahre 1924 kam auch die Entstehung der Menschenweihehandlung zur Sprache. Im nächtlichen Traum hatte ich Dr. Steiner gefragt: Wie ist eigentlich die Menschenweihehandlung zustande gekommen? Dr. Steiner hatte geantwortet: ›Da musste ich an einen Ort gehen, wo die deutsche Sprache mantrisch gelehrt wird.‹ Dr. Steiner bestätigte das Erlebnis und sagte: ›Sie dürfen sich nur den Ort nicht so vorstellen, dass Sie dorthin ein Postpaket schicken können.‹« Das hatte Rittelmeyer vermutlich auch nicht getan …

»Mantrisch« bedeutet, dass es in besonderer Weise darauf ankommt, in welcher lautlichen und rhythmischen Konstellation die Worte zueinander stehen, wie sie zusammenklingen über den bloßen Gedankeninhalt hinaus. Dann haben die Worte auch eine wirkende Kraft. Ohne diese Kraft wäre Kultus nicht möglich oder eben nur eine Äußerlichkeit. Rudolf Steiner hat einmal darauf hingewiesen, wie durch bestimmte Mantren sogar Elementarwesen entstehen können. Es geschieht etwas geistig Sinnvolles, wenn der Priester »bestimmte Handbewegungen macht bei bestimmten Lauten, wie zum Beispiel bei o, i, u, verstärkt durch die Wiederholung: *Dominus vobiscum*. Der Klang ist regelmäßig angeordnet, die Luft wird in bestimmte Erschütterungen gebracht, die dadurch verstärkt werden, dass man bestimmte Handbewegungen macht, und es wird eine Sylphe hervorgerufen.«[14] Wenn also in Bezug auf die Menschenweihehandlung von einem Ort gesprochen wird, an dem »die deutsche Sprache mantrisch« gelehrt wird, so wird man erwarten, dass die mantrische Qualität des kultischen Wortlautes in dieser Sprache wesentlich ist. Und in der Tat, man kann ähnlich dem von Rudolf Steiner schon 1905 gegebenen *Dominus-vobiscum*-Beispiel auch im Text der Menschenweihehandlung viele entsprechende Wort- und Lautkonstellationen entdecken. Dabei fällt auf, dass der Wortlaut in der Menschenweihehandlung fast ausschließlich aus Worten der eigentlichen deutschen Sprache besteht unter Verzicht auf Fremdwörter. Selbst völlig eingelebte Fremdwörter, für die es scheinbar kein Äquivalent in der deutschen Sprache gibt, wie beispielsweise *Mysterium (von Golgatha)*, erscheinen in einer aus dem Sprachleib des Deutschen

[14] GA 93a, 30.10.1905, S. 219.

gebildeten Form, in diesem Fall als *Lebens-Todestat (auf Golgatha)*. Umso mehr fallen dann die ganz wenigen Fremdwörter auf, die sich dennoch im Sprachleib der Menschenweihehandlung befinden als Repräsentanten anderer Sprachen und offensichtlich mit einer besonderen mantrischen Kraft. Dazu gehören *Evangelium, physisch, Materie, Amen, Substanz, Äther*[15], *prophetisch* und schließlich, an herausragender Stelle und durch den Satzbau betont, *Sakrament*. Vier dieser Fremdwörter repräsentieren die griechische Sprache, *Amen* repräsentiert die hebräische, *Materie, Substanz* und insbesondere *Sakrament* repräsentieren die lateinische Sprache. Es sind die drei besonderen Sprachen[16], in denen auch Pilatus den Grund der Verurteilung am Kreuz Jesu anschreiben ließ.[17] Wir gehen also davon aus, dass das Fremdwort *Sakrament* im Kultus der Christengemeinschaft deshalb erscheint, weil es die mantrische Kraft der lateinischen Sprache in geeigneter Weise dort einbringt. Das steht in völligem Gegensatz zu der Meinung Zwinglis, der, wie bereits zitiert, gesagt hat: »Sehr wünschte ich, die Deutschen hätten das Wort ›Sakrament‹ niemals in ihren Sprachschatz aufgenommen.« Alfred Schütze hat einmal einen Versuch gemacht, dem Charakter dieses Wortes durch eine Untersuchung seiner Lautgestalt nachzugehen.[18]

4.4 Augustinus: Zeichen und Siegel

Die griechischen Theologen haben von Taufe und Abendmahl in mysterienkultischer Sprache gesprochen und das kultische *Erleben* in den Vordergrund gestellt. Der lateinische Theologe Tertullian hat bei den

[15] Nur in der Johanni-Epistel so, im Grundtext der Menschenweihehandlung dagegen »Bildekräfte«.

[16] Emil Bock hat darüber 1948 einen Aufsatz geschrieben (wiedergegeben im Anhang seiner Übersetzung des Neuen Testamentes).

[17] Johannes 19,19 f.: »Pilatus ließ auch ein Schild anfertigen und oben am Kreuz befestigen; die Inschrift lautete: Jesus von Nazaret, der König der Juden. Dieses Schild lasen viele Juden, weil der Platz, wo Jesus gekreuzigt wurde, nahe bei der Stadt lag. Die Inschrift war hebräisch, lateinisch und griechisch abgefasst.«

[18] Alfred Schütze in der Monatsschrift *Die Christengemeinschaft*, Jg. 1965, S. 329.

Sakramenten die Willensseite, das ethische *Handeln* hervorgehoben. Mit Augustinus[19] beginnt das Sakramenten*verständnis*. Er führte einen Begriff ein, der sich als fundamental für die Sakramententheologie erwies: *Zeichen* (*signum*). Ein Zeichen weist über sich hinaus auf das Bezeichnete, nämlich die *Sache* (*res*). So weist auch das Sakrament als Zeichen über sich hinaus auf die heilige »Sache«[20], d.h. die Gnade bzw. den Christus. Das Wichtige ist selbstverständlich nicht das Zeichen selbst, sondern das, worauf es hinweist, das Bezeichnete bzw. die Sache (in der Scholastik hat man dann vom »äußeren« und »inneren« Sakrament gesprochen). Die Zeichen selbst werden von Augustinus – bei der Betrachtung der Taufe – noch in *Wort* und *Element* differenziert. Das Element ist im Fall der Taufe das Wasser, das Wort ist die Taufformel. »Indem das Wort zum Element tritt, entsteht das Sakrament« (*accedit verbum ad elementum et fit sacramentum*). Augustins Unterscheidung bei den Sakramenten von *signum* und *res*, von sakramentalem Zeichen und göttlicher Gnade, auf die das Zeichen weist, enthält in sich einen Dualismus von irdisch-sinnlichem Zeichen und geistig-übersinnlicher Gnade. Man kann das als die Aussage eines vom Neuplatonismus[21] ge-

[19] Aurelius Augustinus, * 354 in Thagaste (Numidien), † 28. 8. 430 in Hippo Regius (Numidien), Kirchenlehrer, Sohn eines heidnischen Beamten und einer Christin (Monnica). Er entschied sich für die Rhetorenlaufbahn. Die Lektüre von Ciceros *Hortensius* führte Augustinus zur Philosophie. Viele Jahre war er Anhänger des Manichäismus, dann kurz der Skepsis, später des Neuplatonismus (nach Plotin, ca. 205–270). In Mailand schließlich gewann ihn die Persönlichkeit des Bischofs Ambrosius und dessen Synthese von Neuplatonismus und Christentum endgültig für das Christentum. Er widmete sich einem asketischen Leben. 387 wurde er getauft und 395 Bischof in Hippo Regius bei Karthago.

[20] »*Signa, quae, cum ad res divinas pertinent, sacramenta appellantur.*« (Zeichen, die auf Göttliches [*res divinas*: die göttlichen Dinge, die *heilige Sache*] weisen, werden Sakramente genannt.) Zitiert bei Auer/Ratzinger, Bd. VI, S. 38.

[21] Der Neuplatonismus ist das letzte große System der griechischen Philosophie, etwa zwischen 200 und 500 n.Chr. Außer platonischen Begriffen sind aristotelische, stoische und solche der spätantiken Mystik in den Neuplatonismus eingegangen. Als Stifter des Neuplatonismus gilt Ammonios Sakkas († 242 n.Chr.), der bedeutendste Neuplatoniker war aber dessen Schüler Plotin. Rudolf Lorenz schreibt in *Religion in Geschichte und Gegenwart* (3. Auflage

prägten Denkens verstehen: Zeichen und Gnade gehören verschiedenen Welten an, die Sakramente als äußere Zeichen sind nur Symbole für das, worauf sie hinweisen. Umso erstaunlicher ist es dann, dass Augustinus zugleich auch die polare Auffassung damit verbindet: Die Sakramente *bewirken* das, was sie anzeigen. »Der Kirchenvater bekennt sich also, trotz seiner platonisch-idealistischen Denkweise, zu einem sakramentalen Realismus.«[22] Er verbindet neuplatonisches mit aristotelischem Denken. Man vergegenwärtige sich für einen Moment den Inhalt dieser Aussagen. Der zweite Satz alleine könnte wie die Benennung einer magischen Handlung erscheinen: Das Sakrament *bewirkt* etwas, nämlich die Gnade. Die Ursache dafür läge dann beim Priester, der das Sakrament vollzieht. In der Tat sind auch heute noch bei vielen Menschen zumindest Anklänge an ein magisches Sakramentenverständnis anzutreffen. Auf der anderen Seite steht aber der erste Satz, der davon spricht, dass das Sakrament ein Zeichen ist, das auf etwas verweist, das nicht bewirkt werden muss, weil es schon besteht. Die beiden Sätze tragen sich also gegenseitig und schützen sich vor einem einseitigen Verständnis. Mit diesen beiden Grundaussagen:

die Sakramente sind sichtbare Zeichen einer unsichtbaren Gnade,
die Sakramente sind Zeichen, die das Bezeichnete bewirken,

hat Augustinus das dauerhafte Fundament einer Sakramententheologie gelegt, auf das die katholische Kirche bis zum Konzil von Trient (1545–1563) gebaut hat und weiter baut.

Es kann nun überraschen, dass auch das neue Sakramentenverständnis der Christengemeinschaft hier an Augustinus anschließt. In der Liturgie der Priesterweihe wird ausgesprochen, was geschieht, wenn der Priester sakramental handelt: Es soll »im Geiste getan« sein, was er »im Zeichen vollzieht«. Das ist in Übereinstimmung mit Augustinus, insofern die Sakramente Zeichen sind, die auf den Geist *verweisen*, und insofern sie eine Tatsache im Geist *bewirken*.

1956–65, Bd. 1, S. 740 ff.): »Augustinus lernt durch Plotin, die Wahrheit jenseits der körperlichen Welt zu suchen und die unsichtbare Vollkommenheit Gottes durch die geschaffenen Dinge hindurch zu erkennen.«

[22] Alexandre Ganoczy: *Einführung in die katholische Sakramentenlehre*. Darmstadt 1979, S. 18.

Es muss aber auch festgehalten werden, dass zwischen den beiden Grundaussagen die angedeutete Spannung besteht, die ein großer Denker wie Augustinus in sich vereinigte, die spätere Theologen oft nur noch einseitig auffassen konnten und so zu ganz verschiedenen Sakramentsauffassungen kamen, die sie aber alle auf Augustinus zurückführten. Es gab im Mittelalter diejenigen, die hauptsächlich den ersten Satz als Grundlage ihres Verständnisses nahmen und im Abendmahl nur ein äußeres Symbol für die Wirklichkeit der Christusgegenwart sahen. Und dann gab es solche, die den zweiten Satz ins Zentrum stellten und von einer fast magisch bewirkten Realpräsenz des Christus im Abendmahl ausgingen. Das hat zu großen theologischen Auseinandersetzungen geführt und sich in dem Nominalismus/Realismus-Streit[23] (Universalienstreit) gespiegelt.

Zwei weitere Merkmale eines Sakramentes sind von Augustinus zwar nicht völlig neu benannt und beschrieben worden, aber sie sind durch ihn selbstverständlicher Bestandteil der Sakramententheologie geworden. Die eine Frage war, ob die Wirksamkeit eines Sakramentes von der Würdigkeit des Spenders abhängt – eine sehr nahe liegende Frage, die gewiss auch heute noch manchen Teilnehmer am Kultus beschäftigt. Im 4. Jahrhundert ging diese Frage von den so genannten Donatisten aus, den Anhängern des Gegenbischofs (seit 313) Donatus von Karthago († um 355). Für sie war die Wirksamkeit der Sakramente von der Würdigkeit ihres Spenders abhängig, weshalb sie 312 die Bischofsweihe Caecilians nicht anerkannten, da bei ihr ein Bischof mitgewirkt hatte, dem sie vorwarfen, in der Verfolgungszeit den römischen Behörden heilige Schriften ausgeliefert und somit eine Todsünde begangen zu haben. Die Auseinandersetzungen dieser nordafrikanischen Kirche mit

[23] *Nominalismus:* Die im Universalienstreit gegen Begriffsrealismus und Platonismus gerichtete Lehre, wonach allein Einzeldinge und Individuen existieren, die Allgemeinbegriffe (Universalien, z.B. Einheit, Vielheit) dagegen keine eigene Realität besitzen, sondern vom Denken willkürlich geschaffene Bedeutungsgehalte darstellen; vor allem von Roscelin von Compiègne und P. Abälard im 11. und 12. Jahrhundert vertreten. *Realismus:* In der Scholastik (Anselm von Canterbury, Wilhelm von Champeaux) die dem Platonismus ähnliche Position, dass den Allgemeinbegriffen eine Wirklichkeit (»Realität«) zukommt (Begriffsrealismus) und sie nicht nur bloße Worte sind.

der römischen Kirche zogen sich durch das ganze 4. Jahrhundert hin. Als Augustinus Bischof in Hippo wurde, wendet er sich mit aller Intensität gegen die Donatisten mit der These, dass auch ein ketzerischer Priester gültig Sakramente spenden kann. Er begründet das damit, dass der eigentlich Handelnde beim Sakramentsvollzug nicht der Priester, sondern Gott sei. So kann die persönliche Unwürdigkeit des Priesters auch kein Hindernis sein.

Wir wollen wieder innehalten und uns fragen, welche Konsequenzen mit dieser Frage verbunden sind. Wenn die Entscheidung der Kirche so ausgefallen wäre, dass der Würdigkeit des Priesters eine für die Wirksamkeit des Sakramentes entscheidende Bedeutung zugekommen wäre, hätte das letztlich die Konsequenz gehabt, dass die Gläubigen in einer völligen Unsicherheit darüber leben müssten, ob ein empfangenes Sakrament auch wirklich wirksam sei. Es wäre ein persönliches Element in die Kirche eingezogen, das insbesondere die Persönlichkeit des Priesters betroffen hätte. Der Kultus wäre etwas ganz subjektiv an den Priester und seine moralische Verfassung, seine Würdigkeit Gebundenes geworden. Es ist ganz offensichtlich, Augustinus musste die donatistische Auffassung bekämpfen. Aber wieder haben wir eine Spannung in der Aussage, dass die Wirksamkeit eines Sakramentes nicht an die Würdigkeit des Priesters gebunden ist. Man könnte daraus den einseitigen und damit falschen Schluss ziehen, dass es auf die weltanschauliche oder moralische Verfassung des Priesters eben überhaupt nicht ankomme. In den dunklen Jahrhunderten der Kirche mit ihren Reformkonzilien[24] war diese Auffassung sehr oft Praxis.

Das dritte Merkmal des Sakramentes wurde ebenfalls in der Auseinandersetzung mit Häretikern bewusst. Es ging um die Frage, ob Häretiker, wenn sie um Aufnahme in die Kirche bitten, noch einmal »richtig« getauft werden müssen. Ähnlich wie bei den Donatisten wurde diese Frage verneint. Dabei hatte sich das biblische Wort vom »Siegel« im Anschluss an eine Stelle bei Paulus[25] im 4. Jahrhundert allmählich

[24] Siehe Kapitel 1, S. 15.

[25] 2. Korinther 1,21 f.: »Gott aber, der uns und euch in der Treue zu Christus festigt und der uns alle gesalbt hat, er ist es auch, der uns sein Siegel aufgedrückt und den Geist als Unterpfand in unser Herz gegeben hat.«

eingelebt. Augustinus geht beim Verständnis des Taufsiegels von der römischen Praxis aus, »den Soldaten das Zeichen des Kaisers oder des Feldherrn in die Haut einzubrennen.«[26] Dieses »Herrenmal« (*character domenicus*) als ein bleibendes Siegel ist die Wirkung einer gültig gespendeten Taufe, unabhängig vom Spender. Wegen dieses Siegels kann die Taufe auch nicht wiederholt werden, es ist die bleibende objektive Wirkung des Sakramentes.

Auch hier besteht wieder eine Spannung: Wenn ein Sakrament in dieser Weise objektiv wirkt, ist das dann nicht schon ein erreichtes Ziel hinsichtlich der Gnadenwirkung? Bedarf es dann noch einer zusätzlichen persönlichen Anstrengung dessen, der das Sakrament empfangen hat? Das Sakrament ist also eine objektive Tatsache beim Spender (unabhängig von seiner Würdigkeit) und beim Empfänger (das Siegel bzw. Herrenmal). Worin liegt der persönliche Beitrag des Spenders und der des Empfängers?

Auch in der Christengemeinschaft spielen diese von Augustinus in der beginnenden Sakramententheologie verankerten Gesichtspunkte eine wichtige Rolle, aber in einem weiterentwickelten Verständnisansatz. Damit werden wir uns weiter unten beschäftigen (s. S. 242 ff., S. 248 ff.).

Zum Abschluss dieses Kapitels schauen wir auf die Persönlichkeit des Augustinus mit der Frage, welche Seelenfähigkeiten in ihm wirksam waren, dass er Begriffe ausbilden konnte, die bis heute ihre Gültigkeit haben und eine Polarität in sich enthalten, durch die sie leicht zu widersprüchlichen Folgerungen führen können. Sie enthalten die Spannung des Sowohl-als-auch[27]. In der Anthroposophie wird die Seelenqualität, die diese Spannung in sich tragen kann, *Bewusstseinsseele* genannt. Es ist die reifste Form der Seele und sie soll in unserer Zeit[28] allmählich entwi-

[26] Auer/Ratzinger, Band VI, S. 72.

[27] Gemeint ist hier tatsächlich das aktive, mit einer Spannung verbundene Sowohl-als-auch. In den östlichen Religionen Asiens gibt es auch das alte Sowohl-als-auch, das einen eher passiven Charakter hat (an allem ist immer irgendetwas auch »berechtigt«) und nicht durch »Polarität und Steigerung« (Goethe) zu einem übergeordneten Prinzip führt.

[28] In der Anthroposophie wird diese Zeit die fünfte nachatlantische Kulturepoche genannt. Sie hat im 15. Jahrhundert begonnen und dauert etwa 2000 Jahre.

ckelt werden. Augustinus hatte von dieser Fähigkeit offensichtlich schon etwas zu Verfügung. Wir verstehen in diesem Zusammenhang eine Äußerung Rudolf Steiners über Augustinus: »Augustinus lebt lange vor dem Hereinbrechen unseres Zeitalters; aber er bereitet es vor; er ist der Geist, in dessen Schriften wir, lange vor dem Sonnenaufgang, die erste Morgenröte des Zeitalters finden, das ganz auf die Bewusstseinsseele zugeschnitten ist. In jeder Zeile des Augustinus ist das wahrzunehmen, und jede Zeile des Augustinus unterscheidet sich für ein feineres Fühlen von alledem, was im alten Griechentum möglich war.«[29]

Augustinus gibt somit als Grundlage für eine allgemeine Sakramentenlehre drei Charakteristiken der Sakramente, in denen er Zeichen und Siegel findet. Diese Charakteristiken sind fundamental.

1. Die beiden besprochenen Grundaussagen über das äußere Zeichen (*signum*) und die übersinnliche Gnade (*res*). Sie gelten auch für die Sakramente der Christengemeinschaft.
2. Die Gültigkeit des Sakramentes hängt nicht von der Würdigkeit des Priesters ab. Auch für die Christengemeinschaft hat diese Aussage eine Bedeutung, aber in einem weiterentwickelten Verständnis.
3. Das Sakrament der Taufe bewirkt ein bleibendes Siegel (*character domenicus*). Auch in der Christengemeinschaft kann man – aber ebenfalls in einem weiterentwickelten Verständnis – vom Siegel der Sakramente sprechen.

Bei alledem ist zu berücksichtigen, dass Augustinus in der Lage war, eine allgemeine Sakramententheologie zu veranlagen, obwohl er dabei nur die Taufe und das Abendmahl als Sakramente im engeren Sinn im Blick hatte.

4.5 Medikament

Es gibt in der Christengemeinschaft eine weitere Bestimmung des Sakramentes, die eine Besonderheit theologischer Begriffsbildung innerhalb der Christengemeinschaft zu sein scheint. Das ist die *therapeu-*

[29] GA 145, 26.3.1913.

tische Wirkung des Sakramentes. In den Ritualwortlauten gibt es einen ganzen Kranz von Begriffen, die hier zusammengehören. Im Zentrum steht der Begriff *Sündenkrankheit*[30]. Der sonst in der Theologie übliche Begriff »Erbsünde« betont die ethische Seite des Sündenfalls. Es gibt aber auch noch einen anderen Aspekt, den wir den pathologischen nennen möchten, weil der Mensch, bevor er vom verbotenen Baum der Erkenntnis aß, eben Gut und Böse noch nicht unterscheiden konnte. So sagt etwa Lessing in seiner Schrift *Die Erziehung des Menschengeschlechts* (§ 74): »Und die Lehre von der Erbsünde. – Wie, wenn uns endlich alles überführte, dass der Mensch auf der ersten und niedrigsten Stufe seiner Menschheit, schlechterdings so Herr seiner Handlungen nicht sei, dass er moralischen Gesetzen folgen könne?« Indem der Mensch die Folgen des Sündenfalls dennoch tragen muss, wird ihm die Verantwortung dafür zugemutet, die er zunächst gar nicht hat, in die er aber allmählich – gewissermaßen nachträglich als Ergebnis seines Reifwerdens – hineinwachsen kann. So betrachtet hat dann auch die Erlösung nicht nur eine moralische, sondern auch eine therapeutische Seite. Darauf weist der Begriff Sündenkrankheit. Erlösung ist dann Heilung.

[30] Von Rudolf Steiner zum ersten Mal 1922 in der Messe-Übersetzung für Hugo Schuster verwendet: »Dein Leib, o Herr, der mich genähret, und Dein Blut, das mich gestärket hat, sie mögen durchdringen meine Seele für immer und in mir tilgen die Sündenkrankheit als die reinen und heilenden Sakramente« (GA 343, 7.10.1921 v). Scheinbar der gleiche Begriff kommt auch schon bei Augustinus in seinen »Bekenntnissen« (2. Buch, Kapitel 7) vor, in der Übersetzung von Georg Rapp, 1838, sogar wörtlich: »Und wer von dir berufen wird und deinem Rufe folgt, wer das vermied, was er hier von mir liest, und was ich selbst von mir bekenne, er lache mein nicht, dass mich derselbe Arzt von meiner Krankheit heilte, der ihn vor ihr bewahrte oder bewirkte, dass er weniger erkrankte. Er soll dich ebenso, ja mehr noch lieben, wenn er von so großer Sündenkrankheit mich geheilt sieht durch den, der ihn selbst davor bewahrt hat.« Bei genauerem Hinsehen wird allerdings deutlich, dass der von Augustinus verwendete Begriff (*languores peccatorum*) nicht die »Krankheit« ist, die zur konstitutionellen *Ursache* für die Sünde wird (so die Bedeutung von »Sündenkrankheit« bei Steiner), sondern die seelische »Mattheit« als *Folge* der Sünden. Entsprechend übersetzt etwa Hermann Hefele (1958) »Sündensiechtum«.

Ein weiterer Begriff ist der *heilende Geist*, von dem im Credo der Christengemeinschaft neben dem Begriff *heiliger Geist* die Rede ist. Auch in den Pfingstgebeten der Menschenweihehandlung und zu Michaeli ist vom »heilenden Geist« die Rede, darüber hinaus auch vom »heilbringenden Geist«, der als »Weltenarzt« wirkt. Schließlich gehört hierher noch das Wort von der »heilenden Arznei« in Verbindung mit der Kommunion, die an dieser Stelle mit dem Sakrament schlechthin identifiziert wird und zur »Heilung der Sündenkrankheit« führen soll.

Ein neuer Ansatz für eine Theologie der Sünde ist hier veranlagt, der von Rudolf Steiner dann noch bis in das praktische Leben weitergeführt worden ist, indem er für Ärzte und Priester der Christengemeinschaft den *Pastoral-Medizinischen Kurs*[31] gehalten hat. Auf eine ganz unerwartete Weise wird hier das Thema Krankheit und Sünde behandelt und als inneres Zentrum der Zusammenarbeit der Angehörigen beider Berufsgruppen aufbereitet.

Dieser Aspekt des Sakramentes als heilender Arznei ist im Urchristentum schon veranlagt durch Ignatius, Bischof von Antiochien. Man kennt seine Biografie nicht, man weiß nur, dass er zwischen 110 und 117 in Rom das Martyrium erlitten hat. Es sind von ihm aber sieben Briefe erhalten, die er an verschiedene Gemeinden schreibt. Im Brief an die Gemeinde von Ephesus findet sich die Charakterisierung des Abendmahls als »Heilmittel der Unsterblichkeit« (*pharmakon athanasias*). Das entspricht der heilenden Arznei, von der im Kultus der Christengemeinschaft gesprochen wird, und ist eine sehr wichtige Kennzeichnung der therapeutischen Wirkung der Sakramente. Sie ist aber im weiteren Verlauf im Untergrund geblieben und hat in der Sakramententheologie der Kirche kaum eine Rolle gespielt. Einer der Theologen des Mittelalters, bei dem dieser Gedanke auftaucht, ohne aber eine Bedeutung in der Theologie zu gewinnen, ist Alexander von Hales[32]. Er spricht in seiner

[31] GA 318, 8.–18. September 1924.

[32] Alexander von Hales, etwa 1170–1245, geboren in England, studierte in Paris Theologie. Um 1231 wurde er Franziskaner und Begründer der älteren Franziskanerschule. Neben vielen zu Unrecht ihm zugeschriebenen Werken sind gesichert: *Glossa in 4 libros Sententiarum*.

Glossa (verfasst 1223–27) von einer siebenfachen *infectio* der menschlichen Seele, die durch die verschiedenen Arten von Sünden bewirkt wird. Dem stehen die Sakramente gegenüber, die dafür die Heilmittel sind. Taufe: *medicina curatoria* (vorsorgende Arznei); Firmung: *medicina conservativa* (bewahrende Arznei); Priesterweihe: *medicina meliorativa* (veredelnde Arznei); Trauung: *medicina praeservativa* (schützende Arznei); Letzte Ölung: *medicina mitigativa* (lindernde Arznei); Abendmahl: *medicina conservativa, meliorativa et confortativa* (bewahrende, veredelnde und stärkende Arznei).[33]

[33] Auer/Ratzinger, Bd. VI, S. 87.

5 Die Scholastik

In der Väterzeit sind die Grundlagen der Sakramententheologie gelegt worden. Daran kann auch die Christengemeinschaft bis zu einem gewissen Grad noch anschließen. In der Scholastik[34] wird das Veranlagte sehr genau nach einer bestimmten philosophisch-theologischen Methode ausgearbeitet und auf teilweise äußerst subtile Fragen hin untersucht. Manches ist dadurch klarer geworden, manches hat dabei aber auch eine ins Juristische gehende Verengung erfahren, die den ursprünglichen Sinn der sakramentalen Feiern nur noch schwer erleben lässt. Hier wird das Verhältnis zu einer Theologie der Christengemeinschaft komplizierter. In einigen Bereichen gibt es eine unmittelbare Beziehung zur Scholastik, z.B. bei der Siebenzahl der Sakramente. In anderen Bereichen müssen scholastische Begriffe »bewegt« und erweitert werden. Und dann gibt es Gebiete, auf denen sich die Christengemeinschaft in einem Gegensatz zur scholastischen Sakramententheologie befindet. Wir wollen dem im Einzelnen nachgehen.

[34] *Scholastik* wird die zwischen der karolingischen Zeit und der Renaissance zunächst an Dom- und Klosterschulen, dann an den Universitäten (insbesondere Paris, Oxford) ausgebildete philosophisch-theologische Spekulation genannt. Inhaltlich ist sie gekennzeichnet durch die Verbindung der christlichen Offenbarungslehre mit philosophischem Denken. Ihr Ziel war die rationale Begründung und Systematisierung der Glaubensinhalte. Die inhaltlichen Hauptprobleme der *Frühscholastik* (9.–12. Jahrhundert) waren das Verhältnis von Theologie und Philosophie und das Problem der Universalien (Realismus/Nominalismus). In der *Hochscholastik* (13. bis frühes 14. Jahrhundert) wurden neue Universitäten gegründet, die Franziskaner und Dominikaner traten in das wissenschaftliche Leben ein, und die naturwissenschaftlichen Schriften des Aristoteles wurden bekannt. Die *Spätscholastik* (spätes 14. und 15. Jahrhundert) brachte eine konservierende Verschulung der Philosophie der Hochscholastik.

5.1 Die Siebenzahl der Sakramente

Nach Augustinus kommt eine lange Zwischenzeit, in der das Erbe der Väterzeit weitergetragen, aber nicht weiterentwickelt wird. »Das Frühmittelalter war eine Zeit ohne Theologie.«[35] Der nächste theologische Impuls kommt erst mit der Scholastik. Das Erbe des Augustinus in Bezug auf die Sakramententheologie bestand in der klaren Beschreibung der Struktur des Sakramentes in den zwei Gliedern *Zeichen* (*signum*) und bezeichneter *Gnade* (*res*) sowie deren Verhältnis zueinander. Im Weiteren lagen noch Feststellungen vor über das sakramentale (Tauf-)*Siegel* und die *Gültigkeit* der Sakramente unabhängig vom Spender. Damit setzte sich nun die scholastische Theologie ab dem 12. Jahrhundert auseinander. Augustinus hatte die erstaunliche Leistung vollbracht, Grundlagen einer *allgemeinen* Sakramentenlehre zu schaffen, obwohl er sich nur auf Taufe und Abendmahl bezog. Was bei Augustinus also immer konkret im Hinblick auf eines der beiden Sakramente gemeint war, war geeignet, in der Hochscholastik verallgemeinert und auf alle sieben Sakramente bezogen zu werden. Die Gedanken des Augustinus erfuhren dabei eine differenzierte Ausgestaltung und Weiterentwicklung.

Die erste Frage, die einer Klärung bedurfte, war die nach der *Anzahl* der Sakramente. Es gab bis ins 12. Jahrhundert darüber keine Festlegung. Die Zahlen variierten »zwischen fünf und zwölf, ja einige Leute zählten sogar dreißig auf.«[36] Wohl zum ersten Mal wurde die Siebenzahl 1147 schriftlich formuliert in einem Traktat des Gilbert von Poitiers[37] (oder eines Schülers von ihm). Dass sich die Siebenzahl sehr schnell durchgesetzt hat, geht aber auf den maßgeblichen Einfluss des Petrus Lombardus zurück, der darüber um 1155–1158 in seinen *Libri quatuor Sententiarum* schrieb. 1208 wird sie zum ersten Mal in einem kirchlichen Dokument erwähnt (s. Kapitel 2.2). Es ist erstaunlich, wie problemlos sich die Siebenzahl eingelebt hat, ohne langwierige theologische Dispute. Keine hundert Jahre später geht Thomas von Aquino (1225–1274) selbstverständlich

[35] Vorgrimler, S. 66.

[36] Ganoczy, S. 39.

[37] Gilbert Porreta, * ca. 1080 in Poitiers, † 1154 ebd., lehrte in Chartres und Paris und wurde 1142 Bischof von Poitiers.

davon aus. Und 1274 übernehmen die Vertreter der orthodoxen Kirche auf dem Unions-Konzil von Lyon diese Auffassung.[38] Sie findet sich dann 1439 als offiziell vertretene Lehrmeinung der Kirche im »Lehrentscheid für die Armenier«. Die Frage entsteht, warum die Siebenzahl so selbstverständlich angenommen wurde wie eine reife Frucht. Es gibt kaum eine stichhaltige äußere Begründung dafür. So tun sich manche der heutigen auch maßgeblichen katholischen Theologen damit nicht leicht (s. Kapitel 2.2). Allerdings gibt es auch Theologen, die keine Probleme erkennen lassen, wie etwa Johann Auer[39], der die Siebenzahl als selbstverständlich beschreibt: Die durch die »Anwendung der heilsgeschichtlichen wie der dialektischen Methode erfolgte Systematisierung« führte dazu, »die aus der Tradition gegebene faktische Siebenzahl der Sakramente festzulegen.« Wir haben gesehen, wie wenig »faktisch« und in der »Tradition gegeben« die Siebenzahl war. Auch Herbert Vorgrimler macht sich die Sache leicht: Die Siebenzahl der Sakramente setzte sich durch, »nicht zuletzt deshalb, weil man die Sakramente des Neuen Bundes nun endlich genau geschieden wissen wollte von dem breiten ›sakramentalen Bereich‹ der Natursakramente, der alttestamentlichen Sakramente, der sakramentenähnlichen Weihen und Segnungen. Den neutestamentlichen Sakramenten wurde definitiv die herausragende Würde und die sichere Wirkung zuerkannt.«[40] Es bleibt dem Leser überlassen herauszufinden, warum dieses »Genau-geschieden-wissen«-Wollen zu einer Siebenheit von Sakramenten führen musste.

So bleibt also ein Rätsel bestehen. Die Skeptiker sagen, die Menschen damals seien eben einer mystischen Vorliebe für die Zahl Sieben gefolgt. Man könnte aber auch umgekehrt sagen: die Siebenheit ist richtig und die Menschen haben mehr als tausend Jahre gebraucht, um dafür aufzuwachen. Danach müssen die Begründungen erst noch gefunden werden. In der Ostkirche hat man die sieben Sakramente mit den »sieben Gaben des Heiligen Geistes«[41] in Verbindung gesehen.

[38] Siehe Kapitel 2.2, Anmerkung 25.

[39] Auer/Ratzinger, Bd. VI, S. 87 ff.

[40] Vorgrimler, S. 67 f.

[41] Jesajas 11,2 f.: »Doch aus dem Baumstumpf Isais wächst ein Reis hervor, ein junger Trieb aus seinen Wurzeln bringt Frucht. Der Geist des Herrn lässt sich nieder auf ihm: der Geist der *Weisheit* und der *Einsicht*, der Geist des *Rates*

Katholische Theologen (H. Schell) haben auch einen Zusammenhang zu den sieben Sendschreiben in der Apokalypse (Kap. 2 und 3) hergestellt.[42] Friedrich Rittelmeyer machte für sich die Entdeckung, dass die sieben Zeichentaten im Johannes-Evangelium mit den sieben Sakramenten in Zusammenhang gebracht werden können, und bekam dafür die Bestätigung Rudolf Steiners. Das alles sind wichtige Analogien, Zeichen, wo eine Siebenheit auf die andere verweist, aber schwerlich Begründungen.

Als erster hat Thomas von Aquino eine Begründung versucht, indem er die Siebenheit der Sakramente mit den biografischen Stufen, die für alle Menschen gelten, in Zusammenhang gebracht hat. Rudolf Frieling gibt in seinem Aufsatz über die Sakramente auch davon eine Darstellung.[43] So begnügen wir uns mit Herbert Vorgrimlers knapper Zusammenfassung von Thomas' Ausführungen: »Die wichtigsten Vollzüge bei der Entwicklung des Menschen, Geburt, Erwachsenwerden, Ernährung, würden geheilt und vervollkommnet durch Taufe, Firmung und Eucharistie; was den Menschen bedrohe und krank mache, werde ebenso zum Heilen gewendet durch Buße und Krankensalbung; die gesellschaftliche Existenz des Menschen werde zum Gedeihen vor Gott geführt durch Weihe und Ehe.«[44] Die Überzeugungskraft dieser Begründung des Thomas kann dahingestellt bleiben. Es ist ein erster Versuch. Mit der richtigen Feststellung am Ende des Mittelalters, dass der Organismus der Sakramente aus einer Siebenheit besteht, ist eben noch nicht das Verständnis für diese Tatsache gegeben. Die katholische Kirche hat sich damit begnügt und auf dem Konzil von Trient die Siebenheit der Sakramente als dogmatische Definition festgeschrieben.

Ein völlig neuer Einschlag kommt durch Rudolf Steiner, der das Sakramentenverständnis mit dem Entwicklungsgedanken verknüpft. Das entspricht dem Besonderen der Anthroposophie. Was sie von anderen

und der *Stärke*, der Geist der *Erkenntnis* und der *Frommheit* [so in der Septuaginta]. Er erfüllt ihn mit dem Geist der *Gottesfurcht*.«

42 Auer/Ratzinger, Bd. VI, S. 88.

43 Rudolf Frieling: *Die sieben Sakramente in der Geschichte der Christenheit*. Stuttgart ²2001.

44 Vorgrimler, S. 70 f.

spirituellen Lehren grundlegend unterscheidet, ist die konsequente Einbeziehung des Entwicklungsgedankens auf allen Gebieten. Wir gehen darauf in einem späteren Kapitel ein.

5.2 Die dreigliedrige Gestalt der Sakramente

Die scholastische Theologie versteht die Sakramente in einer dreigliedrigen Struktur. Papst Innozenz III. hat sie 1202 zum ersten Mal offiziell beschrieben.[45] Danach sind drei Dinge »aufs genaueste« (*subtiliter*) zu unterscheiden:

die kultische Handlung (*sacramentum tantum*),
die sakramentale Wirklichkeit (*res et sacramentum*),
die Gnade des Sakramentes (*res tantum*).

Wir wenden uns jedem dieser Bereiche gesondert zu.

5.2.1 Die kultische Handlung *(sacramentum tantum)*

In der Scholastik hat man sich gefragt, welcher Voraussetzungen es bedarf, dass ein Sakrament »richtig« vollzogen wird. Eine große Rolle spielten in der Hochscholastik die neu entdeckten Schriften des Aristoteles (384 v.Chr. – 322 v.Chr.). Er war »der Philosoph« und hatte die Autorität eines Kirchenlehrers. Wichtig wurden in der Folge für die Sakramententheologie die beiden aristotelischen Prinzipien *Form* und *Materie* (*forma et materia*).

Rudolf Steiner hat diese beiden Prinzipien herangezogen, um die philosophischen Grundlagen der Anthroposophie zu erläutern. Die Wirklichkeit, die der Mensch im Erkennen schafft, entsteht durch den Wahrnehmungsakt und das Denken, durch das der Mensch die Wahrnehmung begreift. In der Begriffssprache des Aristoteles ausgedrückt würde nach Rudolf Steiner das Wahrnehmen der *Materie* entsprechen und das Denken der *Form*. Dazu führt Steiner aus: Aristoteles »ist sich

[45] In einem Brief an den Erzbischof von Lyon. Vgl. Bernard Piault: *Was ist ein Sakrament*. Aschaffenburg 1964, S. 57, und Michael Debus: *Anthroposophie und die Erneuerung der christlichen Kirche*. Stuttgart 1989, S. 29 ff.

klar darüber, dass es in Bezug auf alle Dinge, die unsere Erfahrungswelt bilden, für das Erkennen darauf ankommt, dass wir die Form ergreifen, denn die Form gibt den Dingen das Wesentliche, nicht die Materie. Es gibt auch in unserer Zeit noch Persönlichkeiten, die ein richtiges Verständnis haben für Aristoteles. Vincenz Knauer, der in den achtziger Jahren des neunzehnten Jahrhunderts in Wien Universitätsdozent war, hat seinen Hörern den Unterschied zwischen Materie und Form gewöhnlich durch eine Illustration klar gemacht, über die man vielleicht spotten mag, die aber doch treffend ist. Er sagte, man solle sich einmal denken, wie ein Wolf, der einige Zeit seines Lebens lauter Lämmer gefressen habe, wie der sich dann eigentlich aus der Materie der Lämmer zusammensetzt – und doch wird dieser Wolf niemals Lamm! Das gibt, wenn man es richtig verfolgt, den Unterschied zwischen Materie und Form. Ist der Wolf ein Wolf durch Materie? Nein! Seine Wesenheit hat er durch die Form – wir finden die ›Wolfform‹ nicht nur bei diesem Wolf, sondern bei allen Wölfen. So finden wir die Form, indem wir einen Begriff bilden, der ein Universelles zum Ausdruck bringt, im Gegensatz zu dem, was die Sinne erfassen, und das immer ein Besonderes, ein einzelnes Ding ist.«[46]

So wie Rudolf Steiner diese beiden Prinzipien auf den Erkenntnisakt anwendet und auf Wahrnehmen und Denken bezieht, wurden sie in der Scholastik auf die Sakramente angewandt. Der erste, der das im streng aristotelischen (hyle-morphistischen) Sinn getan hat, war Hugo von St. Cher[47]. Er bezieht, der augustinischen Gliederung des sakramentalen Zeichens in Wort und Element folgend, das Element auf die *Materie* und das Wort auf die *Form*. Die vielleicht überraschende Verbindung von Wort und Form wird verständlich, wenn man bedenkt, dass die Bedeutung des Elementes, z.B. Wasser bei der Taufe, ja erst durch das Wort, die »Formel«, in Erscheinung tritt. Eine offene Frage war aber noch das priesterliche Handeln, außerdem solche Sakramente wie z.B. Beichte und Ehe, die überhaupt kein materielles Element, sondern nur die menschliche Handlung aufweisen. Deshalb war eine weitere Unter-

[46] GA 35, Aufsatz *Philosophie und Anthroposophie*, Autoreferat vom Vortrag Stuttgart, 17.8.1908.

[47] Hugo von St. Cher, um 1190–1263, bedeutender Theologe, wurde 1226 in Paris Dominikaner und 1244 Kardinal.

scheidung notwendig, die von Johannes Duns Scotus[48] geleistet wurde. Er bezieht nun den Begriff *Materie* nicht mehr nur auf das materielle Element, das er *materia remota* (»ferne« Materie) nennt, sondern auch auf die menschliche Handlung, die *materia proxima* (»nahe« Materie) genannt wird. Damit war der Weg frei, bei allen Sakramenten die Frage nach Form und Materie zu beantworten und was in Bezug darauf *wesentlich* für das Zustandekommen des Sakramentes ist. Das Ergebnis fand Anwendung im »Lehrentscheid für die Armenier«[49], der auf dem Unions-Konzil in Florenz 1439 verfasst wurde. Drei Beispiele daraus seien gegeben.[50] Für die Taufe gilt: *Materie:* »Wahres und natürliches Wasser, gleichgültig ob warm oder kalt.« *Form:* »Ich taufe dich im Namen des Vaters und des Sohnes und des Heiligen Geistes.« Für das Abendmahl gilt: *Materie:* »Weizenbrot und Traubenwein, dem vor der Weihe eine kleine Menge Wasser beigemischt werden muss.« *Form:* »Worte des Heilands, mit denen er dieses Sakrament vollzog, denn der Priester vollzieht dieses Sakrament, indem er in Person Christi spricht [also die Einsetzungsworte[51]].« Für die Beichte gilt: *Materie:* »Die Betätigungen des Büßenden: die Reue des Herzens; das mündliche Bekenntnis des Sünders; die Genugtuung für die Sünden (Gebet, Fasten, Almosen).« *Form:* »Ich spreche dich los usw.« Damit sind also die Mindestvoraussetzungen definiert. Wenn Form und Materie stimmen, ist das Sakrament richtig vollzogen. Alles andere kann gegebenenfalls variieren.

Für die Christengemeinschaft wäre es undenkbar, aus dem Gesamten des Kultus etwas als »wesentlich« herauszugreifen und die Auffassung

[48] Johannes Duns Scotus, um 1270–1308, Doctor subtilis, gilt als der scharfsinnigste Denker der Scholastik. In Schottland geboren, wurde er Franziskaner und studierte in Oxford. Nach einer Lehrtätigkeit in Paris kehrte er 1305/06 nach England zurück. 1308 wurde er nach Köln berufen und starb noch im selben Jahr.

[49] Durch die Anerkennung dieses Entscheids erlangten die Armenier 1442 die Union mit Rom, die militärisch gegen die Osmanen dringend benötigt wurde, aber nichts brachte und (deshalb) nur kurzen Bestand hatte.

[50] Neuner-Roos: *Der Glaube der Kirche in den Urkunden der Lehrverkündigung.* Regensburg 1971, S 365–450.

[51] Ein besonders heikler Punkt, weil nach ostkirchlicher Auffassung die Wandlung nicht durch die Einsetzungsworte, sondern durch die Epiklese herbeigeführt wird, d.h. diese müsste die »Form« sein.

zu haben, darauf käme es im Vollzug des Sakramentes ganz besonders an (Form und Materie). Dennoch kann man das Begriffspaar Form/Materie mit Gewinn auch für das Sakramentenverständnis heranziehen, wenn man zunächst an der gleichen Stelle wie Rudolf Steiner ansetzt[52]: So wie es im Erkenntnisprozess das Gegebene (die reine Wahrnehmung) und das zu Schaffende (den Begriff) gibt als Materie und Form der Erkenntnis, so gibt es auch im Kultus das Gegebene und das zu Schaffende. Das Vorgegebene sind die Substanzen, die Handlungen und der Wortlaut, alles das, worüber der Kultusausübende nicht zu befinden hat. Es ist die »Materie« des Sakramentes. (Nach der katholischen Theologie wäre Substanz und Handlung ebenfalls *Materie*, der Wortlaut aber wäre *Form.*) Damit der Kultus aber eine Wirklichkeit wird, muss er »vollzogen« werden. Das ist der schöpferische Anteil des Menschen, die Form des Kultus, der bei der Erkenntnis der Denkakt entspricht. Alles, was Rudolf Steiner über den Erkenntnisvorgang ausgeführt hat, lässt sich in entsprechender Weise auch vom Kultus sagen[53] und kann zu einem tieferen Verständnis führen insbesondere auch dessen, was im Vollbringen des Kultus Anteil des Menschen ist (das gilt heute für Priester *und* Gemeinde).[54]

Es gibt von Rudolf Steiner tief gehende Hinweise darauf, was der Mensch beitragen muss, damit der Kultus eine Wirklichkeit ist. Er bezieht sich dabei zunächst auf die vorchristlichen Mysterien, weil die Eingeweihten der alten Zeit die Zukunft vorausnehmen mussten – das war der Sinn ihrer Einweihung, so konnten sie die geistige Entwicklung impulsieren. In seiner 1902 erschienenen Schrift *Das Christentum als*

[52] Vgl. Michael Debus: *Anthroposophie und die Erneuerung der christlichen Kirche.* Stuttgart 1989, Kapitel »Erkenntnis und Kultus«.

[53] Vgl. Kapitel 2.4 »Kultus und Sakrament in der Anthroposophie«

[54] An diesem Punkt könnte in Bezug auf die verwendeten Begriffe leicht eine Verwirrung entstehen. Im Kapitel 3.2 »Das Zusammenwirken der Geister der Form mit den Geistern der Persönlichkeit« haben wir ausgeführt, dass das Gegebene von den Geistern der Form stammt, »aber dann bedarf der als Form gegebene Kultus noch einer Intention für den Vollzug, die von den Geistern der Persönlichkeit befeuert« ist. Was von den Geistern der Form stammt, ist aber im aristotelischen Sinn *Materie*, und was von den Geistern der Persönlichkeit kommt, ist – aristotelisch gesprochen – *Form*!

mystische Tatsache spricht er mehrfach darüber, dass bei den Schülern der Mysterien die *Empfindungen und Gefühle* eine Umwandlung erfahren müssen, damit eine höhere Welt zur Wirklichkeit werden kann. Und dann hängt alles von der *Stimmung* ab: »Es kommt für den Mysten zuerst auf die Stimmung an, in der er sich dem naht, was er als das Höchste, als die Antworten auf die Rätselfragen des Daseins empfindet … Eine Gottheit trete dir entgegen! Sie ist entweder nichts oder alles. Nichts ist sie, wenn du ihr entgegentrittst in der Stimmung, in der du den Dingen des Alltags begegnest. Sie ist alles, wenn du für sie vorbereitet, gestimmt bist.«[55] Das Motiv der Umwandlung und Neubildung entsprechender Empfindungen, Gefühle und Stimmungen durchzieht die ganze Anthroposophie. Nur dadurch bereitet sich das menschliche Bewusstsein für die höheren Welten vor. Alles, was an Erkenntnissen aus der übersinnlichen Welt durch die Anthroposophie vermittelt wird, hat nur dann für die höhere Entwicklung des Menschen eine Bedeutung, wenn es verwandelt wird in Gefühle und Empfindungen, die sich nicht auf die Sinneswelt gründen. In der »Meditation haben wir sozusagen die Technik unseres esoterischen Lebens gegeben. Diese besteht darin, dass man sozusagen Gedanken auf sich wirken lässt und durch diese Empfindungen und Gefühle erweckt, die nicht dem physischen Plan entnommen sind.«[56] Und so verstehen wir, wenn gesagt wird, dass auch der Kultusausübende zur Kultushandlung bestimmte Empfindungen und Gefühle vorbereitend ausgebildet und angeregt haben muss, damit die Kultushandlung eine wirkliche werden kann. »Diese Gefühle und Empfindungen müssen Sie mitbringen zur Kultushandlung; dann erst wird das, was geschieht, zu dem, was es sein soll.«[57] Das Entsprechende gilt auch für den Einzelnen in der Gemeinde, für den der Kultus auch in seiner Realität verbunden ist mit seiner inneren Tätigkeit in »Gefühlen und Empfindungen«. Dass sich für den modernen Menschen solche Gefühle und Empfindungen nicht mehr ohne weiteres von selbst einstellen, verlangt von einer zeitgemäßen Kirche, dass ihre Verkündigung sich auch an das Erkenntnisbedürfnis des Menschen wendet, um dadurch an der Grundlage zu arbeiten, auf der ein neues Empfindungs- und Ge-

[55] GA 8, S. 20 und 27.

[56] GA 266/2, 17.1.1911, S. 132.

[57] GA 344, 7.9.1922.

fühlsleben entstehen kann. Hier haben wir den Bereich des Kultus, der nicht gegeben ist, sondern – wie die Gedanken im Erkenntnisprozess – tätig hervorgebracht und hinzugefügt werden muss. In aristotelischer Begriffsbildung, so wie Rudolf Steiner sie anwendet, ist das die *Form* des Kultus, und nur durch die Form wird das, was kultisch geschieht, »zu dem, was es sein soll«.

Damit haben wir eine ganz neue Situation für den Kultus. In der ersten Zeit des Christentums, in der Epoche, die bis zur Neuzeit reicht – in anthroposophischer Terminologie ist das die vierte Kulturepoche –, hatte das Wort noch eine andere Bedeutung als heute. Ähnlich ist es bei den Gedanken, deren Verwaltung während dieser Epoche allmählich von den Geistern der Form auf die Geister der Persönlichkeit überging[58], mit der Folge, dass sie nun nicht mehr von außen »gegeben« sein können, wenn sie dem Zeitgeist genügen sollen, sondern selbst im Inneren »hervorgebracht« werden müssen. Entsprechendes gilt für das Wort, besonders für das Kultuswort. Es wirkte in der Vergangenheit noch durch sich selbst, fast magisch, und konnte so das eigentlich Gestaltende, d.h. Form sein: »Indem das Wort zum Element tritt, entsteht das Sakrament.« (Augustinus: *Accedit verbum ad elementum et fit sacramentum.*) Heute müssen im Wort die Geister der Persönlichkeit mitwirken, die Sprache wird dadurch »persönlicher«. Allein durch sich selbst wirkt sie nicht mehr gestaltend und gehört deshalb heute zur *Materie*. Wir brauchen nun nicht – wie die katholische Kirche 1439 in Florenz – die Sakramente einzeln zu untersuchen mit der Frage, wo jeweils in den einzelnen Sakramenten Form und Materie zu sehen sei, denn das Ausgeführte gilt gleichermaßen für alle Sakramente in der Christengemeinschaft. Wenn wir uns dem anschließen, wie Rudolf Steiner die aristotelischen Begriffe Form und Materie gebraucht, ist bei allen Sakramenten der Christengemeinschaft die äußere Substanz (soweit sie für das Sakrament vorgesehen ist), die Handlung und der Wortlaut *Materie*. Was aber ganz neu vom Menschen heute hinzugefügt werden muss – aus der Erkenntnis hervorgehende Gefühle und Empfindungen – ist *Form*. So lassen sich die Sakramente mit den Begriffen Form und Materie – in der beschriebenen

[58] Vgl. Kapitel 3.2 »Das Zusammenwirken der Geister der Form mit den Geistern der Persönlichkeit«.

Weise auch für die Christengemeinschaft – als Kultus charakterisieren. Das nannte Innozenz III. *sacramentum tantum.*

Die »Sache« (nach Augustinus: *res*) des Sakramentes ist aber noch etwas anderes. Das äußere Sakrament als kultische Zeichenhandlung weist auf sie hin und bewirkt sie. In der Scholastik hat man sie »Gnade« genannt. Was heißt das? Ein Mädchen – nennen wir es Clara – wird getauft. Die Taufhandlung (*sacramentum tantum*) wird vollzogen. Was ist die Wirkung? Ist sie vorübergehend, ist sie bleibend und objektiv? Wie kann man sie bemerken? Kann später ein Lehrer die getauften von den ungetauften Kindern unterscheiden? Kann man am Verhalten von Clara erkennen, dass sie getauft ist? Und wenn man es nicht kann: Ist die Taufe dann überhaupt wirksam gewesen?

5.2.2 Die sakramentale Wirklichkeit *(res et sacramentum)*

An diesen Fragen kann die scholastische Begriffsbildung anschaulich werden. Wenn man davon ausgeht, dass das Sakrament eine objektive Wirkung hat, wird man auf jeden Fall sagen, dass eine wie auch immer zu beschreibende *Wirkung* eingetreten ist: Clara *ist* getauft, sie ist nicht mehr die gleiche wie vor der Taufe. Eine ganz andere Frage aber ist, ob sich Clara im Lauf ihres Lebens auch als getauft *erweist.* Das könnte ausbleiben und dann ist die Taufe nicht fruchtbar geworden. Das Getauft-Sein als solches ist noch nicht alles, ist nicht das letzte Ziel. Die Taufe möchte auch ins Leben ausstrahlen und sich entfalten. So gibt es also eine zweifache Wirkung der Taufe. Die erste ist die bleibende Tatsache des Getauft-Seins, die eine bestimmte verborgene Veränderung in der menschlichen Konstitution hervorruft. Das ist die sakramentale Wirklichkeit, die Innozenz III. *res et sacramentum* genannt hat: Clara *ist* getauft. Die zweite Wirkung, die eben nicht immer oder nur teilweise eintritt, wo es offensichtlich noch einer Arbeit nach dem Vollzug und in Fortsetzung der sakramentalen Handlung bedarf, ist das wirkliche Ziel, die eigentliche Gnade des Sakramentes: Clara *erweist* sich als getauft. Das nennt Innozenz III. *res tantum.*

Wir wenden uns zunächst der ersten Wirkung des Sakramentes zu: *res et sacramentum.* Wenn der Vollzug der sakramentalen Handlung in allem »richtig« geschieht, erwarten wir, dass sie wirksam ist, auch wenn das Kind etwa während der ganzen Taufe geschrien hat. Wir möchten auch nicht prüfen müssen, ob der Priester bei allem, was er getan hat, eine hundertprozentige Aufmerksamkeit hatte oder ob er vielleicht einmal irritiert war oder sonst mit seinen Gedanken abgelenkt. Wir gehen auch davon aus, dass es für den »Wert« der Taufe nicht darauf ankommt, welcher Priester sie vollzieht. Kurz: Wir erwarten, dass das Sakrament *objektiv* wirkt. Ob es Grenzen dieser objektiven Wirksamkeit gibt, beschäftigt uns vielleicht gelegentlich, aber wir fühlen, dass eine Antwort auf diese Frage vermutlich sehr schwer zu finden sein wird und dass es sogar ein Problem sein kann, hier »objektive« Grenzen ziehen zu wollen, insbesondere was die innere Verfassung des Priesters betrifft.

Die objektive Wirkung des Sakramentes ist durch Augustinus – nach der Auseinandersetzung mit den Donatisten – in der katholischen Kirche eine unbestrittene Glaubenstatsache geworden. Sogar die Gesinnung des Priesters hindert die Wirkung eines Sakramentes nicht (auch der ketzerische Priester tauft gültig). Im Sinne der scholastischen Dreigliederung des Sakramentes handelt es sich hier um das mittlere Glied, die sakramentale Wirklichkeit als erste Wirkung – *res et sacramentum*. Wenn diese Wirkung eine objektive Tatsache ist, wird sie ihre Spuren im Menschen hinterlassen, etwas Bleibendes schaffen. Wie wir schon gesehen haben, hat Augustinus dieses Bleibende bei der Taufe in einem »Siegel« gesehen, das der Seele des Menschen eingeprägt ist, vergleichbar dem *character domenicus* der römischen Soldaten. Augustinus hatte nur zwei Sakramente im Blick und in Bezug auf das Siegel sogar nur die Taufe. In der Scholastik galt es, für sieben Sakramente gültige Aussagen zu treffen. Bei zwei weiteren Sakramenten kam man zu der Ansicht, dass sie ebenfalls ein Siegel einprägen – man nannte das jetzt *character indelebilis* (das unzerstörbare, unauslöschliche Merkmal): die Firmung und die Priesterweihe. Diese drei Sakramente können deshalb auch nicht wiederholt werden. Die sakramentale Wirklichkeit, die erste und objektive Wirkung des Sakramentes ist also bei diesen drei Sakramenten der *character indelebilis.* »Auf die Frage, warum nur die genannten drei Sakramente [Taufe, Firmung, Priesterweihe] einen Charakter mitteilen, lässt sich zunächst nur sagen, dass die Tradition nur diesen drei Sakramenten die Wirkung des Charakters zuschreibt.«[59]

[59] Auer/Ratzinger, Bd. VI, S. 74.

Für Beichte, Letzte Ölung und Ehe hat die katholische Theologie nichts diesem Merkmal Entsprechendes gefunden. Diese Sakramente können deshalb wiederholt werden.[60] Aber auch hier gibt es die erste objektive Wirkung (*res et sacramentum*) bei dem, der sie empfangen hat, sie tritt *im Menschen* auf. Bei der Messe jedoch wird die sakramentale Wirklichkeit noch einmal anders gesehen: Sie erscheint *am Altar*. »In der Eucharistie ist *res et sacramentum* ... die wirkliche Gegenwart des Leibes und Blutes Christi ... Leib und Blut Christi sind also die erstbewirkte Wirklichkeit des Sakraments.«[61] Darin drückt sich die Sonderstellung der Messe gegenüber den übrigen sechs Sakramenten aus, dass das, was durch die sakramentale Handlung faktisch und objektiv bewirkt wird, bei den sechs Sakramenten am und im Menschen geschieht, bei der Messe aber »außerhalb« des Menschen am Altar. Uns wird dieser Gesichtspunkt noch im Hinblick auf die Menschenweihehandlung beschäftigen.

Bei der Frage, ob die sakramentale Wirklichkeit immer entsteht, wenn der Kultus »richtig« vollzogen worden ist, haben wir das Problem gesehen, hier eine genaue Grenze festlegen zu wollen. Genau diese Grenze wurde nun in der Scholastik scharf gezeichnet. Der richtige Vollzug eines Sakramentes setzt zuerst voraus, dass Form und Materie stimmen, also Substanzen, Handlungen und Worte die richtigen sind. Dazu muss aber im Weiteren noch die richtige Intention des Priesters hinzutreten. Hat er »die Absicht, zu tun, was die Kirche tut« (*intentio faciendi quod facit ecclesia*), ist seine Intention richtig. Entscheidend sind nicht seine Gefühle und Empfindungen, seine Einsichten und Erkenntnisse, sondern die Einordnung seines Willens in den Willen der Kirche. Über diese inhaltliche Bestimmung seiner Intention hinaus wurde in der Scholastik auch noch der Grad des Bewusstseins geklärt, der dafür notwendig ist. Man hat drei Arten der Intention unterschieden:

[60] Für die Letzte Ölung galt früher, dass sie nach erfolgter Genesung bei einer später wieder eintretenden Todesgefahr wiederholt werden kann. Heute ist sie »Krankenölung« und von vorneherein wiederholbar. Eine zweite Ehe kann sakramental geschlossen werden, wenn die erste Ehe durch den Tod eines Ehegatten beendet worden ist.

[61] Auer/Ratzinger, Bd. VI, S. 58 f.

1. Die *aktuelle* Intention: Der Handelnde ist sich seiner Intention immer vollständig bewusst. Er ist ganz »bei der Sache«.
2. Die *virtuelle* Intention: Der Handelnde hat einmal einen Entschluss gefasst, in welche Richtung er seine Intention lenken will, und ihn seither zumindest nicht widerrufen. Der Entschluss ist aber in der aktuellen Situation des Handelns womöglich nicht immer bewusst.
3. Die *habituelle* Intention: Der Handelnde hat eine ihm nicht bewusste innere Geneigtheit, die noch nicht Entschluss und bewusste Intention geworden ist.

Für den Priester wird nun mindestens die virtuelle Intention gefordert (zu tun, was die Kirche tut). Für das Gemeindeglied genügt zum Empfang eines Sakramentes die habituelle Intention; allein ein Gegenwille könnte die objektive Wirksamkeit des Sakraments verhindern.

In der Hochscholastik hat man in Bezug auf die objektive Wirkung des Sakramentes dann noch die gesteigerte Auffassung ausgebildet: Wenn Form und Materie stimmen und der Priester die richtige Intention – mindestens virtuell – hat, tritt die objektive Wirksamkeit des Sakramentes auf jeden Fall und absolut ein, unabhängig von der Verfassung der Beteiligten. Dann spielt es auch keine Rolle, wie der Täufling sich bei der Taufe verhält, weil er ja auf jeden Fall die *habituelle* Intention hat, die Taufe empfangen zu wollen. Und wenn der Priester mit seinen Gedanken während des Taufvollzugs ganz woanders ist, wird das keine Beeinträchtigung der Wirkung nach sich ziehen, solange er keine Fehler macht und solange er den einmal gefassten Entschluss, »zu tun was die Kirche tut«, nicht innerlich widerruft. Das wurde – zum ersten Mal vermutlich von Petrus von Poitiers[62] – eine Wirkung *ex opere operato* (»kraft des Vollzugs«) genannt, ein Begriff, der in den letzten 450 Jahren sehr viel Anstoß erregt und von heutigen katholischen Theologen gerne »erklärend« relativiert wird. Thomas von Aquino hat diese Formel nicht benutzt, aber auf dem Konzil von Trient ist sie dogmatisch festgeschrieben worden.

[62] Petrus von Poitiers, 1130–1205, Schüler des Petrus Lombardus, dessen Methode er in der Zeit des Entstehens der Universität Paris (seit 1167 als theologischer Lehrer, seit 1193 als Kanzler von Notre-Dame) wirksam vertrat.

Zu welch extremen Auffassungen dieses Verständnis manchen Kleriker geführt hat, sei am Beispiel eines Hirtenbriefs des Erzbischofs von Salzburg vom 2. Februar 1905 auszugsweise verdeutlicht:[63] »Ehret die Priester, denn sie haben die Gewalt zu konsekrieren ..., den Leib des Herrn mit dem kostbaren Blute, mit Seiner ganzen heiligen Menschheit und Seiner Gottheit unter den Gestalten des Brotes und des Weines gegenwärtig [zu] machen; Brot und Wein verwandeln in den wahren Leib und das kostbare Blut unseres Herrn, welch' hohe, erhabene, ganz wunderbare Gewalt! ... Der katholische Priester kann Ihn nicht bloß auf dem Altare gegenwärtig machen, Ihn im Tabernakel verschließen, Ihn wieder nehmen und den Gläubigen zum Genusse reichen, er kann sogar Ihn, den menschgewordenen Gottessohn, für Lebendige und Tote als unblutiges Opfer darbringen. Christus, der eingeborene Sohn Gottes des Vaters, durch den Himmel und Erde geschaffen sind, der das ganze Weltall trägt, ist dem katholischen Priester hierin zu Willen.« Zur *Ex-opere-operato*-Formel muss man feststellen, dass sie sich heute als ein Prinzip der materialistischen Wissenschaft erweist, das ausgerechnet die Kirche am Ende des 12. Jahrhunderts begründet und für sich in Anspruch genommen hat (s. Kapitel 3.2). Wenn heute das wissenschaftliche Objektivitäts-Ideal in Bezug auf die Wirksamkeit z.B. von Heilmitteln im so genannten »Doppelblindversuch«[64] liegt, so ist das ein von der Forschung angewandtes *Ex-opere-operato*-Verfahren. Es geht darum, eine irgendwie geartete, bewusste oder unbewusste Mitverursachung an der Wirkung des getesteten Arzneimittels durch Arzt oder Patient auszuschließen. Nur der »Wirkstoff« soll wirken, unabhängig von der (Bewusstseins-)Verfassung der Beteiligten.

Die Frage nach der objektiven Wirkung der Sakramente ist auch für die Christengemeinschaft zentral, sie hat sogar an ihrem Ausgangspunkt

[63] Johannes Baptist Katschthaler (1832–1914): »Die dem katholischen Priester gebührende Ehre«. In: Carl Mirbt: *Quellen zur Geschichte des Papsttums und des Römischen Katholizismus.* Tübingen [4]1924, Kap. 645, S. 497–499, zitiert nach: Steiner, GA 196, Dornach 1992, S. 317).

[64] »Methode zur Feststellung echter Wirkungen von Arzneimitteln gegenüber Scheinwirkungen. Beim Doppelblindversuch sind Arzt und Proband nicht über die Art der verabreichten Substanz (Scheinpräparat oder Wirkstoff) informiert« (Brockhaus).

eine entscheidende Rolle gespielt. Friedrich Rittelmeyer berichtet aus seiner Berliner Zeit, wie ihn die Erfahrung bewegt hat, dass er bei seinen Gottesdiensten zwar eine übervolle Kirche hatte, aber dass dies nicht auf die Kollegen übertragbar war. So wurde ihm zur Frage, ob es richtig sei, wenn der Gottesdienstbesuch so stark von der Persönlichkeit des Predigers abhänge und ob nicht eine Gottesdienstform angemessener wäre, die sich auf etwas Objektives gründete. »Ein Prediger, der Verantwortungsgefühl hat, darf sich heute nicht damit befriedigt fühlen, dass er selbst ›eine volle Kirche‹ hat …, sondern er muss sich fragen: Gibt es heute keine Möglichkeiten christlicher Gemeinschaft mehr, in der die Menschen sich über die Persönlichkeit eines Einzelnen hinaus zusammenfinden?«[65] Für ihn persönlich war das ein wichtiger Augenblick, sich als protestantischer Pfarrer die Notwendigkeit eines Kultus klar zu machen. Wie lässt sich dieses Objektive verstehen, das die katholische Theologie das »unauslöschliche Merkmal« (*character indelebilis*) nennt und dessen Wirkungsweise sie mit der alles Prozesshafte ertötenden *Ex-opere-operato*-Formel benennt? Wenn man sich nicht einfach damit begnügt zu sagen, dass dieses Merkmal »der Seele eingeprägt« wird, kommt man zu Fragen, deren Beantwortung man sich durch das anthroposophische Menschenbild annähern kann (siehe Kapitel 14.3).

Über die Intention des Priesters in der Christengemeinschaft haben wir schon gesprochen (siehe Kapitel 3.2). Es geht heute nicht mehr, dass der Inhalt der Intention von außen kommt (*das tun, was die Kirche tut*). Das wäre noch eine Intention unter der Herrschaft der Geister der Form. Die Intention muss heute persönlich sein, aber in dem Sinne, wie Rudolf Steiner sein eigenes Vorgehen beim Verfassen seiner *Philosophie der Freiheit* gegenüber Rosa Mayreder beschrieben hat.[66] Dieses Buch ist ganz objektiv für jeden Menschen von Bedeutung – und doch vom Autor so verfasst, dass er sagt: »Willkürlich, ganz individuell ist bei mir manche Klippe übersprungen …« Wer also mit dem Erkenntnismut des Paulus (»Denn der Geist erforscht alle Dinge, auch die Tiefen der Gottheit.« 1. Korinther 2,10) die für ihn verbindliche Intention hat, das Geheimnis

[65] Erwin Schühle: *Entscheidung für das Christentum der Zukunft*. Stuttgart 1969, S. 143.

[66] Siehe Kap. 3.2 (GA 39, Brief vom 4.11.1894).

der Inkarnation Christi, wie ein Gott sich hereinlebt in die Tatsachen der Erdenwirklichkeit, immer tiefer verstehen zu wollen, der wird in der Konsequenz auch die daraus hervorgehende irdische Ordnung finden und annehmen. Er wird die »inkarnatorische Struktur«[67] der Sakramente verstehen, die bis in das Soziale reicht. Die Verbindlichkeit dieser eigenen, ganz »persönlichen« Intention bedarf keiner weiteren von außen an ihn herangetragenen Intentionen. So wird er auch das, was er lehrt, selbst verantworten können. Für die Christengemeinschaft ist das im 20. Jahrhundert die Grundlage des durch sie vertretenen Priesterwirkens geworden.

5.2.3 Die Gnade des Sakramentes *(res tantum)*

Wir kommen nun zum dritten Bereich des Sakramentes, der sakramentalen Gnade. Sie tritt ein, wenn man sagen kann: Clara *erweist* sich als getauft. Was bedeutet das? Und wie ist etwa die andere Gnade zu beschreiben, wenn man sagt: Clara *erweist* sich als jemand, der die Kommunion empfangen hat? Das Konzil von Trient formuliert (geschichtsbedingt mit starkem gegenreformatorischem Akzent): Die Sakramente verleihen »Rechtfertigung« – das zentrale reformatorische Thema – und sind demnach *Gnadenzeichen*, »durch die jede wahre Gerechtigkeit beginnt, wächst oder nach dem Verlust wiederhergestellt wird.«[68] Sie vermitteln »heiligmachende Gnade«. Was damit im Konkreten gemeint ist, bleibt unklar, jedenfalls verglichen mit der sonst unübertroffenen Präzision scholastischer Theologie. Auch die Differenzierung der einzelnen Sakramente in die verschiedenen Gnadenwirkungen lässt nur schwer eine Gesamtschau erkennen.

Die sakramentale Gnade (*res tantum*) ist das eigentliche Ziel, doch kann die Kirche über diese Gnade nicht »verfügen«. Sie kann, wenn sie einmal eingetreten ist, sogar wieder verloren gehen. Dass Clara sich als getauft erweist, liegt nicht in der Macht der Kirche. Macht hat sie nur über die sakramentale Handlung, die bewirkt, dass Clara getauft *ist*. So liegt der Schwerpunkt der katholischen Sakramententheologie (und der Schwerpunkt der Erwartung bei den Gläubigen) auf der sakramentalen

[67] Adolf Adam: *Sinn und Gestalt der Sakramente*. Würzburg 1975, S. 12.
[68] Ganoczy, S. 31; Auer/Ratzinger, Bd. VI, S. 53 f.

Wirklichkeit, *res et sacramentum*, die eine bleibende Wirkung hat und objektiv wirkt (*ex opere operato*). Maßgebende Theologen stellen heute »das, was *res et sacramentum* heißt, in den Mittelpunkt eines jeden Sakramentes«.[69] Die sakramentale Gnade (*res tantum*) aber entspringt dem freien Gnadenwillen Gottes. Man muss dabei eingestehen, dass Gott frei ist, seine Gnade auch außerhalb des Sakramentes zu gewähren; mit jeder anderen Auffassung würde man ihn festlegen. So konzediert die katholische Theologie schon im 12. Jahrhundert (Petrus Lombardus): Christus hat seine Gnade nicht an die Sakramente gebunden. Und auch Thomas von Aquino vertritt mehrfach: »Die göttliche Heilskraft ist nicht an die Sakramente gefesselt.«[70] Ihm erscheint vor allem die »geistliche Kommunion« wichtig, die Teilhabe am mystischen Leib Christi, nicht am sakramentalen.[71] So kommentiert der Theologe Johann Auer: »Das Entscheidende bleibt, dass die Sakramente nicht nur leiblich, ›sacramentaliter‹, sondern im Geiste Christi, ›spiritualiter‹, und in rechter Weise empfangen werden.«[72] Wir finden hier innerhalb der katholischen Auffassung eine zunächst überraschende Brücke zu dem, was wir schon berührt haben[73] und was Rudolf Steiner die »geistige Kommunion« genannt hat. Dennoch ist natürlich die katholische Kirche in der Realität weit davon entfernt, eine Heilswirkung Gottes außerhalb der Sakramente auch praktisch anzuerkennen. Es wäre »unheilvoll, die hohe Bedeutung des sakramentalen Heilsweges in der Kirche des menschgewordenen Gottessohnes zu verkennen.«[74] Das Konzil von Trient spricht sogar – trotz allem – von einer Heils*notwendigkeit*: »Wer sagt, die Sakramente des Neuen Bundes seien nicht zum Heil notwendig, sondern überflüssig, und die Menschen könnten ohne sie oder ohne das Verlangen nach ihnen durch den Glauben allein von Gott die Gnade der Rechtfertigung erlangen – freilich sind nicht alle für jeden einzelnen notwendig –, der sei ausgeschlossen.«[75] (Nicht alle sind für jeden

[69] Auer/Ratzinger, Bd. VI, S. 50.

[70] Ganoczy, S. 42.

[71] Auer/Ratzinger, Bd. VI, S. 94.

[72] Auer/Ratzinger, Bd. VI, S. 57.

[73] Kapitel 2.4 »Kultus und Sakrament in der Anthroposophie«.

[74] Auer/Ratzinger, Bd. VI, S. 56.

[75] Neuner-Roos, Nr. 509.

Einzelnen notwendig: z.B. Trauung oder Priesterweihe.) Die gängige theologische Argumentation ist heute: Die Sakramente sind nicht ein absolut notwendiger, aber ein *angemessener* Heilsweg. Das eigentliche Ziel der Sakramente, die Gnade des Sakramentes *(res tantum)*, ist aber in der herkömmlichen Sakramententheologie am wenigsten greifbar, es entzieht sich der Macht der Kirche.

Wir werden auf die sakramentale Gnade in einem späteren Kapitel (14.3) noch einmal im Hinblick auf das anthroposophische Menschenbild zurückkommen.

Teil III

Die Sakramente der Christengemeinschaft

6 Der Entwicklungsgedanke und die Siebenheit der Sakramente

Der Kühnheit der scholastischen Theologen, die aristotelischen Begriffe *Form* und *Materie* auf die Sakramente anzuwenden, entspricht die Kühnheit, mit der Rudolf Steiner den Entwicklungsgedanken auf die Sakramente anwendet. Der Entwicklungsgedanke – nicht als Wort, sondern als Begriff – ist noch nicht alt.[1] Er bildet sich eigentlich erst im 18. Jahrhundert allmählich heraus. Zu den ersten, die diesen Begriff unserem heutigen Verständnis entsprechend verwenden, gehört Lessing (1729–1781). Kurz vor seinem Tod erscheint 1780 die kleine Schrift *Die Erziehung des Menschengeschlechts,* in der ihn die Idee der Entwicklung sogar zum Gedanken der Wiederverkörperung führte. An zwei Stellen erscheint auch schon explizit das Wort in moderner Bedeutung.[2] Unüberschaubar oft benutzt Goethe dieses Wort, besonders in seinem *Wilhelm Meister* und in den naturwissenschaftlichen Schriften. Und schließlich zieht der Begriff in die Naturwissenschaften ein und wird dort – völlig im Gegensatz zu Goethe – zur Grundlage der materialistischen Weltauffassung. Der Evolutionsgedanke macht seit Darwin und besonders Haeckel den Menschen endgültig zum höheren Säugetier.

Für Rudolf Steiner war der Entwicklungsgedanke entscheidend für das moderne Bewusstsein und die Geistesforschung. Aber er beschreibt auch ganz klar, »woran eigentlich die neuere Entwicklungslehre krankt«. Denn wenn man bei den »allgemeinen trivialen Entwicklungsvorstel-

[1] Frank Teichmann: »Die Entstehung des Entwicklungsgedankens in der Goethezeit«. In: Wolfgang H. Arnold (Hrsg.): *Entwicklung. Interdisziplinäre Aspekte zur Evolutionsfrage.* Stuttgart 1989.

[2] § 5: »Und so wie es der Erziehung nicht gleichgültig ist, in welcher Ordnung sie die Kräfte des Menschen entwickelt; wie sie dem Menschen nicht alles auf einmal beibringen kann: eben so hat auch Gott bei seiner Offenbarung eine gewisse Ordnung, ein gewisses Maß halten müssen.« § 46: »Einen Fingerzeig nenne ich, was schon irgendeinen Keim enthält, aus welchem sich die noch zurückgehaltne Wahrheit entwickeln lässt …« Lessing verwendet das Wort auch in früheren Werken sehr oft, aber zunächst noch in anderer Bedeutung, etwa einer dramaturgischen Polarität von *Verwicklung* und *Entwicklung.*

lungen stehen bleibt«, kommt man nur dazu, im Menschen »das vollkommenste der Tiere« zu sehen.[3] Das liegt daran, dass der Entwicklungsgedanke einseitig als *Evolution* aufgefasst worden ist, gewissermaßen als »Auswicklung« eines schon Vorhandenen. Einer spirituellen Weltauffassung steht dieser Gedanke aber ganz entgegen. Er bedarf einer Ergänzung, um die Rudolf Steiner schon im Jugendalter gerungen hat als einer »Korrektur des Zeitbegriffes«[4]. Das wahre Wesen der Zeit ist eine Doppelheit: Es ist nicht nur der Strom von der Vergangenheit nach der Zukunft hin, sondern es gibt auch einen geistigen Gegenstrom, der von der Zukunft her kommt und nach der Vergangenheit fließt und unsere Willensimpulse trägt. Steiner nannte das Edouard Schuré gegenüber den »Doppelstrom der Zeit«. Eine ähnliche Doppelgestalt hat auch der *vollständige* Entwicklungsgedanke. Schuré schreibt darüber aus seinen Gesprächen mit Rudolf Steiner: »Wir alle sind uns bewusst des äußeren Stromes der *Evolution*, welcher alle Wesen des Himmels und der Erde mit sich zieht, Sterne, Pflanzen, Tiere, Menschen, und der sie in eine unendliche Zukunft hinein sich voranbewegen lässt, ohne dass wir die ursprüngliche Kraft gewahr werden, durch welche sie gestoßen werden und die sie rastlos weitertreibt. Es gibt jedoch im Universum nun noch einen umgekehrten Strom, der sich in entgegengesetzter Richtung bewegt und ständig in den ersten Strom eingreift. Dies ist derjenige der *Involution*, durch welchen die Prinzipien, die Kräfte, die Wesenheiten und die Seelen, die aus der unsichtbaren Welt und der Region des Ewigen kommen, unaufhörlich in die sichtbare Realität eindringen. Keine Evolution der Materie wäre verständlich ohne diese ständige Involution des Geistes … Es involviert sich so der Geist, welcher die Zukunft im Keime enthält, in die Materie; die Materie, welche den Geist empfängt, evolviert nach der Zukunft hin.«[5]

Der vollständige Entwicklungsgedanke enthält also die Doppelheit von Evolution und Involution. Es kann überraschen, dass schon am Anfang des 18. Jahrhunderts, längst bevor überhaupt der Entwicklungsgedanke als solcher in der allgemeinen Kultur auftaucht, durch Gottfried Wilhelm Leibniz (1646–1716) die Morgenröte dieses vollständigen

[3] GA 67, 15.4.1918.

[4] Brief vom 20.6.1882 an Friedrich Theodor Vischer, GA 38.

[5] GA 262, Dornach 2002, S. 28 f.

Entwicklungsgedankens am Geisteshimmel der Menschheit erscheint. In seiner 1714 verfassten *Monadologie* werden die Begriffe Evolution und Involution schon keimhaft verwendet.[6] Statt Involution spricht Steiner gelegentlich auch von Devolution. In jeder äußeren Entfaltung liegt immer auch ein Gegenstrom des Sich-Zurückziehens, ähnlich wie bei der Pflanze der Prozess der Samenbildung als Gegenstrom bezeichnet werden kann. Nur aus dem Involutionsstrom heraus ist das Wirken des Geistes verstehbar. So macht Rudolf Steiner in seiner *Philosophie der Freiheit* deutlich, dass das Denken in Wahrheit der leiblichen Organisation des Menschen entgegenwirkt: »Dem Wesenhaften, das im Denken wirkt, obliegt ein Doppeltes: Erstens drängt es die menschliche Organisation in deren eigener Tätigkeit zurück, und zweitens setzt es sich selbst an deren Stelle.«[7] In dem Maße wie die äußeren Kräfte der (leiblichen) Evolution »zurückgedrängt«, das heißt Involutionskräfte wirksam werden, kann die geistige Tätigkeit des Menschen in Erscheinung treten. Geistige Tätigkeit geht immer auf Kosten der Natur. Sie kann aber das, was sie der Natur nimmt, ihr wieder in geistiger Form zurückgeben als »Sinn«. Erst in der – in weitestem Sinn gemeinten – Kultur bekommt die Natur ihren Sinn. Die Natur wird vom Evolutionsstrom getragen, man könnte auch sagen: vom Geburtsstrom. Wenn der Mensch dabei stehen bleibt, sieht er die Welt nur materialistisch. Alle geistige Tätigkeit geht aus der Involution hervor, dem Zeitstrom, der aus der Zukunft kommt und vom Tod ausgeht.

Damit ist der Hintergrund für das neue von Rudolf Steiner inaugurierte Sakramentenverständnis angedeutet. Zum ersten Mal sprach er darüber am 14. Juni 1921 im kleinen Kreis der achtzehn Teilnehmer des ersten Kurses, der dann fünfzehn Monate später zur Gründung

[6] Der Titel des Werkes, das erst posthum erschien, stammt nicht von Leibniz. Es ist französisch geschrieben und fasst in 90 Sätzen auf rund 20 Seiten seine Philosophie zusammen. *Evolution* und *Involution* kommen in Satz 73 vor und lauten: »Et ce que nous appellons générations sont des développements et des accroissements; comme ce que nous appellons morts sont des enveloppements et des diminutions.« In deutscher Übersetzung: »Das, was wir Hervorbringung nennen, sind nur *Evolutionen* und Vergrößerungen, wie das, was wir Tod nennen, nur *Involutionen* und Verkleinerungen sind.«

[7] GA 4, Kap. IX.

der Christengemeinschaft führte. »Die katholische Kirche kennt ja in der neueren Zeit keine Präexistenz. Es ist nur ein Gedanke Gottes vorhanden, und dieses Herauswachsen aus dem Gottesgedanken wird in sieben Etappen dargestellt. Diesen sieben Etappen müssen [jeweils] andere Kräfte entgegengehalten werden. Die Geburt ist eine Evolution, das Reifwerden ist eine Evolution, jeder Evolutionsform wird eine Involutionsform entgegengestellt: der Geburt die Taufe, der Pubertät die Firmung. Jedes Sakrament ist das Inverse zu einer natürlichen Etappe in der Evolution.« Es gibt also sieben Evolutionsstufen, denen gegenüberstellt werden »sieben Involutionsstufen, und das sind die sieben Sakramente, von denen vier gerade irdisch sind, nämlich Taufe, Firmung, Altarsakrament, Buße. Diese vier sind so allgemein menschlich wie physischer Leib, Ätherleib, Astralleib und Ich. Wenn Sie höher hinaufgehen, kommen Sie zum Geistselbst, Lebensgeist und Geistesmenschen … Das sind also die sieben Sakramente, von denen die letzten sind die Letzte Ölung, die Priesterweihe und die Ehe. Es sind einfach die inversen Vorgänge für die natürlichen Vorgänge, die sich vollziehen für den Menschen, und danach sind auch die entsprechenden Kulthandlungen eingerichtet.«[8]

Rudolf Steiner geht hier mit völliger Selbstverständlichkeit von einer Siebenheit der Sakramente aus. Dass der Protestantismus nur zwei Sakramente akzeptiert, hängt ihm zufolge damit zusammen, dass man schon zur Zeit der Reformation »kein Gefühl mehr hatte für die innere Zahlenkonstitution der Welt«.[9] Die mittelalterliche Kirche hat bis zum 12. Jahrhundert gebraucht, um zu der Siebenheit der Sakramente zu finden. Thomas von Aquino war dann der erste, der im 13. Jahrhundert diese Siebenheit auch begründet hat, indem er sie »von ihrer anthropologischen Funktion her zu begreifen«[10] suchte, d.h. von einer Logik der menschlichen Biografie. Auch die besondere Reihenfolge der Sakramente wurde damit begründet: Taufe – Firmung – Altarsakrament – Buße – Letzte Ölung – Priesterweihe – Ehe. Dieser Versuch erscheint noch sehr anfänglich. Zur Zeit des Thomas war es eben noch nicht möglich, vom Entwicklungsgedanken auszugehen. Auch Rudolf Steiners Ansatz begreift die Sakramente »von ihrer anthropologischen Funktion her«.

[8] GA 342, 14.6.1921.

[9] Ebd.

[10] Ganoczy, S. 40.

Aber die Siebenheit ergibt sich nicht wie bei Thomas zufällig, sondern hängt mit der »inneren Zahlenkonstitution der Welt« zusammen. Jede Entwicklung verläuft eben gesetzmäßig in sieben Etappen. Bis zur Mitte einer Entwicklungsrunde überwiegen die aufsteigenden Kräfte, die Evolutionskräfte, dann beginnen die abflutenden Kräfte, die Involutionskräfte wirksam zu werden.[11] Die Sakramente sind Involutionskräfte, die zu den entsprechenden Evolutionsstufen hinzugefügt werden. Nach dem oben Ausgeführten gehören sie dem Strom an, der von der Zukunft her kommt als Gegenstrom der Zeit. Dem Geburtsstrom der Evolution kommen sie polar entgegen als Todesstrom, das heißt als Strom, der dem Wirken des Geistes Raum gibt. In knappster Zusammenfassung ausgedrückt: Aus dem Involutionsstrom kommt das, was der natürlichen Entwicklung, der Evolution, ihren eigentlichen tiefsten Sinn gibt. Die erneuerten Sakramente der Christengemeinschaft sind dann als involutorische Ereignisse die aus der Tiefe wirkenden Quellen der Sinnstiftung in der biografischen Entwicklung. In den Ostergebeten der Menschenweihehandlung wird dieses Geheimnis unmittelbar ausgesprochen: Christus ist den Menschen »als Erdensinn« erstanden.

Das Begreifen der Sakramente in »ihrer anthropologischen Funktion« geht bei Rudolf Steiner noch weiter, indem er sie mit den Wesensgliedern des Menschen in einen Zusammenhang stellt. Und hier deutet sich auch eine Differenzierung der Siebenheit an. Es gibt vier »irdische« Wesensglieder, die der Mensch in den ersten vier Jahrsiebten zur »Geburt« bringt: den physischen Leib mit der physischen Geburt, den Ätherleib mit Beginn der Schulreife, den Astralleib mit der Pubertät und das Ich um das 21. Lebensjahr.[12] Diese »Geburten« sind nicht Augenblicke, sondern Prozesse, die sich in ein ganzes Jahrsiebt hinein erstrecken. Die drei »geistigen« Wesensglieder wird der Mensch erst in Zukunft voll ausbilden. Sie reichen über den irdischen Rahmen der

[11] Am Beispiel der »Mondenepoche« innerhalb der Erdenentwicklung sei das verdeutlicht: In der Mitte der Mondenepoche »ist auch das Menschenwesen zu all dem gekommen, was ihm für sich selbst, für seine Innerlichkeit diese Epoche auf dem Weg nach vorwärts geben kann. Das Folgende ... könnte man daher als ein Abfluten bezeichnen« (GA 13, Dornach 1989, S. 215).

[12] Vgl. hierzu R. Steiner: »Die Erziehung des Kindes vom Gesichtspunkt der Geisteswissenschaft«. In: GA 34, Dornach 1987, S. 309.

persönlichen Biografie hinaus und beziehen sich deshalb auf den Tod und auf die Gemeinschaftsaufgaben, die von vornherein überpersönlich veranlagt sind: Priesterweihe und Ehe, was bei der Besprechung der Einzelsakramente noch näher auszuführen sein wird.

Beim zweiten Kurs für die Gründer der Christengemeinschaft, der dreieinhalb Monate später stattfand, wird die Differenzierung der Sakramente in vier »irdische« und drei «geistige« noch genauer entfaltet.[13] Nur die »Geburten« der vier »irdischen« Wesensglieder sind Evolutionsstufen. Der Tod ist keine Evolution ins Leben, sondern selbst ein Involutionsereignis. Auch die Priesterweihe ist nicht auf das Irdische, sondern das Geistige gegründet und ragt gewissermaßen in die Erdenwelt herein. Entsprechend ergibt sich auch ein ganz neues Verständnis der Ehe. Sie ist – ihrem eigentlichen Wesen nach – eine geistige Wirklichkeit, die in der irdischen Wirklichkeit ihr Abbild hat. Letzte Ölung, Priesterweihe und Trauung sind also inverse Vorgänge zu jeweils einer Tatsache der Involution. Das entsprechende Sakrament stellt den Übergang einer geistigen Tatsache in eine Tatsache des äußeren – evolutorischen – Lebens dar. Bei der Priesterweihe ist das vielleicht am deutlichsten. Auch bei der Letzten Ölung geschieht im Leben eine Feier, die sich auf das Leben nach dem Tode bezieht. Bei der Trauung ist dieser Gesichtspunkt am überraschendsten. Man könnte wohl eher umgekehrt denken: die Ehe als Entfaltung des Lebens, als Evolutionsstufe. Das würde ganz der traditionellen Ehe-Auffassung entsprechen. Dass es in der Christengemeinschaft umgekehrt verstanden wird, weist auf ein neu zu entwickelndes Ehe-Verständnis. Auch das wird noch im Kapitel über die Trauung auszuführen sein.

Indem die sieben Sakramente als Entwicklungsstufen des Menschen in seiner Biografie verstanden werden im Sinne von Evolution und Involution, ergibt sich auch ihre Folge, die mit der von Thomas (der aber schon an Petrus Lombardus anschließt) übereinstimmt, wenn auch aus anderer Begründung heraus: Taufe – Konfirmation – Menschenweihehandlung – Beichte – Letzte Ölung – Priesterweihe – Trauung.

[13] GA 343, 2.10.1921. Es scheint hier angebracht, darauf hinzuweisen, dass der Gedanke von *Evolution / Involution* und ihre *Beziehung zu den Sakramenten* schon 1893 von dem englischen Theosophen C. G. Harrison ausgesprochen wurde in »The Transcendental Universe. 6 lectures on occult science, theosophy and the catholic faith«.

7 Die Taufe

Drei Dinge sind bei der Taufe in der Christengemeinschaft hervorzuheben: Sie ist eine *Kindertaufe*, der Täufling empfängt durch sie seinen *Namen* und es gibt bestimmte *Taufsubstanzen*. In den ersten beiden Bereichen gibt es scheinbare Ähnlichkeiten zur Taufe in den konfessionellen Kirchen, in keinem Bereich aber zur Taufe im frühen Christentum. Wir wollen zunächst diesen drei Bestimmungen der Taufe in der Christengemeinschaft nachgehen.

7.1 Die Kindertaufe

Das Urchristentum kannte keine Kindertaufe. Bis etwa 400 war die Erwachsenentaufe vorherrschend; sie wurde als die Besiegelung des neuen Glaubens verstanden, verbunden mit einer bewussten Entscheidung nach einer langen Zeit vorangehender Unterweisung im christlichen Glauben (Katechumenenunterricht). Nach Justin († ca. 165) werden wir ohne unseren Willen geboren, aber willentlich (in der Taufe) wiedergeboren. Um 125 gibt es Zeugnisse, dass man auch heranwachsende Kinder tauft, wenn sie unterrichtet und wirklich Christen geworden sind, also Kinder, die im heutigen Sinn im Schulalter sind. Die Säuglingstaufe wird zum ersten Mal um 200 bezeugt (durch Tertullian, der sie aber bekämpft). Um 220 unterscheidet Hippolyt[14] Erwachsene, Kinder und Kleinstkinder, die noch nicht auf die Tauffragen antworten können, was darum Angehörige für sie tun sollen. Bald nach Mitte des 3. Jahrhunderts wird die Kindertaufe nicht nur für möglich gehalten, sondern gefordert. Cyprian[15] macht geltend, dass die Säuglinge schon am 2. oder

[14] Hippolyt von Rom, römischer Kirchenschriftsteller, geboren in der 2. Hälfte des 2. Jahrhunderts, gestorben auf Sardinien um 235; Schüler des Irenäus von Lyon; Verfasser exegetischer, dogmatischer, apologetischer, historischer und kirchenrechtlicher Schriften.

[15] Thascius Caecilius Cyprianus, heilig gesprochener Kirchenvater, wurde um 200/210 geboren und starb 258 den Märtyrertod in Karthago. Cyprianus war

3. Tag zu taufen seien, weil sie der Erbsünde unterliegen und man ihr Heil nicht gefährden darf. Die Erbsündelehre des Augustinus hat diese Tendenz noch verstärkt, und 418 wurde auf der Synode von Karthago der Lehrsatz verabschiedet, dass ungetaufte Kinder gemäß Johannes 3,5 in die Verdammung kommen.[16] Die Kindertaufe war jetzt obligat.

Durch diese Entwicklung hat sich innerhalb der Westkirche der inhaltliche Schwerpunkt der Taufe verschoben. Ursprünglich war die Taufe der Übergang »vom Tod zum Leben«, was nicht ohne persönliche Umkehr vorstellbar war. »Man muss vor der Taufe ein neues Leben geloben und den Beruf wechseln, falls dieser unsittlich oder mit dem Götzendienst verquickt ist. Die Taufe ist ein mit Gott abgeschlossener Vertrag; Tertullian fasst sie als ›Fahneneid‹ auf, er verlangt sogar, dass man sich die Taufgnade verdient und das frühere Sündenleben durch eifrige Buße kompensiert.«[17] Die Taufe wird als Sündenvergebung verstanden. Ihr geht deshalb in der frühchristlichen Zeit der Exorzismus voran, und unmittelbar nachfolgend geschieht durch Handauflegung und Salbung die »Geistverleihung« – die letztere entspricht der heutigen Firmung bzw. Konfirmation. Diese Forderungen kann man an ein Kind, gar einen Säugling nicht stellen. So bekommt die Taufe einen neuen Inhalt: Sie ist die Befreiung von der Erbsünde, an der jeder Mensch durch Geburt Anteil hat; durch das Taufwasser wird sie »abgewaschen«. Die Erbsünde-Lehre, die sich im Westen durch Augustinus besonders konturiert ausgebildet hat (die Ostkirche kennt sie nicht), wurde so aufs engste mit dem Taufverständnis verknüpft und war die entscheidende Begründung der Säuglingstaufe.

Dogmatisch war so der Schritt von der Erwachsenentaufe zur Kindertaufe vollzogen, nicht aber liturgisch. Zwar wurde die Handauflegung samt Ölsalbung von der Taufe allmählich abgetrennt und zu einer selbstständigen Handlung für ältere Kinder (Firmung), doch die Taufhandlung selber (im »Rituale Romanum« 1614 durch Papst Paul V. als verbindlich

ein wirksamer Kirchenschriftsteller. Auf ihn geht auch der Glaubenssatz von der Heilsnotwendigkeit der Kirche zurück: *extra ecclesiam nulla salus.*

16 Johannes 3,5: »Jesus antwortete: Wahrlich, wahrlich ich sage dir: Es sei denn dass jemand geboren werde aus Wasser und Geist, so kann er nicht in das Reich Gottes kommen.«

17 RGG^3, Bd. 6, S. 638.

veröffentlicht) ist lediglich eine gekürzte Fassung der Erwachsenentaufe, getrennt von der Wasserweihe und von der Firmung. Der vorangehende Exorzismus bleibt bestehen. Erst durch das 2. Vatikanische Konzil wurde eine neue Taufliturgie für Kinder geschaffen – die erste wirkliche Kindertaufe in der zweitausend Jahre alten (katholischen) Kirche. Auch die Reformation hat an der auf Kinder angewandten Erwachsenentaufe nichts Wesentliches geändert. Die Christengemeinschaft hat den liturgischen Schritt zu einer wirklichen Kindertaufe schon 1922 bei ihrer Gründung getan.

Bei der Kindertaufe – sie wird in der Christengemeinschaft tatsächlich im Regelfall nur bis zum 14. Lebensjahr vollzogen, also nicht mehr an Erwachsenen – stellen sich bestimmte Fragen: Wie soll man sich die Wirkung eines Sakramentes vorstellen, zu dem der Empfänger keine bewusste Zustimmung geben kann? Und da es auch schwer vorstellbar ist, dass dem Menschen (durch die Taufe) ohne bewusste Zustimmung die Erbsünde abgenommen wird, stellt sich die weitere Frage nach dem Sinn der Taufe. Welche sakramentale Handlung kann man sinnvoll an einem Kind vollziehen, ohne seine Freiheit anzutasten?

7.1.1 Christliche Gemeinschaft

An dieser Stelle müssen wir einen Einschub machen und auf die Rolle schauen, die die Gemeinschaft für den Einzelnen spielt. Sie steht am Anfang jeder individuellen Entwicklung. Der Mensch, der noch nicht seine innere Mündigkeit und Autonomie erlangt hat, braucht die Gemeinschaft, die ihn trägt und die ihm auch Verhaltensnormen vermittelt, das, was »gut« und »böse« ist. Für das Kind gilt das in besonderer Weise. Es braucht die tragende Gemeinschaft, die im Normalfall (auch heute noch) durch die Familie repräsentiert wird. Sie schafft nicht nur die vorläufige Lebensgrundlage, sondern regt auch die erste verinnerlichte Moralität an, das Gewissen. Das Letztere ist auf dieser Stufe noch nicht individuell, sondern ein Spiegel der Gemeinschaft (Familie, Schule, Volk u.a.). Was »man« zu tun oder zu lassen hat, variiert nach den verschiedenen Gemeinschaften. Wenn wir die größeren Volks- oder auch Sprachgemeinschaften nehmen, wird das Spektrum dessen, was als gut oder böse gilt, unermesslich groß und spiegelt die ganze Bandbreite der – wie wir heute sagen – kulturellen Vielfalt über die Erde hin. Entsprechend ist das Gewissen, also das, was der Mensch »individuell« für richtig oder falsch hält, zunächst nichts anderes als der verinnerlichte Prozess seiner Sozialisation. Die Interessen der Gemeinschaft geben auf dieser Stufe die Orientierung und stehen über den Interessen des Einzelnen, der sich einzufügen hat und gegebenenfalls mit Sanktionen rechnen muss. Jede von außen kommende Moralität, alles, was die Form moralischer Gesetze hat, gehört dieser Stufe an. Für das normale Leben im Alltag sind solche Verabredungen mit Gesetzescharakter notwendig und berechtigt (etwa die gerechte Verteilung der Hilfsdienste auf die Mitglieder der Familie, oder im Staat die Straßenverkehrsordnung), sie gründen sich darauf, dass alle Menschen gleich sind. Das ist der Bereich, den Rudolf Steiner das Rechtsleben nennt.[18]

Auf dem Gebiet der Moralität aber sind die Menschen nicht gleich, sondern ganz individuell. Es gibt deshalb nicht nur das Gewissen als Spiegel der Sozialisation, sondern auch das individuelle Gewissen, das allerdings nicht irgendwie von außen (an)erzogen werden kann, sondern aus dem Inneren heraus selbstständig entwickelt werden muss. Das hat Paulus im Blick, wenn er sich gegen das Gesetz wendet: »So ist das Gesetz unser Erzieher gewesen auf Christus hin, damit wir durch den Glauben gerecht würden. Nachdem aber der Glaube gekommen ist, brauchen wir keinen Erzieher mehr« (Galater 3,24 f.). Für *Erzieher* steht im griechischen Urtext *Pädagoge* (παιδαγωγός, *paidagogos*). Die von außen kommende Moralität hat einen pädagogischen Wert für die Entwicklung (»auf Christus hin«) einer individuellen Moralität (»Glaube«). Da sind wir frei und im Hinblick auf den sozialen Organismus – in anthroposophischer Terminologie – nicht mehr im Bereich des Rechtslebens, sondern im Bereich des Geisteslebens[19]. Wo es um das freie Individuum geht, hat deshalb das Rechtsleben keine Aufgabe, sondern das Geistesleben. Es gehört zu den fundamentalen Klarstellungen Rudolf Steiners, dass das Strafrecht nicht zum Rechtsleben, sondern zum Geistesleben gehört[20] und Richter braucht, die den Freiraum haben, nicht nach »für alle« vorgegebenen Gesetzen entscheiden zu müssen.

[18] Rudolf Steiner: *Die Kernpunkte der sozialen Frage.* GA 23, Dornach 1976.

[19] Ebd.

[20] GA 328, 12. und 25.2.1919.

Es gibt also einen Weg von der Gemeinschaft zum Individuum, auf dem der »Pädagoge« führt, der durch das Gesetz wirkt – eine gesetzmäßige Entwicklung. Rudolf Steiner entdeckt schon 1898 dieses *soziologische Grundgesetz*, »das ich etwa in folgender Weise ausdrücken möchte: Die Menschheit strebt im Anfange der Kulturzustände nach Entstehung sozialer Verbände; dem Interesse dieser Verbände wird zunächst das Interesse des Individuums geopfert; die weitere Entwicklung führt zur Befreiung des Individuums von den Interessen der Verbände und zur freien Entfaltung der Bedürfnisse und Kräfte des Einzelnen.«[21] Die »sozialen Verbände« sind die genannten: Familie, Volk, Sprachgemeinschaft u.a. Dass diese Gemeinschaften ihre bestimmende Funktion über den Einzelnen allmählich verlieren, ist eine gesetzmäßige Entwicklung. Wenn sie positiv verläuft, führt sie »zur Befreiung des Individuums«, aber das ist nicht mehr eine gesetzmäßige Konsequenz. In seiner *Philosophie der Freiheit* macht Steiner das deutlich: »ein *freies* Wesen kann [der Mensch] nur *selbst* aus sich machen«, und »den letzten Schliff kann nur der Mensch sich selbst geben.«[22] Die Frage erhebt sich, ob es über den Menschen als »freies Wesen« hinaus noch eine Perspektive gibt oder ob dann die Gemeinschaften ausgedient haben.

Die Antwort ist: Es wird in Zukunft eine neue Art von Gemeinschaft geben können, in der die Freiheit des Menschen uneingeschränkt bejaht und, bis zu einem gewissen Grad jedenfalls, sogar vorausgesetzt wird. Schon 1894 in der *Philosophie der Freiheit* gibt es dafür eine erste Perspektive: »Wie ist aber ein Zusammenleben von Menschen möglich, wenn jeder nur bestrebt ist, seine Individualität zur Geltung zu bringen? Damit ist ein Einwand des falsch verstandenen Moralismus gekennzeichnet. Dieser glaubt, eine Gemeinschaft von Menschen sei nur möglich, wenn sie alle vereinigt sind durch eine gemeinsam festgelegte sittliche Ordnung. Dieser Moralismus versteht aber die Einigkeit der Ideenwelt nicht. Er begreift nicht, dass die Ideenwelt, die in mir tätig ist, keine andere ist, als die in meinem Mitmenschen ... Der Unterschied zwischen mir und meinem Mitmenschen liegt durchaus nicht darin, dass wir in zwei ganz verschiedenen Geisteswelten leben, sondern dass

[21] GA 31, Dornach 1989, Seite 255 f.

[22] R. Steiner: *Die Philosophie der Freiheit.* GA 4, Dornach 1995, Kap. IX, S. 170.

er aus der uns gemeinsamen Ideenwelt andere Intuitionen empfängt als ich. Er will *seine* Intuitionen ausleben, ich die *meinigen*. Wenn wir beide wirklich aus der Idee schöpfen und keinen äußeren (physischen oder geistigen) Antrieben folgen, so können wir uns nur in dem gleichen Streben, in denselben Intuitionen begegnen.«[23] Anders ausgedrückt: Die Verschiedenheit von Menschen, wenn sie äußeren Antrieben folgen, führt zum Aufeinanderprallen von Gegensätzen. Wenn sie aus verschiedenen Intuitionen der gemeinsamen Ideenwelt handeln (also »frei« sind), werden sie sich in ihren Verschiedenheiten ergänzen. Später geht Steiner sehr viel weiter in der Charakterisierung solcher neuer Gemeinschaften: In Zukunft einmal »werden wir in Zusammenhängen leben, die die Menschen selber machen, indem sie sich nach Gesichtspunkten gruppieren, wo sie unter völliger Wahrung ihrer Freiheit und ihrer Individualität Zusammenhänge bilden … Dadurch, dass die Menschen freiwillig ihre Gefühle zusammenstrahlen lassen, wird wiederum etwas über den bloß emanzipierten Menschen hinaus gebildet. Der emanzipierte Mensch hat seine individuelle Seele; die geht niemals wieder verloren, wenn sie einmal errungen ist. Aber dadurch, dass die Menschen sich in freiwilligen Zusammenhängen zusammenfinden, gruppieren sie sich um Mittelpunkte herum. Die Gefühle, die so zu einem Mittelpunkt zusammenströmen, geben nun wiederum Wesenheiten Veranlassung, wie eine Art von Gruppenseele zu wirken, aber in einem ganz anderen Sinne als die alten Gruppenseelen. Alle früheren Gruppenseelen waren Wesenheiten, die den Menschen unfrei machten. Diese neuen Wesenheiten aber sind vereinbar mit der völligen Freiheit und Individualität der Menschen. Ja, wir dürfen sagen, sie fristen in einer gewissen Beziehung ihr Dasein von der menschlichen Einigkeit.«[24] Das ist ganz ähnlich der Situation, in der die Apostel das Pfingstfest erwarteten: »Diese alle waren stets beieinander einmütig im Gebet samt den Frauen und Maria, der Mutter Jesu, und seinen Brüdern« (Apostelgeschichte 1,14). Im griechischen Urtext drückt »einmütig« (ὁμοθυμαδὸν, *homothymadon*) ungefähr das aus, was Steiner nennt »Gefühle zusammenstrahlen lassen«. Sie waren auch um einen Mittelpunkt herumgruppiert, wie das in vielen

[23] GA 4, S. 165 f.
[24] GA 102, 1.6.1908.

Pfingstdarstellungen zum Ausdruck kommt; oft ist dort die Mutter Jesu abgebildet wie die Repräsentantin der »neuen Art von Gruppenseele«. Im Pfingstereignis selbst entsteht dann die neue Gemeinschaft der Apostel: Jeder ist auf seine Art Repräsentant des Ganzen und doch ist keiner dem anderen gleich. Jeder empfängt andere Intuitionen aus der gemeinsamen Ideenwelt.

Dieser zukünftigen Art von Gemeinschaft möchten wir den Namen *christlich* vorbehalten. Die christliche Gemeinschaft bzw. Gemeinde ist nicht hierarchisch von oben geführt, sondern aus der Mitte, dem Zentrum. Indem die »Geführten« sich am Zentralen orientieren, beginnen sie selbst allmählich Führende zu werden, Repräsentanten des Ganzen. Das Individuum muss sich aus dieser Gemeinschaft nicht befreien, sondern es findet in ihr eine Steigerung seiner eigenen Möglichkeiten, weil es im Zentrum gestärkt wird. Soweit der Einschub.

7.1.2 Die Taufgemeinde

Die christliche Gemeinde hat bei der Taufe in der Christengemeinschaft als »Taufgemeinde« – so wird sie im Ritualwortlaut genannt – eine herausragende Aufgabe und Bedeutung. Auch bei den anderen Sakramenten hat sie eine wichtige Aufgabe, aber bei keinem sonst in einer Weise, die sogar zu einem besonderen Namen führt (von einer »Traugemeinde« oder »Konfirmationsgemeinde« etwa wird in den betreffenden Sakramenten nicht gesprochen). Das hängt mit der Tatsache der Kindertaufe zusammen. Sie muss stellvertretend für das Kind die Taufe wollen und verantworten. Eine solche Stellvertreter-Funktion ist bei keinem der anderen Sakramente in diesem Umfang notwendig, sondern die Gemeinde nimmt Schritt für Schritt eine andere Stellung ein, bis sie am anderen Ende der Skala, bei der Trauung, sich auf eine reine Zeugenfunktion konzentriert. Wie sieht die unmittelbare Verantwortung bei der Taufe aus? Rudolf Steiner beschreibt sie als ein »*Gelöbnis*, dass die christliche Gemeinde, die den Täufling tauft, ihn aufnimmt und, insofern das im Sinne der christlichen Entwicklung geschehen kann, von sich aus wacht über seine christliche Entwickelung.«[25]

[25] GA 343, 5.10.1921 v.

Sind wir dann nicht doch wieder da angelangt, wo eine Gemeinschaft als »sozialer Verband« sich über das Individuum stellt und dem Interesse dieses Verbandes das des Individuums geopfert wird? Wir können uns die Sache an einem Beispiel klar machen: Ein Lehrer fordert von einem Schüler viel. Er verlangt Dinge von ihm, die dieser von sich aus nicht tun würde und über die er sich auch beklagt. Viele Jahre später bekommt der Lehrer einen Brief von dem Schüler, in dem dieser sich bedankt für das, was der strenge Lehrer ihm alles abverlangt hat, weil es ihm in seinem weiteren Leben zu allergrößtem Nutzen gereicht hat. Der Schüler bestätigt also dem Lehrer im Nachhinein, dass dieser damals, als er seine Forderungen an ihn stellte, in seinem Sinne gehandelt habe. Kurz: Nicht der damals protestierende Schüler repräsentierte seine eigene Individualität und was sie »eigentlich« tun wollte, sondern der strenge Lehrer. Der protestierende Schüler hat damals die Strenge des Lehrers als unfrei machend erlebt. Später hat er erkannt, dass der Lehrer ihn dadurch zu einer größeren Freiheit, nämlich zu sich selbst geführt hat. Er hat die Aufgabe, auch ohne eine persönliche Neigung, für jeden seiner Schüler jeweils den Weg zu finden, den dieser »eigentlich« gehen will. Eine solche Pädagogik könnte man mit Recht christlich nennen. In diesem Sinne hat die christliche Gemeinde die Aufgabe, die neugeborene Seele zu empfangen und über ihre »christliche Entwickelung zu wachen«, sodass sie zu sich selbst, zu ihrer eigenen und wahren Freiheit finden kann. Die Taufe ist der Ausgangspunkt dieser Entwicklung. Sie ist kein abgeschlossener Akt, wo man sich dann damit zufrieden geben könnte, dass das Kind nun getauft ist, sondern die sich daran anschließende *Erziehung zur Freiheit* ist eine Weiterführung des Prozesses, für den im Taufakt der Anfang gegeben ist.

So kann die Kindertaufe verantwortet und begründet werden. Es ist ein Missverständnis, zu meinen, erst wenn der Heranwachsende selber entscheiden kann, sei die Taufe zu verantworten. Die Aufnahme in die christliche Gemeinde, wie sie hier verstanden wird, bedeutet eben nicht eine vorweggenommene Entscheidung des Täuflings – in der Christengemeinschaft auch nicht über eine äußere Mitgliedschaft –, sondern im Gegenteil den Beginn eines Weges zur inneren Autonomie und Freiheit.

7.2 Die Namensgebung

Bis ins 14./15. Jahrhundert hinein waren Taufhandlung und Namensgebung getrennt. Erst dann wurde es allgemein üblich, innerhalb der Taufe dem Täufling auch einen Namen zu geben, den »Taufnamen«. Das heißt, die ganze bis dahin entwickelte Sakramententheologie, einschließlich der Scholastik, hatte im Hinblick auf die Taufe noch nicht die Namensgebung zum Gegenstand ihrer Untersuchung gemacht. Hier ist ein weiteres Gebiet, auf dem die Christengemeinschaft einen neuen und wesentlichen Aspekt der Taufe erschließt und ihn sogar – was den Aufbau der Taufhandlung betrifft – in den Mittelpunkt stellt. Die Namensgebung als solche, für die es immer unabhängig von der Taufe Formen gab, hat natürlich in der Christenheit eine Rolle gespielt, soweit es den Inhalt des Namens betraf. Die frühen Christen, die ja erst als Erwachsene getauft wurden, führten ihre heidnischen Namen ohne Bedenken weiter; wichtig war ihnen, dass sie sich Christen nennen durften. So antwortet im 3. Jahrhundert der Märtyrer Karpus seinem Richter auf die Frage nach dem Namen: »Mein erster und wichtigster Name ist Christ. Fragst du aber nach meinem Namen in der Welt, so heiße ich Karpus.«[26] Dann setzten sich allmählich »christliche« Namen durch, Namen aus dem Alten oder Neuen Testament, Namen von Märtyrern und Aposteln, und schließlich wurden auch neue Namen geschaffen, die einen Bezug zu Christus (z.B. Cyrillus), christlichen Heilstatsachen (Renatus) oder christlichen Tugenden (Fides) hatten. Ein ganz neuer Namensschatz entstand so im 4. bis 7. Jahrhundert. Im Europa nördlich der Alpen wurden im 8./9. Jahrhundert mit der christlichen Mission auch die christlichen Namen eingeführt. Im 10. Jahrhundert ließ die benediktinische Mission aber das alte germanische Namensgut unangetastet, was zur Folge hatte, dass die germanischen Namen in Deutschland im 10. und 11. Jahrhundert wieder fast allein herrschend waren. Bis zum 14. Jahrhundert dominierte dann allmählich wieder die christliche Namensgebung, die nun auch mit der Taufe verbunden wurde. Im 1566 veröffentlichten Römischen Katechismus nahm die Kirche erstmals amtlich zur Namensgebung Stellung und forderte, dass der Taufname

[26] RGG^3, Band 6, S. 1494.

aus dem Verzeichnis der Heiligen zu entnehmen sei. Das war im 16. Jahrhundert sowieso üblich. Ab dem 17. Jahrhundert kam zunehmend der Brauch auf, mehrere Vornamen zu haben. Darauf bezieht sich die kirchliche Anweisung, dass wenigstens der zweite Name des Kindes ein Heiligen-Name sein soll.

Rudolf Steiner wurde bei der Geburt eines Kindes von Mitgliedern der Anthroposophischen Gesellschaft, vor allem in den letzten Jahren seines Wirkens, immer wieder um Namen gebeten. So sind bis heute 89 Namen bekannt geworden, die von ihm vorgeschlagen wurden (ab 1911).[27] Bis auf zwei Ausnahmen sind es immer zwei Namen. Rudolf Steiner hat dazu 1924 in einem Gespräch gegenüber Emil Bock geäußert: »Der erste der beiden Namen charakterisiert mehr den Stammescharakter, also das, was aus der Vererbungsströmung zu verstehen ist. In Ihrem Fall handelt es sich also um das germanische Element; der zweite Name ist dann der christliche, denn er deutet das Zukünftige an, das Ziel, in welches das Kind hineinwächst.«[28] Die von ihm gegebenen Namen entsprechen fast durchweg diesem Gesichtspunkt – es gibt wenige Ausnahmen, wo zwei christliche Namen zusammenkommen, etwa *Martha Johanna, Maria Elisabeth, Johannes Michael.* Im Weiteren fällt auf, dass es viele Wiederholungen gibt, fast ausschließlich bei den christlichen Namen. Entsprechend gering ist deren zahlenmäßige Vielfalt verglichen mit den Namen, die den Stammescharakter zum Ausdruck bringen. Man kann also den Eindruck haben, dass die christlichen Namen, die das Strebensziel ausdrücken, allgemeinmenschlicher sind und deshalb wenige Namen das Ganze umfassen. Die stammesmäßigen sind spezifischer, und hier war Steiner wohl auch gelegentlich – der jeweiligen Persönlichkeit des Kindes entsprechend – sprachschöpferisch tätig; so klingen naturgemäß einige dieser Namen für uns ungewohnt. Man hat den Eindruck, hier ist der Ausgangspunkt eine Art »sprachlicher Rohstoff« in Lauten und Silben, aus dem, für die Persönlichkeit passend, der Name geformt wurde. Die christlichen Namen hingegen haben schon ihren Inhalt und

[27] 86 dieser Namen hat Erwin Schühle veröffentlicht (»Von Rudolf Steiner gegebene Namen«) in: *Mitteilungen aus der anthroposophischen Arbeit in Deutschland*, 4/1955. Siehe S. 257.

[28] Emil Bock: »Wie Dr. Steiner für Kinder die Namen gab«. In: *Mitteilungen aus der anthroposophischen Arbeit in Deutschland*, Ostern 1954.

ihre Geschichte. Man kann sie nicht wie ein passendes Kleid anziehen, sondern sich nur zu ihnen in ein Verhältnis setzen.

Die Anregung Rudolf Steiners zum Charakter der beiden Namen hat eine gewisse Nähe zur katholischen Forderung, wenigstens der zweite Name des Kindes solle ein Heiligen-Name sein. Im Gegensatz zur Fülle der Namen im Heiligenkalender stehen aber die wenigen von ihm gewählten christlichen Namen.

Die Namensgebung steht bei der Taufe der Christengemeinschaft im Zentrum der Handlung. Sie ist das Äquivalent dafür, »dass die christliche Gemeinde, die den Täufling tauft, ihn aufnimmt«.[29] Jede Gemeinschaft »tauft«, d.h. sie gibt dem Aufgenommenen einen Namen. Das gilt auch im ganz normalen Leben. Die Namensgebung erfolgt nicht immer explizit, sie äußert sich aber immer darin, dass jedes Mitglied der Gemeinschaft in ihr – über kurz oder lang – eine bestimmte Rolle spielt, negativer (»schwarzes Schaf«) oder positiver Art (»Vertrauensperson«). Es gibt viele mögliche Rollen, in denen sich die Fähigkeiten oder Unfähigkeiten des Betreffenden spiegeln. Man hat sich dann damit »einen Namen gemacht«. Rolle und Name gehören zusammen, sie sind innerhalb der Gemeinschaft zwei Seiten des Gleichen.

Wenn die christliche Gemeinde tauft, sind die Vorgänge ganz anders. Sie vergibt keine Rollen von außen. Man kann sich in ihr auch nicht durch bestimmte Aktivitäten einen Namen machen. Die einzige Rolle, die es in ihr zu spielen gilt, ist die des wahren eigenen Wesens, das oft genug dem Menschen selber ein Rätsel ist. In einer solchen Gemeinschaft werden wir immerfort als der erwartet, der wir in Wahrheit werden wollen, auch wenn wir in diese Erwartung nur langsam hineinwachsen können. Sie regt uns aber an, uns den richtigen Namen zu machen. Die beiden verschiedenen Prozesse, vom Einzelnen auf die Gemeinschaft und von der Gemeinschaft auf den Einzelnen zu, fallen zusammen. So erkennen wir auch auf diesem Weg die christliche Gemeinschaft als eine solche, die vereinbar ist mit völliger Freiheit und Individualität. Es sei aber angemerkt, dass eine christliche Gemeinde natürlich nicht prinzipiell davor geschützt ist, auch Züge eines ganz normalen Vereins anzunehmen mit entsprechendem Vereinszweck und damit verbunde-

[29] GA 343, 5.10.1921 v.

nen Erwartungen und Rollenzuweisungen. Dem Wesen der christlichen Gemeinde entspricht das allerdings nicht.

Auch für den Taufvorgang selbst können die beiden Namen ein Spiegel sein. Durch die Geburt sind wir in bestimmte Zusammenhänge hineingeboren, in Familie, Volk, Sprache, Kultur. Wir finden uns in einem sozialen Verband wieder. So wird uns eine erste Prägung zuteil, aber nicht die Freiheit. Das drückt sich im Namen aus, der das Stammesmäßige zum Ausdruck bringt. Dann werden wir noch einmal in eine Gemeinschaft hineingeboren, die von zukünftiger Art ist und mit Freiheit und Individualität vereinbar.[30] Diese zweite Geburt ist die Taufe mit der Namensgebung. Der zweite[31] – christliche – Name drückt dieses Freiheitsideal aus. Damit dieser ganze Prozess von der alten (sozialer Verband) zur neuen (christlichen) Gemeinschaft heilsam verlaufe, werden in der Taufe nicht nur der christliche, sondern beide Namen gegeben.

7.3 Die Taufe mit Substanzen

Als richtige Taufsubstanz wurde von Anfang an in der Geschichte des Christentums das Wasser angesehen. Das liegt schon im Wort *taufen*, das sowohl im Deutschen etymologisch mit *tauchen* zusammenhängt, als auch im griechischen Urtext (βαπτίζω, *baptizo*: eintauchen, untertauchen, abwaschen, reinigen, »taufen«). Das Substantiv »Taufe« hat im Urtext sogar eine eigene Form gefunden (βάπτισμα, *baptisma*: Taufe), die außerhalb des Neuen Testamentes im griechischen Sprachgebrauch nicht vorkommt, also nicht weiter erklärt werden kann durch ihren Gebrauch an anderer Stelle. Man kann nur davon ausgehen, wie dieses Wort im Neuen Testament konkret gebraucht wird, nämlich bei der Taufe, die Johannes der Täufer im Jordan vollzieht. Von da ausgehend wird es im Neuen Testament dann auch im übertragenen Sinn verwen-

[30] Selbstverständlich braucht in keiner Weise ausgeschlossen zu werden, dass der soziale Verband am biografischen Ursprung zugleich auch – das wäre in Wahrheit »die christliche Familie« – die Gemeinschaft ist, in der innere (nicht nur äußere) Freiheit sich bilden kann.

[31] Mit »erstem« und »zweitem« Namen ist keine äußere Reihenfolge gemeint, sondern lediglich die Unterscheidung der Namen.

det, z.B. wenn Jesus im Hinblick auf Golgatha sagt: »Ich muss mit einer Taufe getauft werden, und ich bin sehr bedrückt, solange sie noch nicht vollzogen ist« (Lukas 12,50). Der Sinn muss von der Johannes-Taufe her gedeutet werden.

Eine ähnliche Schwierigkeit liegt in der Taufe der Christengemeinschaft (wie auch der anderen Kirchen) vor. Wenn man fragt, was der Priester in der Taufe mit den Substanzen macht, so kann man nur antworten: »Er tauft.« So jedenfalls benennt er das im Wortlaut des Rituals: »Ich taufe dich mit dem Wasser …« etc. Die klassische Taufformel der Kirchen heißt entsprechend: »Ich taufe dich im Namen …« Eine Erklärung, was das heißt, ist damit nicht gegeben. Man geht vom Urbild der Johannestaufe aus, bei der die Menschen in das Wasser tatsächlich eingetaucht wurden. So wird *taufen* einfach als bekannt vorausgesetzt, was natürlich der Erfahrung in der konfessionellen Wirklichkeit widerspricht. Bei keinem anderen Sakrament dient sein Name zugleich als Bezeichnung des priesterlichen Handelns. Es ist also notwendig, Rechenschaft abzulegen darüber, was mit *taufen* gemeint ist. Im Ritual der Christengemeinschaft erscheint dieses Wort in Zusammenhang mit den Substanzen, hier ereignet sich die Taufe im engeren Sinn. Nun ist es aber offensichtlich, dass damit nicht mehr *eintauchen* oder *reinigen* gemeint ist, auch wenn in der Theologie anderer Konfessionen vom *Abwaschen der Sünden* gesprochen wird. Auch die Anweisung in einer protestantischen Tauf-Agenda: »Der Täufer begießt mit der Hand dreimal das Haupt des Täuflings …«, weist nur auf ein symbolisches Untertauchen hin (die Temperatur des Wassers darf auch warm sein). Aus einem Gespräch mit Rudolf Steiner hat Emil Bock die knappe Notiz gemacht: »Die bisherige Taufe (drei Handvoll Wasser, mit den Worten: ich taufe dich) ist gar kein Ritual, sondern im äußersten Falle ein Symbol.« Das Taufverständnis der Christengemeinschaft geht deshalb nicht in die Richtung einer Fortsetzung oder Weiterführung der Johannestaufe im engeren Sinne.

Um einen Gesichtspunkt zu gewinnen, was die christliche Taufe von der Johannestaufe unterscheidet, ziehen wir Gedanken aus der Anthroposophie heran, die uns hier weiterhelfen können. Rudolf Steiner sieht die Johannestaufe in einem deutlichen Zusammenhang mit den vorchristlichen Mysterien, wobei er davon ausgeht, dass die Mysterien nicht nur eine heidnische Angelegenheit sind, sondern dass das Prinzip der Mysterien bei allen Völkern zu finden ist, also auch im Judentum.[32] So kann man in der Jordantaufe etwas sehen, was in den Mysterien als Probe erlebt worden ist, die mit den Elementen verbunden ist. Mozart etwa hat in seiner *Zauberflöte* am Schluss (aus freimaurerischen Zusammenhängen) die Feuer- und Wasserprobe des Tamino und der Pamina dargestellt. Auch Steiner schildert in seinem Buch *Wie erlangt man Erkenntnisse der höheren Welten?* das diesen Proben für den heutigen Menschen Entsprechende, worunter auch die Wasserprobe ist.[33] In einer Fragenbeantwortung nach einem Vortrag führt er zur Johannestaufe aus, dass sie ein Nachklang der »Wasserprobe« in den alten Mysterien sei.[34] Die Zeit der alten Mysterien ist aber abgelaufen. So kann man den Hinweis des Täufers verstehen: »Ich taufe euch mit Wasser zur Sinneswandlung; der aber nach mir kommt, ist stärker als ich, und ich bin nicht wert, ihm die Schuhe zu tragen; der wird euch mit dem heiligen Geist und mit Feuer taufen« (Matthäus 3,11). Die Taufe »mit dem heiligen Geist und mit Feuer« hat man auf das Pfingstereignis hin gedeutet und als Geisttaufe verstanden. Sie wurde bei der urchristlichen Erwachsenentaufe nach dem Untertauchen ins Wasser mit der nachfolgenden Handauflegung hinzugefügt, verbunden mit der Chrisma-Salbung (das geschieht noch heute so in der orthodoxen Kirche, auch beim Säugling). Im Westen ist diese Form der Geisttaufe ab dem 3. Jahrhundert von der Taufe abgetrennt und zur Firmung (Konfirmation) geworden. Die Frage ist nun, ob die Johannestaufe als reine Wassertaufe – durch die Einführung der

[32] »Dass wir … dem Judentum Mysterienanschauungen, die als ein gemeinsames Gut des griechischen, des ägyptischen Geisteslebens sich gezeigt haben, gleichsam aufgepfropft finden: darüber brauchen wir nicht erstaunt zu sein …« (GA 8, Dornach 1989, S. 115).

[33] »Man nennt diese Probe die Wasserprobe, weil bei der Tätigkeit in diesen höheren Gebieten dem Menschen die Stütze durch die äußeren Verhältnisse so fehlt, wie beim Bewegen im Wasser, dessen Grund man nicht erreicht, die Stütze fehlt« (GA 10, Dornach 1993, S. 82).

[34] »Wenn wir die Taufe richtig verstehen wollen, so müssen wir auf deren ursprüngliche Bedeutung zurückgehen. Die Taufe bedeutete ursprünglich eine der ersten Stufen, durch die der Mensch allmählich zu den höheren Erkenntnissen hinaufkam. Sie war als so genannte Wasserprobe in den alten Mysterien vorhanden« (GA 53, 20.10.1904).

Kindertaufe wird sie nicht mehr wie bei Johannes durch Untertauchen vollzogen – allein durch die Hinzufügung der Taufformel vom Schluss des Matthäus-Evangeliums[35] zur christlichen Taufe wird.

Noch in anderer Hinsicht ist die Jordantaufe eine Nachwirkung der alten Mysterien. Das hängt mit der Lockerung der Wesensglieder[36] zusammen, die im Akt der Einweihung in den Mysterien des Altertums zu hellsichtigen Zuständen geführt hat. Bei der Jordantaufe geschah etwas Ähnliches: Durch das (lange) Untertauchen kamen die Menschen in Todesnähe mit entsprechenden Erfahrungen, die heute Nahtoderlebnisse genannt werden, damals aber, nach entsprechender Schulung, zu den auf inneren Wegen herbeigeführten Mysterienerlebnissen gehörten. Die Johannestaufe war ein Nachklang dieser Mysterienhandlungen, die jetzt in der Öffentlichkeit und auf einem äußeren symbolischen Weg (Wasserprobe) vollzogen wurde. In Vorträgen über das Johannes-Evangelium schildert Rudolf Steiner das zum ersten Mal ausführlich.[37] Diese Taufe und die mit ihr verbundene Stimmung dem Leben gegenüber hatte aber eine Konsequenz bei vielen Menschen – »die Geschichte schildert hier keineswegs genau«, sagt Steiner – in der Richtung, dass sie sich zurückzogen in Wüsten und ein mönchisches Leben begannen. »Durch die Wassertaufe im Jordan soll das erreicht werden, dass die Täuflinge in ihrem Bewusstsein durch jene Lockerung des Ätherleibes, durch all dasjenige, was mit ihnen vorgeht, sich zurückversetzt fühlen in die Zeit vor dem, was man den Sündenfall nennt … Gewissermaßen soll den Täuflingen klar werden: Der Mensch hat durch den Sündenfall einen Irrweg eingeschlagen, und wenn er auf diesem Irrweg weitergeht, so kann es mit ihm nicht gut ausgehen … Daher ziehen sich solche Menschen, die dieser Anschauung sind, dass man sich eigentlich herausreißen müsse aus dem, was die Welt gebracht hat nach dem Sündenfall, zurück in Wüsten und Einsamkeit, führen ein mönchisches Leben.« Aber es muss eine an-

[35] Matthäus 28,19: »Darum gehet hin und machet zu Jüngern alle Völker: *Taufet sie auf den Namen des Vaters und des Sohnes und des heiligen Geistes* und lehret sie halten alles, was ich euch befohlen habe.«

[36] Zum Begriff *Wesensglieder* s. Rudolf Steiners *Theosophie* (GA 9). Mit *Lockerung* ist hier im Wesentlichen die Lockerung des ätherischen vom physischen Leib gemeint.

[37] GA 112, 29.6.1909.

dere Zeit kommen. »Das drückte Johannes der Täufer eben aus, indem er sagte: ›Es wird einer kommen, der da mit dem Heiligen Geist taufen wird.‹ Johannes konnte die Menschen nur erretten vor den Folgen des Sündenfalles, indem er sie herausriss aus der Welt. Der Christus Jesus wollte sie auf eine andere Weise erretten; er wollte sie drinnen lassen in der Welt und sie dennoch retten.«[38] Eine christliche Taufe setzt also in diesem Sinne bei der Bejahung der Welt an und wird den Täufling nicht im Sinne der Johannestaufe aus der durch den Sündenfall gegangenen Welt heraussondern wollen.

Die Christengemeinschaft gründet sich auf ein neues Taufverständnis. »Wenn Sie die Johannestaufe nehmen, so beruhte sie ja darauf, dass der Mensch untergetaucht wurde im Wasser, der erwachsene Mensch wurde untergetaucht … Er macht eine Erfahrung davon, dass er einer geistigen Welt angehört. Das ist eigentlich auch im Taufritual ausgedrückt. So können wir das beim Kind nicht machen. Wir müssen ein Ritual haben beim Kind, das zum Ausdruck bringt, wie das Kind aufgenommen wird in unsere Gemeinschaft, und die gemeinschaftliche religiöse übersinnliche Substanz, die in der Gemeinde lebt, die muss auf das Kind überströmen. Das müssen wir im Taufritus zum Ausdruck bringen und das kann ja auch geschehen.«[39] Die Frage stellt sich hier nach der »gemeinschaftlichen religiösen übersinnlichen Substanz«. Hier wird ein Thema angeschlagen, das für alle Sakramente in der Christengemeinschaft gleichermaßen gilt: Die Substanz, um die es immer geht, ist die Seelen-Substanz. Das wird in der herkömmlichen Theologie ähnlich gesehen, jedenfalls wurde die objektive Wirkung eines Sakramentes in der Scholastik so beschrieben (in Bezug auf die *character* bildenden Sakramente): Sie prägen der Seele einen *character indelebilis* ein. Die Grundkräfte der Seele sind aber Denken, Fühlen und Wollen. Welche Rolle sie jeweils spielen, welche Verwandlung sie durchmachen, welche Ziele ihnen gesetzt werden, ist dann die spezifische Frage bei jedem Sakrament.

Diese Dreiheit der menschlichen Seelenkräfte hängt mit anderen Dreiheiten in der menschlichen Natur, z.B. mit der trichotomischen Gliederung in Leib, Seele und Geist zusammen und ist letztlich ein Ab-

[38] GA 175, 10.4.1917.

[39] GA 342, 14.6.1921.

bild der göttlichen Trinität im Sinne der Gottebenbildlichkeit des Menschen. So wurde es auch in den ersten Jahrhunderten des Christentums weithin verstanden. »Die platonische wie die gnostische Tradition wie auch manche Formulierungen der biblischen Überlieferung schienen darauf hinzuweisen, dass es verkehrt sei, den Menschen nur als Leib und Seele zu verstehen, und dass man vielmehr … von der Seele überhaupt den ›Geist‹ als mitgebrachte, wenn auch verschüttete Anlage zu unterscheiden habe (Leib, Seele, Geist – anthropologische Trichotomie …). Wo die Anthropologie auch nur im Hintergrunde trichotomisch war (so etwa bei Origenes), wurde mit einer vorgegebenen Nähe des Menschen zu Gott gerechnet. Zu kirchlicher Geltung ist schließlich die anthropologische Dichotomie gelangt (Konzil zu Konstantinopel 869–870).«[40]

Die Christengemeinschaft geht, das gehört zu ihren theologischen Fundamenten, von der anthropologischen Trichotomie und deshalb auch von einer »Nähe des Menschen zu Gott« aus. Sie versteht diese Nähe aber nicht als etwas einfach Gegebenes, sondern gewissermaßen als eine konstitutionelle Orientierung, die dem Menschen eine Aufgabe ist. Diese Nähe zum trinitarischen Gott ist jedem Menschen eingeschrieben, denn die anthropologische Trichotomie ist nicht auf Christen beschränkt, und mit ihr ist zugleich in jedem Menschen eine Christus-Orientierung vorhanden, auch wenn diese ganz unbewusst ist. Mit der Taufe als einem objektiven Geschehen beginnt aber auch ein Prozess des Bewusstwerdens dieser Christus-Orientierung, ein Prozess des Christ-Werdens, für den es von großer Bedeutung ist (im Sinne der Kindertaufe), dass zunächst einmal die christliche Gemeinde von sich aus über die christliche Entwicklung des Täuflings wacht. *Alle* Menschen haben in der Konstitution ihrer Wesensglieder eine Christus-Beziehung, die eine objektive Bedeutung für sie hat. Wenn sich die Menschen aber dieser Beziehung bewusst werden, entsteht erst die eigentliche Wirklichkeit des Christseins. Rudolf Steiner gibt dazu wichtige Hinweise: »Hier haben Sie allerdings den Unterschied zu denjenigen Menschen, die sozusagen nichts wissen wollen von dem Mysterium von Golgatha. Für ihre Leiber, für die Möglichkeit ihres Erdenlebens hat der Christus sein Erdenwerk auf Golgatha getan. Er hat es auch für die ungläubigen Heiden getan.

[40] RGG³, Bd. 1, S. 414 f.

Für das Geistig-Seelische ist aber notwendig, dass … der Mensch wissentlich sich bekennt zu dem Inhalte des Mysteriums von Golgatha … Sehen Sie jetzt, wie der Unterschied ist zwischen denjenigen Menschen, die mit ihren innerlichen Glaubens-, Erkenntnis-, Empfindungskräften sich zu dem Mysterium von Golgatha bekennen, und denen, die sich nicht dazu bekennen.«[41]

In der Christengemeinschaft wird keine Wassertaufe vollzogen, sondern die Substanz – Repräsentant der »gemeinschaftlichen religiösen übersinnlichen Substanz« (Steiner), die in der Gemeinde lebt und auf das Kind überströmt – ist eine triadische: Wasser, Salz und Asche. Sie ist ein Bild der Trinität, ein Bild des trichotomischen Menschen (Leib, Seele und Geist) und ein Bild der Seele in ihren Kräften von Denken, Fühlen und Wollen. Alle drei Bezüge tauchen in der Taufe auf. Die drei Substanzen gehen auf Paracelsus (1493/94–1541) zurück und heißen bei ihm *mercur, sal, sulphur.*[42] Eine phänomenologisch-goetheanistische Betrachtung dieser Substanzen lässt sie zunächst in einer bestimmten Konstellation erscheinen. Das Salz hat eine bestimmte Erdbezogenheit, es ist der einzige Stoff, den wir auch bei natürlicher Ernährung in mineralischer Form zu uns nehmen. Es hat eine konservierende Kraft, es »bewahrt«. Auf seelischer Ebene entspricht dem Bewahren die Erinnerung, ohne die wir kein eigenständiges Leben auf der Erde führen können. Schließlich weist auch seine Kristallisation als Würfel auf die Vierheit, die mit dem Irdischen verbunden ist (Himmelsrichtungen, Jahreszeiten, Wesensglieder u.a.). In der Apokalypse hat die neue Erde, das neue Jerusalem, ebenfalls die Gestalt eines Würfels: »Die Länge und die Breite und die Höhe der Stadt sind gleich« (Apokalypse 21,16). Gegenteilig ist die Asche, die als Ergebnis eines Verbrennungsprozesses durch ihr Gewicht als vollständig chaotisierte Materie herausfällt, das Ende aller Form; zugleich ist sie aber, gerade weil sie »Chaos« ist, vollständig offen

[41] GA 224, 7.5.1923.

[42] In der Anthroposophie spielen diese *tria principia* in verschiedenen Zusammenhängen eine Rolle. So gibt es zu diesem Thema eine ganze Reihe von Veröffentlichungen, etwa von Hermann Beckh, Willem F. Daems, Volker Harlan, Armin Scheffler (s. Literatur). Hier sei besonders auf drei Aufsätze von Harlan in der Monatsschrift *Die Christengemeinschaft*, Hefte 1,3,4 / 2003, hingewiesen.

für eine neue Form, so wie der mythische Vogel Phönix aus der Asche aufsteigt. Im frühen Christentum hat man die Auferstehung mit diesem Mythus in Zusammenhang gebracht.[43] Im Seelischen entspricht dem brennenden Feuer der Schmerz. Der Vorgang, der sich dabei abspielt, ist »trennen«. Wenn Metalle durch Feuer flüssig werden, kann man die Verunreinigungen, die als Schlacke oben schwimmen, abschöpfen und das Metall so in reiner, »lauterer« Form gewinnen (lauteres Gold). Ein solcher Läuterungsprozess kann sich auch im Seelischen abspielen, wenn das Unwesentliche (die Schlacke) vom Wesentlichen getrennt wird, was immer mit Schmerzen verbunden ist, aber auch der Anfang zu etwas ganz Neuem sein kann. Das Wasser schließlich steht in der Mitte als Ausgleich. Es hat keine eigene äußere Gestalt, sondern passt sich vollständig der Umgebung an. Auch eine vermittelnde Wirksamkeit geht von ihm für die verschiedenen Stoffe aus, indem es chemische Verbindungen ermöglicht.

Ein Bild für diese drei Grundkräfte, das mehr als nur eine Analogie ist, erscheint in der Verklärung auf dem Berg: Christus zwischen Mose und Elia.[44] In der Malerei spielt dieses Motiv eine große Rolle, vor allem in der Ikonenmalerei; aber auch im Westen ist es ein wichtiges Motiv, das seine alles überragende Darstellung bei Raffael gefunden hat. Ein entscheidender Schlüssel zu dieser Szene ist ein Hinweis Rudolf Steiners, dass die bekannte Parallelität des Buddha-Lebens nach der Legende und des Jesus-Lebens nach den Evangelien nur bis zur Verklärung geht. »Buddha endete in erhabener Weise. Auf einer Wanderung fühlte er sich krank. Er kam zum Fluss Hiranja, in der Nähe von Kuschinagra. Hier legte er sich auf einen von seinem Lieblingsjünger Ananda ausgebreiteten Teppich. Sein Leib fing von innen an zu leuchten. Er endete verklärt, als Lichtkörper, mit dem Ausspruche: ›Nichts ist langwährend.‹ Dieser Tod Buddhas entspricht der Verklärung Jesu.«[45] Alles, was in den Evangelien danach noch kommt, geht also über den Buddhismus[46] hinaus.

[43] 1. Clemensbrief, vgl. RGG^3, Bd. 2, S. 674.

[44] Matthäus 17, Markus 9, Lukas 9,28 ff.

[45] GA 8, Dornach 1989, S. 104 f. (Anmerkung des Herausgebers S. 192: Steiner bezieht sich auf Rudolf Seydel: *Buddha und Christus*. Breslau 1884, S. 8 ff.).

[46] Genauer: Hinayana-Buddhismus.

Das Kernstück der Lehre des Buddha gründete sich auf die Einsicht, dass alles Leben auf der Erde Leiden bedeutet. Seine »vier edlen Wahrheiten« handeln vom Leiden, der Entstehung des Leidens, der Aufhebung des Leidens und dem Pfade zur Aufhebung des Leidens. Das Leiden wird aufgehoben, wenn der Mensch auf seinem Pfad den »Durst nach Dasein« überwindet und dadurch nicht mehr wiedergeboren werden muss. Zwei Gesten sprechen hier: Zurückweisung des Leidens und Zurückweisung der Erde als Ort der Inkarnation, weil Inkarnation Leiden bedeutet. Auf dem Berg der Verklärung ist Christus so weit, wie Buddha am Ende seines Lebens: Er ist frei von der Erde und ihrer »Anziehung« geworden, schwerelos, wie ihn Raffael meisterhaft darstellt. Aber er verlässt die Erde nicht. Im Gespräch mit Mose und Elia, die als Geistgestalten erscheinen, befestigt sich dieser Entschluss. »Und als sie vom Berge herabstiegen …« (Matthäus 17,9), da vollzieht er die Geste der *Erdbejahung*. Aber weil Buddha Recht hat und die Erde tatsächlich Leiden bedeutet, muss er auch noch die *Leidensbejahung* vollziehen. Er wendet den inneren Blick nach Jerusalem und schaut seine Passion. Johannes der Täufer, sein Vorläufer, hat schon als der wiedergekommene Elia die Passion erlitten (Herodes ließ ihn enthaupten): »Doch ich sage euch: Elia ist schon gekommen, aber sie haben ihn nicht erkannt, sondern haben mit ihm getan, was sie wollten. So wird auch der Menschensohn durch sie leiden müssen« (Matthäus 17,12). Im Geistgespräch auf dem Berg hat Mose die Erde bejaht. Sein Blick geht zurück in die Vergangenheit, er hat beschrieben in seinen Büchern, wie das Volk Israel auf der Erde als dem »gelobten Land« ankommt und welcher Ordnungen es bedarf, um dort richtig zu leben. Elia schaut als Prophet in die Zukunft, aber er weiß, dass die wahre Zukunft immer erlitten werden muss: Das Wesentliche muss in völliger Sachlichkeit vom Unwesentlichen unterschieden werden. Das kann »brennender« Schmerz sein. So fährt er auch im Feuerwagen gen Himmel.[47]

Wir erkennen in der Geste der Erdbejahung die innere Qualität des Salzes, über das Jesus in der Bergpredigt zu den Jüngern sagt (Mat-

[47] 2. Könige 2,11: »Und als sie miteinander gingen und redeten, siehe, da kam ein feuriger Wagen mit feurigen Rossen, die schieden die beiden voneinander. Und Elia fuhr im Wetter gen Himmel.«

thäus 5,13): »Ihr seid das Salz der Erde.« Die Leidensbejahung ist mit der inneren Qualität der Asche verbunden. Beide Qualitäten gehören zum inneren Wesen des Christentums. Beide können jeweils für sich in Einseitigkeiten führen: die Erdbejahung zum Materialismus, die Leidensbejahung zur schwärmerischen Erdflüchtigkeit, was bis in die Barockzeit im Christentum immer wieder zum Vorschein kam im Blick auf »die eitle Welt«. Wenn aber beide zusammenwirken und sich im Gleichgewicht halten, entsteht die christliche Gesinnung einer positiven Zuwendung zur Erde und den Aufgaben, die es dort zu erfüllen gilt, und einer positiven inneren Haltung gegenüber dem Schweren im Leben, aus dem der Sinn entbunden werden möchte, der dem Leben seine Tiefe gibt. In der Mitte zwischen Salz und Asche ist das Wasser des Lebens, so wie Christus zwischen Mose und Elia: »Wer aber von dem Wasser trinken wird, das ich ihm gebe, den wird in Ewigkeit nicht dürsten, sondern das Wasser, das ich ihm geben werde, das wird in ihm eine Quelle des Wassers werden, das in das ewige Leben quillt« (Johannes 4,14).

Dieser inneren Beziehung zueinander entspricht die Anordnung der Substanzen auf dem Tauftisch im Dreieck: in der Mitte (an der Spitze des Dreiecks) ist das Wasser, an den beiden anderen Dreieckspunkten rechts und links stehen Salz und Asche. Man kann in dieser Anordnung die drei Substanzen auf Leib (Salz), Seele (Wasser) und Geist (Asche) des Menschen beziehen oder auch auf die Trinität: Vater (Salz), Sohn (Wasser) und Heiliger Geist (Asche).[48]

Es gibt in der Taufhandlung der Christengemeinschaft aber auch noch eine andere Konstellation der drei Substanzen. Sie erscheint, wenn das Kind mit den Substanzen getauft wird. Da wird mit dem Wasser ein Dreieck auf die Stirne gezeichnet, und dieser Taufakt steht in Beziehung zum Vater. Mit dem Salz wird ein Viereck auf das Kinn und mit der Asche ein Kreuz auf die Brust gezeichnet, was in Beziehung zum Sohn und Heiligen Geist steht. Auf dem Tauftisch haben die Substanzen eine räumliche Anordnung, hier erscheinen sie in zeitlicher Folge. Für eine äußere Logik tritt hier ein Widerspruch auf: Soll man sich das Salz nun

[48] Harlan ist dem Wesen der Substanzen in dieser Beziehung zur Trinität nachgegangen.

in Beziehung zum Vater oder zum Sohn vorstellen? Und das Wasser: steht es in Verbindung mit dem Christus oder dem Vater? Schon die Gründer der Christengemeinschaft hatten diese Frage. Rudolf Steiner gab zur Antwort: »Da liegt ein wenig eine Schwierigkeit vor, weil man das, was da ist, in der Zeit nicht richtig ausdrücken kann. Wenn ich schildere: Physischer Leib, Ätherleib, Astralleib, Empfindungsseele, Verstandesseele, Bewusstseinsseele, Geistselbst, Lebensgeist, Geistesmensch, so reihe ich das auch so aneinander; es schaut so aus, als ob ich es hintereinander reihe. Das stimmt aber nicht. Ich müsste hier zwei Strömungen ineinander gehen lassen [es wird an die Tafel gezeichnet], wenn ich es richtig zeichnen will. Ich müsste es so machen: Physischer Leib, Ätherleib, Astralleib, Empfindungsseele, Verstandesseele, Bewusstseinsseele; und jetzt müsste ich gar nicht mehr in einer Ebene damit das Geistselbst zeichnen, sondern in einer anderen Richtung, hier umbiegen und das dreimal in eine andere Richtung zeichnen ... So ist es auch in der Formel [des Taufrituals]... Es geht nicht, dass Sie das geradewegs aufeinander beziehen, es steht schief zueinander.«[49] Die andere, zur ersten »schief« stehende Ordnung der Substanzen ist also in einer Folge nacheinander: Wasser (Vater), Salz (Sohn), Asche (Geist). Im Hintergrund dieser Ordnung steht offensichtlich der Rosenkreuzerspruch:

Ex deo nascimur	Aus Gott sind wir geboren.
In Christo morimur	In Christus sterben wir.
Per Spiritum Sanctum reviviscimus	Durch den Heiligen Geist empfangen wir ewiges Leben.

Alles – so hat schon der griechische Philosoph Thales gesagt – ist aus dem Wasser entstanden. Das kann man äußerlich, biologisch verstehen: Ohne Wasser gibt es kein Leben. Man kann es auch geistig verstehen: Alles, was sich im Bewusstsein als ein Gedanke »herauskristallisiert«, hat zunächst in »flüssiger« Form, in unbestimmten Gedankenbewegungen existiert. Hier kann durch das Wasser der göttliche Urgrund erlebt werden, aus dem alles Sein geboren ist: *Ex deo nascimur.*

Das Salz drückt etwas anderes aus. Wenn es sich aus dem Zustand einer Lösung im Wasser als feste Form herauskristallisiert, kommt die

[49] GA 344, 20.9.1922.

Flüssigkeitsbewegung im Kristall an ein Ende. Immer wenn wir einer Sache, welcher Art auch immer, Form geben, verliert sie ihr ursprüngliches Leben, ein Prozess kommt an sein Ende und stirbt. Rudolf Steiner gibt für die Qualität des Salzes noch einen vertieften Aspekt anhand des Jahreszeitenwechsels vom Sommer zum Winter. Zunächst einmal haben wir in der Winterzeit den Gewinn eines Bewusstseins, das wacher ist als im Sommer, aber wir erleben auch den Absterbevorgang der Natur gewissermaßen als den Preis für die größere Wachheit. Bewusstsein geht immer auf Kosten des Lebens. Das gilt in der Evolution der Lebewesen: Je niedriger ein Lebewesen auf der Evolutionsskala steht, je dumpfer sein Bewusstsein, desto größer ist im Allgemeinen seine Vitalität. Ebenso beim Menschen: Die das Bewusstsein ermöglichenden Gehirnzellen sind die am wenigsten vitalen. So macht der Verlust an Leben im Winter einen Gewinn an Bewusstsein möglich. So kann uns der Winter zu einem Symbol werden, das aber zugleich eine Realität ist: »Wir müssen, um im Winter mit der Erde zu leben in der physischen Welt, untertauchen in das Ersterbende. Aber nach dem Mysterium von Golgatha tauchen wir unter, indem wir den Christus-Impuls mit in dieses Ersterbende hineinnehmen: *In Christo morimur.*«[50] Paulus drückt das so aus: »Sind wir nun mit Christus gestorben, so glauben wir, dass wir auch mit ihm leben werden« (Römer 6,8). Weihnachten kann so zum Ausdruck dafür werden, dass wir »mit Christus« in den winterlichen Erdentod gehen und glauben, »dass wir auch mit ihm leben werden.« Diese winterliche Erde, an der der Mensch Todes- und Bewusstseinskräfte erfahren kann, hat aber eine Beziehung zum Salz. Für die übersinnliche Schau ist das, was die winterliche Erde charakterisiert, »die Ablagerungen, das Salzartige.« Es zeigt sich hier auch, dass die winterliche Erde in besonderer Weise geistdurchlässig ist, denn »wo Salz ist, da hat das Geistige gewissermaßen freien Raum. Das Geistige kann da hinein, wo Salz ist.«[51] So ergibt sich also mit Hilfe der Anthroposophie für die Wintererde eine vertiefte innere Anschauung, die zugleich eine innere Anschauung des Salzes ist, denn die Erde nimmt im Winter einen Salz-Charakter an. Das sommerliche Leben der Erde erstirbt in den kristallinen Formen der

[50] GA 162, 23.5.1915.

[51] GA 229, 6. und 7.10.1923.

Wintererde. Aber dieser »Salz«-Kristall ist geistdurchlässig für die Gnadengabe Gottes. Salz sagt uns also: Bewegung und Leben ersterben in die Form. Es sagt uns auch: Die Form ist geistdurchlässig; und schließlich: Christus selbst ist diesen Weg vom Leben des Kosmos in die Form der irdischen Inkarnation gegangen bis zum Tod, und wir können seither unser Sterben mit dem Christus verbinden – *in Christo morimur* – und so zugänglich werden für das Leben im Geist.

Damit sind wir bei der dritten Substanz, der Asche, angelangt: Durch den Heiligen Geist empfangen wir ewiges Leben, *per Spiritum Sanctum reviviscimus.* Die irdischen Formen können nicht mehr aufgelöst werden, es gibt kein Zurück hinter die Geburt oder hinter den Entschluss oder hinter das eigene Schicksal. Wir sollen alles *zu Ende* führen innerhalb der uns auferlegten Formen, das heißt mit Christus sterben. Dann kann die Form zerbrechen. Aber aus der Asche des Zerbrochenen können dann wie der Vogel Phönix die neuen Ziele auferstehen.

Wir haben jetzt für die drei Taufsubstanzen zwei verschiedene Ordnungen betrachtet. Beide Ordnungen sind ein Abbild der Trinität. Die erste Ordnung, die ihren Ausdruck findet in der räumlichen Anordnung im Dreieck auf dem Tauftisch, drückt den Aspekt der Trinität aus, wie er von der Welt her gefunden werden kann: das Salz wird dem Vater zugeordnet, das Wasser dem Sohn, die Asche dem Heiligen Geist. Die zweite Ordnung, die ihren zeitlichen Ausdruck findet auf der Linie Stirn, Kinn, Brust des Täuflings, bringt den Aspekt der Trinität zur Erscheinung, wie er sich vom Menschen her ergibt in Zusammenhang mit dem Rosenkreuzerspruch: *Ex deo nascimur – in Christo morimur – per Spiritum Sanctum reviviscimus.* Dem Vater wird das Wasser zugeordnet, dem Sohn das Salz, dem Heiligen Geist die Asche. Beide Ordnungen können nicht direkt aufeinander bezogen werden, sie stehen »schief« zueinander.

Zuletzt haben wir uns noch darüber Gedanken zu machen, welchen Beitrag zur Taufe die Substanzen selbst leisten. Die Formel des Augustin: »Es tritt das Wort zum Element [zur Substanz] und bringt das Sakrament dadurch hervor« (*accedit verbum ad elementum et fit sacramentum*) birgt noch vieles in sich. Grundsätzlich ist zu sagen, dass Substanzen als solche zum Sakrament real nichts beitragen können, allenfalls symbolisch. So könnten auch unsere bisherigen Gedanken über das Verhältnis der drei Taufsubstanzen etwa zur Trinität (miss-)verstanden worden sein, als ob sich die Bedeutung der Substanzen in der Symbolik erschöpfte. Es ist aber etwas anderes gemeint. So wie wir schon gesehen haben, dass Rudolf Steiner in die Sakramentenlehre den Entwicklungsgedanken eingebracht hat, so ist es eine weitere große Errungenschaft der Anthroposophie, auch in die Substanzlehre den Entwicklungsgedanken eingeführt zu haben. Auch Substanzen »entwickeln« sich. Damit ist kein chemischer Prozess gemeint, sondern ein geistig-physischer. Auch die Substanzen haben, ähnlich wie der Mensch, einen Weg in das »Materiell«-Werden durchgemacht. Man darf sich eben nicht vorstellen, dass »Substanz« und »Materie« so wie heute immer identisch gewesen wären. Ursprünglich hatten die Substanzen eine reine »Geistmaterialität«[52], die noch ganz Prozess war, nicht Zustand. »Das war das Wichtige in alten Zeiten, hinzuschauen auf dasjenige, was im Weltenprozess vorgehen muss, damit irgendeine bestimmte Substanz eine bestimmte Form hat. Das war das erste. Darnach beurteilte man erst die Substanz. Heute geht man erst von der Substanz aus, damals ging man aus von dem Prozess. Und jede Substanz ist ja nur ein festgehaltener Prozess, auf irgendeiner Stufe festgehaltener Prozess.«[53] Nur eine Substanz auf dieser ursprünglichen Stufe, wo sie noch ganz Prozess ist, kann zum Sakrament etwas beitragen. So war auch das Verständnis dieser drei Substanzen bei Paracelsus. Statt Salz, Wasser, Asche sagt man deshalb besser: *Sal*-Prozess, *Mercur*-Prozess, *Sulfur*-Prozess. Damit die Taufsubstanzen in ihrer fest gewordenen materiellen Form wieder mit ihrer ursprünglichen Prozesshaftigkeit verbunden sind, werden sie geweiht. »Weihen heißt, das, was fest ist, flüssig machen.«[54] Die materielle Stofflichkeit der Substanzen ist dann nur gewissermaßen der Anker in der Sinneswelt. Der Prozess-Charakter der Substanz in ihrer ursprünglichen Geistmaterialität, der durch die Substanzweihe[55] wieder hergestellt wird, macht die jeweilige Substanz erst zu einem realen (und nicht nur symbolischen) Faktor in der Taufe. Diese Substanzweihe geschieht in kurzen Sätzen innerhalb der Taufe.

52 GA 343, 10.10.1921 n.

53 GA 318, 18.9.1924.

54 GA 345, 11.7.1923.

55 Um Missverständnissen vorzubeugen, sei angemerkt, dass es sich bei der Weihe von Substanzen um einen grundsätzlich anderen Vorgang handelt als bei der Wandlung von Brot und Wein im Verlauf der Menschenweihehandlung.

7.4 Die Gestalt der Taufhandlung

Die Gestalt des Taufrituals hat deutlich eine siebengliedrige Grundstruktur. Im ersten Akt bringt der Priester seine Intention zum Ausdruck, die Seele des Täuflings in die »Gemeinde des Christus Jesus« hereinzuführen – ein männlicher Gestus. Mit dieser Intention wendet er sich an die geistige Welt in der ungewöhnlichen Form der »Weltengeister«. Das klingt zunächst sehr »heidnisch«.

Um einer solchen Frage nachzugehen, bietet sich die Methode an, nach der weiteren Verwendung dieses Wortes im Werk Steiners Ausschau zu halten. Nach Auffassung der Christengemeinschaft ist Steiner im weiteren Sinn nicht der Autor der Kultuswortlaute, aber der in der geistigen Welt vorhandene Kultus braucht doch, wie jeder gewöhnliche Gedanke auch, einen sprachlichen Leib, um in Erscheinung zu treten. So wie vor 2000 Jahren die damalige griechische Sprache (*Koine*) geeignet war, die Offenbarung des Christentums in geeigneter sprachlicher Form »vertikal« aufzunehmen in der Gestalt des Neuen Testamentes (danach kommen »horizontal« die Übersetzungen), so ist es ähnlich mit der modernen Geisteswissenschaft, die als Anthroposophie zunächst einmal »vertikal« in der deutschen Sprache erscheint und vieles benötigt, was Geister wie Böhme, Fichte, Hegel, Goethe in diese Sprache eingebracht haben. Weil das immer noch nicht völlig genügte, hat Rudolf Steiner Weiteres in die Sprache eingebracht, was über eine reine Fachterminologie (wie z.B. Astralleib) hinausgeht.[56] Er hat den Sprachleib weitergebildet, sodass er für die Inhalte der Geisteswissenschaft geeigneter wurde und eben auch für den Kultus. In diesem Sinne – aber eben nur in diesem Sinne – trägt der Kultus der Christengemeinschaft auch die Handschrift Rudolf Steiners, die Spuren seiner Arbeit an der Sprache. Bestimmte Worte wie »Äther« oder »Bildekräfte«, die seiner Sprach- oder Bedeutungsschöpfung entstammen, finden sich auch in kultischen Wortlauten. Im Widerspruch dazu, dass Rudolf Steiner nicht der Autor der Kultuswortlaute ist, steht das nicht.

Nach dieser methodischen Zwischenbemerkung fragen wir nach der Verwendung des Wortes *Weltengeister* und finden, dass Steiner mit ihnen im Allgemeinen die Gesamtheit der schöpferischen Kräfte in der

[56] Siehe Martina Maria Sam: *Im Ringen um eine neue Sprache.* Dornach 2004.

Welt bezeichnet, soweit sie die Entwicklung positiv voranbringen. Man könnte darunter die Hierarchien verstehen, aber auch den Logos. Zwei Beispiele seien angeführt. »Wir lernen uns in einem lebendigen Sinn [in] der Entwicklung drinnenstehend erkennen. Wir lernen erkennen, wie sozusagen die Weltengeister mit unserem Dasein etwas gemeint haben, und wie das, was sie gemeint haben, im Leben immer mehr und mehr zum Vorschein kommt.«[57] »Wir erkennen uns als Werkzeug der Weltengeister, die zu uns in ein Verhältnis treten wollen. Das aber gibt dem Leben Reichtum und Sicherheit, die unverlierbar sind.«[58] Wir sehen hier, welchen Klang dieser Auftakt der Taufe hat, in dem sich der Priester zunächst an die »Weltengeister« wendet.

Im zweiten Akt der Taufe wird davon gesprochen, dass die Gemeinde die Seele des Täuflings »empfangen« und in die Gemeinde des Christus Jesus »tragen« soll. Das ist eine weibliche Geste, in der man sogar eine Art Empfängnis und Schwangerschaft erkennen kann. Dabei wird die Gemeinde auch belehrt über die Herkunft des Kindes nach Leib, Seele und Geist, wobei sich in dieser anthropologischen Trichotomie die göttliche Trinität spiegelt: Der Leib entstammt dem Bereich des Vatergottes, die Seele dem »Wirkenswort« des Sohnes. Der Geist ist eine Erdenaufgabe im Hinblick auf die Zukunftsziele des Heiligen Geistes.

Im dritten Akt werden die Paten bestellt in der Form, dass dies als eine Selbst-Bestellung und Beauftragung angesehen wird – auch wenn äußerlich im Allgemeinen die erste Initiative von den Eltern ausging. Die Paten sind »Wächter«. Es gibt bei Rudolf Steiner im Wesentlichen drei Bedeutungen dieses Wortes. Einmal ist damit der »Hüter der Schwelle« bezeichnet, dann der Engel des Menschen[59] und schließlich das Gewissen. Seine Entstehung beschreibt Rudolf Steiner so, dass in einem bestimmten Moment der Geschichte alles dazu angelegt war, »das Ich aufzuwecken, und als Wächter des Ich, als die Gottesstimme im Innern, das Gewissen entstehen zu lassen.«[60] Alle drei Bereiche beschreiben sehr eindrücklich, welche geistige Aufgabe die Paten haben.

[57] GA 60, 9.3.1911.

[58] GA 64, 15.1.1915.

[59] Vor allem in dem Spruch »Geist deiner Seele, wirkender Wächter…«, vgl. GA 261.

[60] GA 59, 5.5.1910.

Der vierte Akt schließlich ist das Zentrum der Taufe: die Namensgebung. Wir haben sie im vorletzten Kapitel behandelt.

Der fünfte Akt ist die Taufe mit den Substanzen. Zu dem im letzten Kapitel Gesagten ist noch hinzuzufügen die Bedeutung der Zeichen, die auf die Stirne (Dreieck), das Kinn (Viereck) und die Brust (Kreuz) gezeichnet werden. Dazu äußert sich Rudolf Steiner nach verschiedener Richtung. »Das Dreieck und das Viereck sind nur Vorstufen des Kreuzes. Das Kreuz ist dasjenige, welches der ganzen Menschenbildung zugrunde liegt … Nicht wahr, dasjenige, was im Kreuzeszeichen lebt, der physische und der ätherische Mensch, das ist ja ganz unbewusst. Das, was im astralischen Leib lebt, ist halbbewusst; es drückt sich am besten in dem Viereck aus, und dasjenige, was im Ich lebt, in dem Dreieck. Wir sehen also: Ich – Dreieck, astralischer Leib – Viereck, der ganze Mensch, wie er als Ich und astralischer Leib im physischen und Ätherleibe lebt – das Kreuz.«[61] Eine dritte Bedeutung des Kreuzes entnehmen wir wieder einer Gesprächsaufzeichnung von Emil Bock: »Dreieck – das Göttliche, Viereck – das Drinnenleben im Erdendasein, Kreuz – Verbindung von beidem.« Für das Kreuz haben wir so drei verschiedene Beschreibungen: Verbindung der unteren Wesensglieder, Verbindung von Dreieck und Viereck, Verbindung der oberen Wesensglieder mit den unteren. Alles am Menschen hat mit dem Kreuz zu tun. Und da Dreieck und Viereck nur »Vorstufen« des Kreuzes sind, liegt der Schwerpunkt auf der Taufe mit der Asche, also »mit dem Heiligen Geist und mit Feuer«. Damit ist zugleich auch angezeigt, inwiefern die Taufe die Heiligung einer Involution ist, die mit dem ersten Atemzug schon als leise beginnender Sterbeprozess einsetzt.[62] »Der Mensch muss in einer gewissen Weise heiligen den Involutionsvorgang, den der Evolution entgegengesetzten Vorgang. Die Evolution ist das Natürliche, sie ist eine Gabe der Natur … Wenn wir aber den Involutionsvorgang einsetzen fühlen, der als ein Sterbevorgang uns ergreift, so muss er … geheiligt werden, das heißt, es muss in ihn eingefügt werden dasjenige, was von dem Christus-Impuls ausgehen kann … Was die Geburt als Evolu-

[61] GA 343, 9.10.1921 n.

[62] Vgl. das Kapitel 6 »Der Entwicklungsgedanke und die Siebenheit der Sakramente«.

tionsvorgang ist, das soll die Taufe werden als Involutionsvorgang.«[63] Als Asche-Taufe ist die Taufe in der Christengemeinschaft die Heiligung eines Involutionsvorganges.

Im sechsten Akt wird die Taufe in Zusammenhang mit der Trinität gebracht. Die alte Formel »Im Namen des Vaters, des Sohnes und des Heiligen Geistes« ist nun differenzierter ausgedrückt: In der »Weltensubstanz« des Vaters, im »Wortesstrom« des Christus und im »Lichtesglanz« des Heiligen Geistes soll die Taufe sich in das Leben hinein entfalten.

Der siebte Akt ist Rückblick auf das Taufgeschehen und Ausblick. Die Seele des Kindes ist nun unter Mitwirkung der Gemeinde »in die Gemeinschaft des Christus Jesus« geleitet worden. Das ist eine Tatsache, das Kind *ist* getauft (im Sinne des in Kapitel 5.2.2 Dargestellten wäre dies *res et sacramentum*). Aber damit ist die Taufe doch noch nicht abgeschlossen, denn jetzt kommt die Verantwortung der Gemeinde dem Täufling gegenüber, die ihrem Wesen nach ein Gelöbnis ist, dass sie »von sich aus wacht über seine christliche Entwickelung«[64], damit er sich immer mehr auch als getauft *erweisen* wird (*res tantum*).

Man kann in diesen sieben Akten einen im Kultus konzentrierten stufenweisen Gang der Seele durch die (geozentrisch verstandenen) Planetensphären sehen, in umgekehrter Folge, wie nach dem Tod die Seele durch die Planetensphären wieder aufsteigt[65]. Der erste Akt ist von der Saturnstimmung gefärbt, der zweite Akt – die »Belehrung« der Gemeinde – durch Jupiter, der vierte Akt – die Namensgebung – durch die Sonne, der siebte Akt ist der Rückblick in der Spiegelung des Mondes. Dann kommt das Kind auf der Erde an und es wird, nachdem die eigentliche Taufhandlung abgeschlossen ist, noch das Vaterunser angefügt. Das hat an dieser Stelle einen besonderen Klang, denn es ist die Eröffnung der irdischen Biografie. Jede der sieben Bitten hat eine biografische Dimension, die gewissermaßen im Hinblick auf die nächsten siebzig Jahre gehört werden kann: der göttliche Wille, der immer geschehen möge;

[63] GA 343, 2.10.1921 n.

[64] GA 343, 5.10.1921 v.

[65] Dazu gibt es aus jüngster Zeit eine Veröffentlichung von Arie Boogert: *Der Weg der Seele nach dem Tod*. Stuttgart 2005. Rudolf Steiner äußert sich darüber z.B. in GA 140, 15.12.1912.

das tägliche Brot, das der Täufling geistig und physisch brauchen wird; die Schuld, die ihn unausweichlich trifft; das Böse, dem er von außen oder in sich selbst begegnen wird. Und wie wird eines Tages das gleiche Vaterunser, erfüllt mit den Taten und Erfahrungen einer gelebten Biografie, am Grabe wieder erklingen? Das ist der achte Akt, der Schritt vom »untersten Himmel«, dem Mond, auf die Erde.

Die Taufe hat in der Christengemeinschaft auch noch eine erweiterte Bedeutung. Wenn ein Erwachsener, der Taufe und Konfirmation nicht empfangen hat, Mitglied der Christengemeinschaft werden möchte, wird weder die Konfirmation noch im Regelfall die Taufe nachgeholt. Beide Sakramente sind in der Konsequenz, dass sie als Tatsachen eines Evolutions- und Involutionsprozesses verstanden werden, mit bestimmten Abschnitten der Biografie verbunden. Dass aber ein Mensch, der sich zum Christentum bekennt und in die Kirche (in die Christengemeinschaft) aufgenommen werden möchte, ungetauft bleibt und dies von dieser Kirche nicht nur akzeptiert, sondern sogar als richtig beurteilt wird, widerspricht allen Gefühlen, die innerhalb der christlichen Entwicklung in zweitausend Jahren gegenüber der Taufe ausgebildet worden sind. In ihr wird schlechthin das Sakrament gesehen, das den Menschen in die Kirche aufnimmt und dadurch zum Christen macht. Damit wird der Taufe (zusammen mit dem Abendmahl) ein besonderer sakramentaler Rang gegeben – was der protestantischen Auffassung entspricht, dass außer Abendmahl und Taufe keine weiteren Sakramente existieren.

Die Auffassung der Christengemeinschaft unterscheidet sich davon. Sie geht davon aus, dass die sieben Sakramente Entwicklungsformen eines *Organismus* sind. Dieses Ur-Sakrament[66] ist in jedem der Einzelsakramente, so verschieden sie untereinander auch sind, immer auch als Ganzes anwesend. Wer aus Gründen seines persönlichen Schicksals nicht im dafür vorgesehenen Alter Taufe und Konfirmation empfangen konnte, wird dennoch durch die anderen Sakramente (z.B. Beichte und Kommunion) am Ganzen des sakramentalen Stromes Anteil haben können. Dieses Ur-Sakrament wird in der Christengemeinschaft im erweiterten Sinn auch Taufe genannt. Das kommt im Ritual der

[66] Vgl. Kapitel 2.2.

Priesterweihe zum Ausdruck, wenn das Ganze, das Zelebrieren aller Sakramente, »taufen« genannt wird. Wer also in den sakramentalen Strom eintaucht, insbesondere durch die Menschenweihehandlung[67], empfängt im erweiterten Sinn die Taufe. In diesem Sinn gibt es in der Christengemeinschaft auch die Erwachsenen-»Taufe«, die Aufnahme in den sakramentalen Strom der christlichen Kirche. Die Kindertaufe ist nur eine der Möglichkeiten, in diesen größeren Tauf-Strom einzutreten, und im Wesentlichen mit einem bestimmten Lebensalter verbunden.

Die Realität der Sakramente, das lässt sich bei der Taufe deutlich erkennen, ist mit der Wirklichkeit der Gemeinde aufs engste verbunden. Man muss die Frage stellen, welche Bedeutung, ja welche Realität die Taufe etwa hätte ohne irgendeinen Zusammenhang mit einer Gemeinde. Die Sakramente bedürfen des sozialen Echos und der »Anerkennung«. Auch eine Priesterweihe innerhalb der Christengemeinschaft hat außerhalb, etwa in einer katholischen Gemeinde, keine irdische Wirklichkeit, sie ist keine abstrakt-magische Tatsache. Wenn eine junge Mutter mit ihrem neugeborenen Kind dem moslemischen Vater ins arabische Ausland folgt, wo es keine Möglichkeit einer christlichen Erziehung gibt, stellt sich die Frage, ob das Kind tatsächlich vorher noch getauft werden soll. Würde das dann wie eine durch sich selbst wirkende »geistige Schutzimpfung« wirken? Ohne Beteiligung von Menschen? Die Vorstellung, dass die Sakramente einfach durch sich selbst (*ex opere operato*), gewissermaßen magisch wirken könnten, ist immer noch sehr verbreitet, aber nicht mehr zeitgemäß. Dennoch wirken sie objektiv. Das schafft eine Spannung, die heute nur im persönlichen Beitrag des Menschen ihren Ausgleich findet: Das Objektive bedarf des Menschen, um wirklich zu sein.[68] Die Wirklichkeit der Sakramente

[67] Die Menschenweihehandlung repräsentiert in besonderer Weise die Gesamtheit der Sakramente als Ur-Sakrament. Siehe unten Kapitel 14.2.

[68] Diese »Spannung« auf einem anderen Feld hat Rudolf Steiner schon 1886 für den heutigen Erkenntnisprozess beschrieben: »So ungewohnt uns die Vorstellung sein mag, dass wir selbst ein Objektives tätig zur Erscheinung bringen, dass wir mit anderen Worten eine Erscheinung nicht bloß wahrnehmen, sondern zugleich produzieren: sie ist keine unstatthafte.« (GA 2, Dornach 2003, S. 52)

leitet sich also wesentlich auch von der Gemeinde und dem Mitwirken der Menschen ab.[69]

[69] Gemeint ist tatsächlich die konkrete Taufgemeinde der Christengemeinschaft. Die Taufe hat also, ähnlich wie die Priesterweihe, zunächst einmal vor allem im Hinblick auf diese Gemeinde, d.h. auf die Christengemeinschaft eine Realität. Das ist eine *geistige* Tatsache, noch nicht die Beschreibung äußerer Handhabungen in Bezug auf Mitgliedschaft in der Gemeinde etc. Aus der Taufliturgie ist nicht ersichtlich, inwiefern die Taufe ohne die Taufgemeinde (d.h. die Christengemeinschaft) eine Realität haben könnte. Insofern ist es konsequent – wenn auch aus ganz anderen Gründen, als die theologische Argumentation zeigt –, dass andere Kirchen für sich die Taufe der Christengemeinschaft gegebenenfalls nicht anerkennen. Die Christengemeinschaft hat keinen Grund, das zu erwarten, so wenig, wie sie das für ihre Priesterweihe erwartet. Ein Problem entsteht allein da, wo über die *Christlichkeit* der Christengemeinschaft geurteilt wird. Die Taufe der Christengemeinschaft wird beispielsweise vom Rat der Evangelischen Kirche in Deutschland (zuletzt in einer Entscheidung von 1969) nicht als christlich anerkannt, unter anderem weil sie nicht die Taufformel Matthäus 28,19 enthält. Das stimmt. Aber auch die Einsetzungsworte der römischen Messe entsprechen keinem der vier biblischen Wortlaute (Matthäus 26,26 ff.; Markus 14,22 ff.; Lukas 22,17 ff.; 1. Korinther 11,23 ff.), sondern haben eine eigene, »unbiblische« Form. In diesem Sinne ist auch die Taufformel der Christengemeinschaft »unbiblisch«, aber warum sollte sie deshalb unchristlich sein? Erfreulicherweise gibt es in Einzelfällen auch Gesprächsebenen zwischen Vertretern der Evangelischen Kirche und der Christengemeinschaft, wo die Christlichkeit nicht formalistisch beurteilt wird. Ein sehr anerkennenswertes Beispiel dafür ist in jüngster Zeit die Veröffentlichung der Arbeitsergebnisse eines solchen Gesprächskreises durch den Evangelischen Oberkirchenrat Stuttgart (*Zur Frage der Christlichkeit der Christengemeinschaft*, Filderstadt 2004).

8 Die Konfirmation

8.1 Die Sonntagshandlung für die Kinder

Mit dem Eintritt in die Schule beginnt für das Kind eine etwa siebenjährige Epoche, die religiös im Zeichen der Sonntagshandlung für die Kinder stehen kann. Sieben Jahre enthalten 365 Sonntage, an denen das Kind diese Feier im Prinzip miterleben könnte, ein ganzes »Jahr« aus Sonntagen. Die Gemeinde hat den Täufling empfangen und »trägt« ihn seither »in die Gemeinde des Christus Jesus«. Er ist innerhalb dieser Gemeinde auf einem Weg zu sich selbst. In den ersten sieben Jahren gibt es für die Kinder noch keinen eigentlichen »Kirchenbesuch«, außer vielleicht der Teilnahme an einer Taufe oder an einer Trauung. Im zweiten Jahrsiebt ändert sich die innere Verfassung des Kindes. »Deshalb ist es auch notwendig, dass in dieser Zeit die religiöse Entwickelung einsetzt.«[70]

Ein wichtiger Schritt geschieht nun im Erleben dieser Handlung, durch die sich das Kind zum ersten Mal selbst als Mitglied der Gemeinde erlebt in einer seinem Alter gemäßen Form. Die Kinder betreten einzeln den Raum und werden an dessen Schwelle, indem jedem die Hand gegeben wird, mit der direkten Anrede empfangen: »Du weißt, du gehst zu der Handlung …« Dann aber wird aus diesem kurzen Moment des Einzelseins die Kindergemeinschaft (die Erwachsenen bleiben, auch was den Raum betrifft, »im Hintergrund«). Charakteristisch für die Gemeinschaft der Kinder ist, dass der Priester sie mit »wir« anspricht. Das geistig real bestehende Gegenüber des Priesters zur Kindergemeinde wird in der Form der Ansprache scheinbar aufgehoben im »Wir«, das Kinder und Priester umschließt. In Wahrheit ist es umgekehrt. Das »Wir« betont sogar, dass es ganz außer Zweifel ist, dass die Erwachsenen die Kinder zu führen haben. Ein Beispiel aus dem Alltag zum Vergleich wäre etwa: »Jetzt wollen *wir* einmal das Zimmer aufräumen!« Mit diesem Satz ist durchaus gemeint, dass das Kind *allein* aufräumt, aber der

[70] Rudolf Steiner, GA 96, 4.3.1907.

Erwachsene ist mit seinem (führenden) Bewusstsein dabei und sagt deshalb »wir«. Ähnlich ist es bei der Sonntagshandlung in ihrem ersten Teil, der mit dem gemeinsamen Gebet der Kinder abschließt. Es wird durch den Priester noch einmal mit den Worten eingeleitet: »Wir wollen beten.« Darin klingt das alte *Oremus* der Messe mit (»Lasset uns beten«), das sich noch auf den kindlichen Bewusstseinszustand der Menschen im Jahrtausend vor der Neuzeit bezieht und den großen Abstand zwischen Priester und unmündigem Kirchenvolk in das »Wir« einhüllt.

Mit dem gemeinsamen Gebet wird in der Sonntagshandlung die Wir-Stufe verlassen, und jedes Kind wird einzeln vom Priester angesprochen, indem er es bei der Hand nimmt und als ein Gegenüber mit »du« anspricht, mit der sehr schlichten Feststellung: »Der Gottesgeist wird sein mit dir, wenn du ihn suchest.« Die Antwort des Kindes ist ähnlich schlicht und umfasst doch die ganze biografische Zukunft: »Ich will ihn suchen.« Der Gang der Handlung hat nun an diesen zentralen Punkt geführt: vom *Wir* über das *Du* zum *Ich*. Das ist wie der Weg des Kindes zur Geburt in die Eigenverantwortung, zu der die Gemeinde, die den Täufling ja »empfangen« hat und »trägt«, zuletzt im Ereignis der Konfirmation führen will. Nach dieser Antwort wird der Wir-Vorhang weggezogen; die Kinder erfahren den Priester in seinen Worten jetzt als Gegenüber und dadurch sich selbst in ihrem Eigensein – die künftige Mündigkeit schon berührend: Der Priester wechselt von der Wir- zur Ich-Form und spricht die Kinder mit »ihr« bzw. »euch« an. Jetzt können sie das Evangelium hören, um dann nach dem gemeinsamen Lied entlassen zu werden. In der Konfirmation spielt dann der Rückblick darauf, dass die Kinder in dieser Weise »geführt« worden sind, eine wichtige Rolle. Es ist die Führung in die eigene Autonomie, vom Wir zum Ich.

8.2 Das Konfirmationsalter

Im frühen Christentum hat man die Erwachsenentaufe verbunden mit einem anschließenden, dem Bischof vorbehaltenen Akt, der in Handauflegung und Stirnsalbung bestand. Das Begleitgebet war ein Herabflehen des Heiligen Geistes über dem Täufling. Dieser Akt erhielt später den Namen *confirmatio* (deutsch: Firmung). Ihm folgte unmittelbar die erste Teilnahme am Abendmahl. Diese Dreiheit von Handlungen wurde als zusammengehörig erlebt, als Initiationsritus in die Kirche Christi. In der Ostkirche wird diese Dreiheit von Handlungen heute noch als Kindertaufe vollzogen (die Kommunion bei Kleinstkindern dann nur in flüssiger Form in der Gestalt des Weines). In der Westkirche haben sich mit dem Auftreten der Kindertaufe Firmung und Erstkommunion von der Taufe getrennt. Zugleich wurde die Taufe mehr und mehr als Reinigungssakrament verstanden, während die Salbung nicht nur als Akt der Geistmitteilung, sondern neu als in einem späteren Lebensalter notwendige Vervollkommnung und Vollendung der Taufe (*perficere*) begriffen wurde: »Die Taufe schenkt das Leben aus Gott, die Firmung gibt diesem Leben aus Gott erst die Reifung.«[71] Nachdem das 4. Laterankonzil 1215 das Erstkommunionsalter auf das siebte Lebensjahr (das so genannte Unterscheidungsalter) festgesetzt hatte, begann das Firmalter sich auch auf dieses Lebensalter hin zu bewegen. Im 19. Jahrhundert trat dann die Tendenz auf, die Zeit um die Schulentlassung als geeignet zu sehen. Die Firmung wurde jetzt eher als Sakrament des Übergangs von der Kindheit zur Jugend verstanden. So war allmählich die frühchristliche Folge Taufe-Firmung-Erstkommunion aufgegeben worden; die Firmung kam zuletzt.

Die Reformatoren schlossen an die römisch-katholische Auffassung der Firmung nicht an. Alle Kirchen der Reformation haben zwar eine Nachfolgeform der Firmung geschaffen, aber mit einem anderen Verständnis. Es war den Reformatoren unakzeptabel, dass die Taufe als solche unvollständig sein solle und noch einer Vollendung bedürfe. Die katholische Firmung stellte für Luther geradezu eine Entwertung der Taufe dar, die doch die Heilsgaben schon uneingeschränkt vermittelt. Danach kann der Getaufte nur noch an die um Predigt und Abendmahl versammelte Gemeinde gewiesen werden, in der sein Glaube geweckt und gestärkt wird. Ein weiteres Sakrament kommt dafür nicht in Betracht und ist auch im Neuen Testament nicht bezeugt. So wurde der radikale Bruch vollzogen und die Bindung an die Taufe völlig aufgegeben. Für Luther wurde aber ganz neu der Katechismus wichtig. Sein Interesse an Unterricht und dann folgender *confirmatio* ist deshalb in

[71] Auer/Ratzinger, Bd. VII, S. 93.

erster Linie katechetisch. Es geht um nachgeholten Taufunterricht (der bei der Kindertaufe ja unterbleibt) und den Erwerb des nötigen Wissens für die verständige Teilnahme am Abendmahl. Es war wesentlich, dass derjenige, der zum Abendmahl geht, weiß, was er damit tut. Luther hatte kein Interesse an einer rituellen Konfirmationshandlung, er war aber nicht gegen eine Segenshandlung mit Fürbittgebet. So hat sich in der evangelischen Kirche eine Handlung entwickelt, die den lateinischen Namen des abgelehnten Firmsakramentes (*confirmatio*) trägt und deren wesentliche Elemente im reformatorischen Katechismus liegen und in der mit ihm verbundenen geordneten Zulassung (*admissio*) zum Abendmahl, sowie dem Segen. Mit zunehmender Verbreitung hören die fortlaufenden Katechismusprüfungen allerdings auf und die kirchliche Unterweisung findet zunehmend mit der Konfirmation ihren Abschluss. Zugleich geht von der Konfirmation jetzt eine Art indirekter Schulzwang aus (Konfirmandenunterweisung durch den Lehrer), so dass sie in manchen Gegenden sogar zur Wegbereiterin der Volksschule wurde. Im 18. Jahrhundert wuchsen Verbreitung und Ansehen der Konfirmation in der bürgerlichen Gesellschaft noch einmal durch die Aufklärung, die in ihr eine Art bürgerlichen Mündigkeitsritus sah, der mit der Schulentlassung verbunden war. Für das Konfirmationsalter hat sich so in der evangelischen Kirche weithin das 14./15. Lebensjahr als das Normale herausgebildet. Heute wird das allerdings wieder stärker in Frage gestellt, insbesondere wird auch der Zusammenhang von Konfirmation und Zulassung zum Abendmahl befragt.

Das Konfirmationsalter in der Christengemeinschaft liegt im 14./15. Lebensjahr. Das hängt zunächst nicht mit theologischen Erwägungen zusammen (Taufvollendung, Zulassung zum Abendmahl), sondern mit menschenkundlichen. »Der zweite Evolutionsvorgang, der in unserem Leben eintritt, ist derjenige, welcher in aller Stärke sich dann zeigt, wenn der Mensch geschlechtsreif wird, wenn sein physischer Leib und sein Ätherleib zu einer gewissen Entwicklung gekommen sind und der Astralleib beginnt, mit seiner Entwicklung ganz besonders einzusetzen, wenn also das, was in jedem Schlafzustand sich trennt, in einen neuen Zusammenhang kommt. Der Schlafzustand verläuft ja so, dass der physische Leib und der Ätherleib im Bette liegen bleiben und dass der astralische Leib und das Ich herausgehen.« Durch das ganze Leben hindurch besteht also eine innige Verbindung zwischen physischem und Ätherleib, wohingegen zwischen Ätherleib und Astralleib ein »loserer Zusammenhang« besteht und sie sich so jede Nacht trennen können. »Aber dieser Zusammenhang kommt zu einer gewissen Modifikation, er kommt eigentlich erst zur Reife [im 14., 15., 16. Lebensjahr], es kommt erst [dann] zur richtigen Wechselwirkung mit demjenigen, was wir im Schlafe getrennt haben vom Physisch-Leiblichen, das während des Schlafens im Bette liegen bleibt. Der richtige Zusammenklang tritt eben erst ein im 14., 15., 16. Lebensjahre.«[72]

Der Evolutionsvorgang bezieht sich hier also auf die Erdenreife, Geschlechtsreife; diese entwickeln sich. Das Sakrament aber bezieht sich auf den zugehörigen Involutionsvorgang, auf das, was sich zurückbildet, was als Verlust auftritt. Im gewöhnlichen Erleben würde man das den Verlust der Kindheit nennen, das Verstoßenwerden aus dem Kindheitsparadies. Anthropologisch ist es, im Sinne des anthroposophischen Menschenbildes, das Frei-Werden des Astralleibes, von dem die Selbstbezogenheit des Menschen ausgeht. Er kommt jetzt in ein neues Verhältnis, in eine modifizierte Verbindung zum physischen und Ätherleib. Die Polarität von Schlafen und Wachen wird dadurch größer. Die Welt des Schlafes und die Welt des Wachens liegen beim Kind noch näher zusammen. Das hat eine große Bedeutung für die Moralität, die für das Kind zu Recht noch ganz von außen kommt als moralisches Gesetz, vermittelt durch die Erzieher. Der Weg geht über die Sinne, über ein gesundes Wahrnehmen der Welt und über die Ausbildung »guter« Gewohnheiten, das heißt über den physischen Leib und den Ätherleib, in denen die Innerlichkeit des Kindes – sein Astralleib – noch ganz geborgen ist. Im Reifealter ändert sich das. Die Nachterlebnisse im Schlaf – das, was der Astralleib (mit dem Ich) getrennt vom physischen und Ätherleib durchmacht – werden immer mehr zur Quelle einer Moralität, die ganz aus dem Innern kommt und aus der allmählich das individuelle Gewissen erwächst. Ohne die Möglichkeit zur Selbstbezogenheit könnte es kein individuelles Gewissen geben. Aber ohne die Möglichkeit, aus dem Meer der geistigen Nachterlebnisse auch moralische Impulse an das Ufer des Tagesbewusstseins zu holen, würde die Selbstbezogenheit uns von der

[72] GA 343, 2.10.1921 n.

Wirklichkeit der Welt abschneiden. Daraus ergeben sich wichtige Motive für eine nachhaltige Jugendpädagogik (z.B. Weltinteresse wecken). Der mit der Erdenreife verbundene Involutionsvorgang der Selbstbezogenheit wird durch das Sakrament der Konfirmation geheiligt. So wird die Möglichkeit einer individuellen Moralität gestärkt, die den Menschen in die Lage bringt, sich selbst zu führen.

8.3 Die Schwelle zur Jugend

Das zentrale Motiv der Konfirmation in der Christengemeinschaft ist das Geleit über die Schwelle »von der Kindheit zur Jugend«. Demnach hat die kultische Handlung drei Schwerpunkte: Der erste ist noch diesseits der Schwelle, bezieht sich also auf die Kindheit; der dritte ist jenseits dieser Schwelle und bezieht sich auf die Jugend. Die Mitte ist der Schwellenübergang selbst, der auch eine eigene kultische Gestalt hat. Eine Beziehung zur Taufe besteht durchaus, was äußerlich dadurch zum Ausdruck kommt, dass nur getaufte Kinder konfirmiert werden können. Aber die Christengemeinschaft würde – mit der reformatorischen und gegen die katholische Theologie – sagen: Die Konfirmation findet nicht deshalb statt, weil die Taufe etwa noch einer Vervollkommnung und Vollendung bedürfte. Die Taufe enthält alles – aber nun muss hinzugefügt werden: als *Kindertaufe.* Wenn dann der Heranwachsende in ein neues Lebensalter eintritt, ist ein nächster Schritt fällig. Durch die Taufe wird das Kind mit dem Christus in eine *Lebens*beziehung gebracht. Durch die Konfirmation wird veranlagt, dass diese Beziehung immer mehr zu einer *Bewusstseins*beziehung werden kann. Insofern wird auch die Christengemeinschaft – jetzt mit der katholischen Theologie – sagen: Die Konfirmation ist das Sakrament des Heiligen Geistes und die notwendige *Weiterführung* der Taufe.

Was bedeutet es nun, wenn in der Konfirmation den Kindern gesagt wird, dass sie von der Kindheit zur Jugend aufsteigen? Zunächst einmal ist das eine Initiations-Formel. Die Initiation der Heranwachsenden in das Erwachsensein war früher immer der Übergang aus einem Lebensalter, in dem tradierte Werte von außen übernommen und akzeptiert werden müssen, in ein anderes Lebensalter, in dem die (gleichen) tradierten Werte gegenüber den Jüngeren nun zu vertreten waren. Die Werte selbst aber waren kein Gegenstand des Befragens. Dieses Infragestellen war früher allein den Führenden, den Eingeweihten vorbehalten. Alle dadurch zustande gekommene kulturelle Weiterentwicklung beruhte auf einer »Revolution von oben«, die kulturelle Entwicklung war – wie Lessing sagt – eine *Erziehung des Menschengeschlechts*. Wenn in dieser Schule des Menschengeschlechts eine neue Stufe fällig war, wurde der Lernstoff entsprechend weiterentwickelt, es kam von oben ein neuer kultureller Einschlag. Das Rad, der Pflug, das Züchten von Getreide, die Kunst des Pyramidenbaus usw. waren keine Erfindungen im heutigen Sinn, sondern eher Weisheitsgüter, die öffentlich gemacht und so zum Kulturfortschritt wurden, wenn der Zeitpunkt dafür gekommen war. Kulturfortschritt hieß immer Revolution in Bezug auf die tradierten Werte, Revolution von oben. Das meinte nicht nur, dass sie von den äußerlich Führenden ausging, sondern letztlich von der geistigen Führung der Menschheit.[73] Die eingeweihten Führer hatten Einblick und wussten, was geistig notwendig war. Rudolf Steiner schildert, wie ein solcher Eingeweihter die Welt sieht. Er bleibt auch nach seiner Einweihung ganz ein Bürger der Sinneswelt, aber er sieht darüber hinaus noch eine andere Wirklichkeit. »Das Auge hat für sich Recht. Es verliert auch sein Recht nicht durch das Geistesauge. Dies Geistesauge lässt nur zu, dass man die Dinge des sinnlichen Auges in einem höheren Lichte sieht. Man leugnet dann auch nichts von dem, was das sinnliche Auge geschaut hat. Aber von dem Gesehenen strahlt ein neuer Glanz aus, den man früher nicht gesehen hat. Und dann weiß man, dass man zuerst nur eine niedere Wirklichkeit gesehen hat. Man sieht nunmehr dasselbe; aber man sieht es eingetaucht in ein Höheres, in den Geist.«[74] Die normale Wirklichkeit »eingetaucht in ein Höheres« zu sehen, ist die Voraussetzung, um zu erkennen, welche neuen Impulse die Kultur braucht. Es ist ein mittlerer Zustand zwischen dem Kind (tradierte Werte entgegennehmen) und dem Erwachsenen (tradierte Werte vertreten): Die bisherige Tradition

[73] Dass hinter der kulturellen Entwicklung eine Führung stehen soll, ist natürlich ein ungewöhnliches Geschichtsverständnis. Es gilt auch nicht mehr in vollem Umfang für die Gegenwart. Zum Begriff der »geistigen Führung« vgl. Rudolf Steiner: *Die geistige Führung des Menschen und der Menschheit*, GA 15.

[74] GA 8, Dornach 1989, S. 21 f.

wird »in einem höheren Licht« gesehen und befragt. Andere und neue Werte müssen sich dann erst noch aus diesem höheren Licht ergeben. Es ist ein Zustand zwischen *nicht mehr* und *noch nicht*. Dieser Zustand soll hier *Jugend* genannt werden. Die einzigen Jugendlichen waren früher die führenden Eingeweihten – ihnen allein war es zugestanden, neue umwälzende Werte in die Kultur einzuführen (Umwälzung ist lateinisch *revolutio*).

Das Christentum hat die Mysterien veröffentlicht.[75] So ist auch das »Jugendlichsein« als Möglichkeit auf die allgemeine Christenheit übergegangen. Jugendlichkeit gehört zur Osterbotschaft: »Und sie [die drei Frauen] gingen hinein in das Grab und sahen einen Jüngling[76] zur rechten Hand sitzen, der hatte ein langes weißes Gewand an; und eine große Verwunderung überkam sie« (Markus 16,5). Dieser Jugendliche ist es dann, der ihnen die Ostertatsache mitteilt. Und so ist das Christentum insgesamt Jugendalter, in dem die tradierten Werte – das »Gesetz« – grundlegend in Frage gestellt werden, die neuen Werte aber nicht einfach gegeben, sondern als individuelle Ziele im Inneren zu suchen sind. Das liegt in dem zumeist missverstandenen Satz: »Das ist mein Gebot, dass ihr euch untereinander liebet, gleichwie ich euch liebe« (Johannes 15,12). Für »Gebot« steht im Griechischen ἐντολή (*entole*), was ein breiteres Bedeutungsspektrum hat, als nur Gebot. Es ist abgeleitet von τέλος (*telos*), was »Ziel« bedeutet. Christus gibt keine äußeren Gebote (s. Kapitel »Die Kindertaufe«), sondern regt Ziele an, die dann individuell gesucht und gefunden werden wollen. Die Liebe der Menschen untereinander ist das alles zusammenfassende christliche Ziel. Es hat lange gedauert, bis Jugend tatsächlich in der Christenheit eine Wirklichkeit wurde, zunächst bei den privilegierten Schichten, dem Adel und später auch beim gehobenen Bürgertum. In den unteren Schichten ging noch lange die Kindheit im 14. Lebensjahr in das Erwachsensein über. Die Heranwachsenden der gehobenen Schichten begannen das Studium. Wer studiert, schafft sich die Grundlagen für eigene, neue Werte. Er darf sich zunächst von den alten Werten frei machen, ohne schon verpflichtet zu

[75] »Denn nichts ist verhüllt, was nicht enthüllt wird, und nichts ist verborgen (*occultum*), was nicht bekannt wird« (Matthäus 10,26).

[76] νεανίσκος (*neaniskos*): junger Mann, Jugendlicher.

sein, neue Werte zu vertreten. So ist zunächst die »studentische Jugend« zum Urbild der sich allmählich herausbildenden Jugend geworden, die schließlich ab ca. 1900 zur Wandervogelbewegung geführt hat. Sie war für alle Jugendlichen offen. Wichtig ist hier, dass Jugend ursprünglich immer mit Ausbildung verbunden war. Neue Werte können nur dann wirksam werden, wenn die Befähigung erlangt ist, sie in die bestehenden Verhältnisse richtig einzuführen. Das erfordert die Entwicklung eigener Fähigkeiten und die vertiefte Kenntnis des Bestehenden und Gewordenen – kurz: Es erfordert Studium und Schulung. Die heute in den westlichen Gesellschaften selbstverständliche Möglichkeit für jeden, eine Jugendzeit zu haben, ist aber nicht mehr an Studium und Schulung gebunden, und es ist immerhin bemerkenswert, dass zeitgleich mit der Demokratisierung der Jugendzeit (Wandervogel) auch die erste Veröffentlichung (1906) über Gruppendelinquenz von Jugendlichen erscheint.[77] Jugend ist kein Privileg gehobener Schichten mehr, aber sie kann jetzt auch misslingen. Eine Form des Misslingens ist Jugenddelinquenz; die Defizite ergeben sich bei Studium und Schulung. Aber das ehemalige Eingeweihtentum ist definitiv auf das Jugendsein übergegangen. Wenn Jugendliche die gewordene Welt mit den tradierten Werten (ein tradierter Wert ist in einer wertelos gewordenen Gesellschaft auch gerade diese Wertelosigkeit) im Lichte ihrer aus der größeren Nähe zur geistigen Welt noch greifbaren – wahren – Ideale betrachten, haben sie ein ähnliches Verhältnis zur Welt wie früher die Eingeweihten: »Man sieht nunmehr dasselbe; aber man sieht es eingetaucht in ein Höheres, in den Geist.«[78] Daraus kann die Frage entstehen, wie die geahnten neuen Werte zur äußeren Wirklichkeit werden können.

Goethe hat in seiner Faust-Gestalt den »Jugendlichen« beschrieben, der sich vom Alten losreißt, um der Welt neue Werte zu vermitteln. Das Losreißen wird im ersten Teil dargestellt und geschieht mithilfe des »Neinsagers« (Mephistopheles), der als der Befreier auftritt. Es führt tatsächlich in die völlige äußere Befreiung, aber zugleich in große Katastrophen. Die letzte Szene des ersten Teils spielt am Ort äußerster Unfreiheit,

[77] Günther Kaiser: »Jugend als gesellschaftliches Massenphänomen«. In: H. Schäfer (Hrsg.): *Gewaltkriminalität Minderjähriger*. Bd. 1, Heidelberg 1979, S. 70 ff.

[78] Siehe oben, Seite 139, Anm. 74.

im Kerker der Geliebten. Ihr steht die Hinrichtung am nächsten Tag bevor; das gemeinsame Kind mit der Geliebten ist ertränkt, der Bruder der Geliebten erstochen, die Mutter der Geliebten vergiftet. Die äußere Freiheit ist erkauft durch große Schuld und Abhängigkeit von seinem »Befreier«. Um weiterzukommen, um wirklich zu sich selbst und zum wahren Neuen zu finden, muss er sich jetzt von seinem »Befreier« befreien, muss sich von Mephisto trennen, nachdem dieser seinen Beitrag geleistet hat. Er muss Wege gehen, die der in allem scheinbar Überlegene nicht mitgehen kann. Das ist bei Goethe der Gang zu den »Müttern«, der Gang ins Nichts:

> *Mephistopheles*
> Und hättest du den Ozean durchschwommen
> Das Grenzenlose dort geschaut,
> So sähst du dort doch Well' auf Welle kommen,
> Selbst wenn es dir vorm Untergange graut.
> Du sähst doch etwas. Sähst wohl in der Grüne
> Gestillter Meere streichende Delphine;
> Sähst Wolken ziehen, Sonne, Mond und Sterne –
> Nichts wirst du sehn in ewig leerer Ferne,
> Den Schritt nicht hören, den du tust,
> Nichts Festes finden, wo du ruhst.
> *Faust*
> …
> Nur immer zu! Wir wollen es ergründen,
> In deinem Nichts hoff' ich das All zu finden.[79]

Mephistopheles kann ihm den Weg weisen, aber den Gang ins Nichts kann er nicht mitgehen, denn es ist der Weg in den Tod, der nur durch die Kräfte der Auferstehung weiterführt. Das ist aber der Weg des Christus. Sich nicht nur in äußerlicher Weise, sondern wirklich von tragenden Stützen frei machen, heißt »Vater und Mutter verlassen« (Lukas 14,26). Und sich dazu vorbereiten, im Nichts »das All zu finden«, heißt, *mit Christus* durch Tod und Auferstehung gehen. Davon schreibt Paulus:

[79] Faust II. Teil, 1. Akt, *Finstere Galerie.*

«Wenn wir *mit Christus* gestorben sind, werden wir auch mit ihm leben« (2. Timotheus 2,11). Durch diese Erfahrung erst gewinnen wir das richtige Verhältnis zu den neuen Werten der Ideale, sodass sie wirksam werden können für die Welt. So bildet sich das individuelle Gewissen. Die Konfirmation regt die Bildung des individuellen Gewissens an, den Mut, im Nichts das All zu finden mit Hilfe des Christus und so Verantwortung für den biografischen Weg zu übernehmen. Das bedarf des fortgesetzten Interesses für die Welt (Studium) und der fortgesetzten Arbeit an sich selbst (Schulung).

Was kommt nach der Jugendzeit? Die Anthropologie der Sakramente sagt: der Tod. Die biologische Jugendzeit – wie immer man sie definieren mag – kann zu Ende gehen. Die innere Verfassung des Jugendlich-Seins, der Zustand des Sich-Lösens von dem »Alten«, das einen aber bisher getragen hat, und des Mut-Findens, das Neue im Nichts zu suchen, darf niemals zu Ende gehen, wenn die Biografie lebendig bleiben soll. Man kann heute nicht mehr im vollen Sinne Mensch sein ohne Studium und Schulung, ohne ein wirkliches Interesse für die Welt und eine fortgesetzte Arbeit an sich selbst. Mensch-Sein ist dann in Wahrheit Jugendlich-Sein. Das ist keine Frage des äußeren Alters. So kann man vielleicht etwas überspitzt sagen: Wer aufhört jugendlich zu sein, der stirbt, auch wenn er äußerlich weiterlebt. Es gibt deshalb für den heutigen Menschen nur zwei wirkliche Lebensabschnitte: Kindheit und Jugend. Die Konfirmation ist der Übergang. Sie liegt in der *qualitativen* Lebensmitte zwischen Geburt und Tod.

8.4 Die Gestalt der Konfirmationshandlung

Entsprechend dem Inhalt der Konfirmation als einem Sakrament des Übergangs ist auch das Ritual aufgebaut. Der erste Teil gründet sich auf die Kindheit, die nun abgeschlossen wird, und ist von ähnlicher Gestalt wie die Sonntagshandlung für die Kinder. So werden die Kinder auch an der Türe empfangen und in direkter Anrede eingelassen mit den Worten: »Gedenke der Wichtigkeit dieses Augenblickes in deinem Leben.« Dieses Motiv kommt dann noch zwei weitere Male vor, beim dritten Mal ist es dann der Abschluss der Konfirmation. Der Priester spricht die Kinder direkt als Gegenüber an, aber nicht mehr wie im ersten Teil der Sonntagshandlung in der Wir-Form, sondern wie im letzten Teil in der Form Ich – Ihr. Jede Schwellenerfahrung des Menschen beinhaltet immer zunächst den Rückblick auf den Weg, der bis zu diesem Schwellenmoment geführt hat. Nur wenn man weiß, wie man an diesen Punkt gekommen ist, kann man den Blick nach vorne wenden und Neuland betreten. So wird auch jetzt den Kindern gegenüber Rückblick gehalten: Sie wurden bisher geführt von den Menschen, die das als ihre Schicksalsaufgabe hatten. Aber zu diesem Bewusstsein, dass da eine äußere Führung war als Ausdruck einer geistigen Führung, kommt noch ein Weiteres, das der mündige Mensch wissen muss: Das sind die Gesichtspunkte, die in der bisherigen Führung wirksam waren. Das wird auch ausgesprochen – eine eindrucksvolle »Veröffentlichung« dessen, was bisher nur eine Angelegenheit der die Kinder Führenden war: Die Sorge der Erzieher war, dass die Seelenkräfte der Kinder, ihr Denken, Fühlen und Wollen, vom »Gottesgeist« erfüllt und der Christus in ihrem Schicksal als »der höchste Führer« wirksam werden möge. Dieser Rückblick hat auch in einem späteren Lebensalter eine entsprechende Form, die Rudolf Steiner beschreibt: »Wenn man im Leben öfter eine Art Rückschau hält auf dasjenige, was man erlebt oder getan hat, so wird man an sich eine eigentümliche Entdeckung machen.« Diese Entdeckung führt schließlich durch manche Stufen zu einer Gewissheit: »Es kann der Mensch sich über sich selbst erheben, zu etwas, was gegenwärtig schon über ihn hinauswächst und was wachsen wird von Leben zu Leben … Was hat in diesem Sinne der Mensch in sich? Wahrhaftig einen höheren, einen göttlichen Menschen, von dem er sich lebendig durchdrungen fühlen kann, sich sagend: *Er ist mein Führer in mir.*«[80] Die Rückschau soll die Kinder dafür wach machen – innerlich, »überbewusst« –, in sich diesen Führer, der eigentlich der Christus ist, zu entdecken. Er soll die bisher wirkende äußere Führung immer mehr ablösen. Der zweite Akt ist das zentrale Gebet an den Christus, die Bitte, im Denken, Fühlen und Wollen der Kinder nicht mehr über die Intention der Erzieher, sondern unmittelbar zu wirken bis in den Todesaugenblick. Der dritte Akt ist das Hohepriesterliche Gebet (Johannes 17), das der Christus – wie

[80] GA 15, Dornach 1987, S. 9 und 21.

am Gründonnerstagabend für die Jünger – nun »gegenwärtig« für die Kinder spricht. Das wird sich in der Biografie noch einmal wiederholen bei der Letzten Ölung. Der vierte Akt ist die Einsegnung, verbunden mit der Handauflegung. Er enthält wieder den Rückblick auf die bisherige Führung und den Vorblick auf die unmittelbare Führung durch den Christus selbst als eine nun beginnende Wirklichkeit. Der fünfte Akt ist die Ansprache des Konfirmators. In der Sonntagshandlung ist eine Ansprache nicht vorgesehen. Jetzt kommt die erste Predigt für die Jugendlichen und als eine Art Antwort deren Lied. Der sechste Akt ist die Entlassung. Damit könnte die Konfirmation abgeschlossen sein mit der Frage, was wohl die ersten Handlungen der nun religiös mündigen jungen Menschen sein würden.

Die erste Tat in einer neu erworbenen Verantwortlichkeit im Leben hat immer eine wichtige und oft auch prägende Bedeutung: die erste Messe des neu geweihten Priesters, die erste selbstständige Operation des approbierten Chirurgen, die erste Schulstunde des jungen Lehrers. Die erste Handlung der in eine neue Selbstverantwortung getretenen Jugendlichen ist die Menschenweihe-Handlung, die sie zusammen mit der schon bestehenden Gemeinde und gemeinsam mit dem Priester vollbringen und die zu ihrer Erstkommunion führt. Über die Beziehung der Konfirmation zur Taufe haben wir schon gesprochen. Die Beziehung zur Erstkommunion ist nicht nur die »Zulassung zum Abendmahl«, sondern die Erstkommunion ist integraler Bestandteil der Konfirmation. Die erste in Gemeinsamkeit vollbrachte Menschenweihehandlung ist eine auf die Zukunft hin orientierte Wandlungstat. Der Priester spricht wieder in der Wir-Form, aber jetzt im Sinne der Gleichberechtigung. Er ist auch mit der Gemeinde in die gleiche Richtung zum Altar gewendet. Nach dieser Handlung werden alle späteren Taten der Jugendlichen im wahren Sinne des Wortes zweitrangig sein. Eine Grundorientierung des Handelns ist veranlagt. Diese Handlung gehört zur zweiten »Lebenshälfte«, die nun beginnt.

Dazwischen vollzieht sich der Übergang, als rituelle Handlung anschaubar: Der Priester legt die Gewänder, die er beim ersten Teil der Konfirmation getragen hat, ab und empfängt dann die neuen Gewänder, die er für die Menschenweihehandlung tragen wird. Die subtile innere Umwandlung des Kindes zum Jugendlichen erscheint so in einem eindrucksvollen Bild: Zwischen den beiden verschiedenen Gewandungen tritt das Bild des nur mit dem schwarzen Talar bekleideten Priesters auf, in dem er sonst nie vor der Gemeinde erscheint. Es ist ein Bild des Todes, den wir alle in uns tragen, auch leiblich als Knochengerüst. Hier könnte das Pilatuswort gesprochen werden (Johannes 19,5): »Das ist in Wahrheit der Mensch!« (*Ecce homo.*) So erscheint zum dritten Mal das Motiv des Todes. Beim ersten Mal ist es die Erwähnung des Todesaugenblickes. Dann ertönt das Hohepriesterliche Gebet zugleich auch als das Evangelium der Letzten Ölung. Und – am eindrucksvollsten – erscheint schließlich unmittelbar das Bild des Durchganges durch ein Todeserlebnis, das mit jeder wirklichen Verwandlung verbunden ist. So werden die Konfirmanden mit der für sie entscheidenden Wahrheit in Beziehung gebracht, die ihnen im Lauf ihres weiteren Lebens immer mehr zu einem mutvollen Impuls heranwachsen kann: »In deinem Nichts hoff' ich das All zu finden.« Das All ist das wirklich Neue.

9 Die Menschenweihehandlung

Die Menschenweihehandlung ist der zentrale Kultus der Christengemeinschaft, der als regelmäßig vollzogene Gemeindefeier im Mittelpunkt des religiösen Lebens steht. Der Name ist auch nach über 80 Jahren immer noch ungewöhnlich. Rudolf Steiner hat in der Vorbereitungsphase der Christengemeinschaft (gelegentlich auch noch später) die traditionellen Namen unbefangen benutzt, um sich zunächst einmal verständlich zu machen. So sprach er auch immer von der »Messe«. Da die meisten der Gründer vom Protestantismus her kamen, entstand schon 1921 die Frage nach einem anderen Namen. Rudolf Steiner sah es aber als eine Angelegenheit der Gründer an, neue Namen zu finden. »Es ist nicht eigentlich die anthroposophische Aufgabe, in die Realität der Gemeinde- und Kirchenbildung einzugreifen.«[81] Als dann im Herbst 1922 die Gründungszusammenkunft in Dornach begann, gab es für den neuen Namen der »Messe« nur einen Vorschlag von Rittelmeyer, sie »Opferfeier« zu nennen. Aber Rudolf Steiner meinte, »das würde doch nicht den inneren Sinn der Messe treffen. [... Es] würde das sein eine Feier des Opfers; aber das ist es ja nicht.«[82] Schließlich brachte er selbst am dritten Tag der Zusammenkunft den neuen Namen mit: *Die Menschenweihehandlung.* Einen Tag später gibt er dafür eine anfängliche Erklärung: »Es wäre mir zum Beispiel nicht möglich, für Messe ein anderes Wort zu finden als ›Menschenweihehandlung‹ ... Darin liegt ja auch der mit der Messe unbedingt verbundene Begriff, dass sie eine Gemeindeangelegenheit ist und dass sie getan wird bei einem Zusammenkommen ... Das Zusammenkommen gehört zur Messe, und das liegt eben ausgedrückt in dem Worte ›Menschenweihehandlung‹. Eine Weihehandlung ist es aber; das Wort ›Weihe‹ hat sich noch erhalten als ein deutsches Wort für das alte Wort ›Initiation‹. ›Weihen‹ hängt zusammen mit ›Eintauchen‹, mit Sich-hinein-Versenken in etwas; und es ist üblich geworden, dabei die Empfindung zu haben, dass man in den Geist der

[81] GA 343, 9.10.1921 n.

[82] GA 344, 9.9.1922 n.

Uroffenbarung eintaucht, wenn von Weihe die Rede ist, geradeso wie das bezeichnet wird mit dem ja natürlich der Sache viel adäquateren Begriff ›Initiation‹. Sowohl Weihe wie Initiation ist ein Zurückführen des Menschen zu seinem göttlichen Anfange, zu seinem göttlichen Ursprung. Das ist dasjenige, was das Wort ›Menschenweihehandlung‹ erklärlich machen mag.«[83] So zeigt sich schon in der Namensgebung, wie das Alte und das Neue in der Christengemeinschaft zusammenkommen; bei der Menschenweihehandlung ist das besonders deutlich. »Dieser Kultus berücksichtigt durchaus die historische Entwicklung der Menschheit, trägt daher in vielen seiner Einzelheiten und auch in vielem, was in seiner Totalität auftritt, eine Fortführung des Historischen in sich; aber er trägt überall auch die Einschläge desjenigen, was sich erst heute dem übersinnlichen Bewusstsein aus der geistigen Welt offenbaren kann.«[84] So ist die Menschenweihehandlung »das umgestaltete Alte, in der das Gültige vom Alten genommen ist, aber die Gestalt angenommen hat, die heute aus der geistigen Welt fließt.«[85]

Es gibt in der Literatur der Christengemeinschaft eine ganze Reihe hinführender Literatur zur Menschenweihehandlung[86], deshalb werden sich die folgenden Kapitel auf grundsätzliche theologische Fragen beschränken.

9.1 Die Viergliederung der Menschenweihehandlung

Die Menschenweihehandlung hat einen klaren Aufbau: die vier Hauptteile – Evangelienlesung, Opferung, Wandlung, Kommunion – sowie einleitend und ausleitend die mit dem Jahreslauf wechselnde Epistel[87] und gegebenenfalls eine »Einschaltung«[88]. Die entscheidende Struktur wird

[83] Ebd.

[84] GA 257, 3.3.1923.

[85] GA 346, 14.9.1924.

[86] Einige Beispiele: Engelbert Fischer: *Die Menschen-Weihehandlung – was ist das?* Stuttgart 2002; Johannes Lenz: *Die Menschenweihehandlung*. Stuttgart 1994; Christoph Rau (Hrsg.): *Vom Kultuserleben*. Stuttgart 1983; Hans-Werner Schroeder: *Vom Erleben der Menschenweihehandlung*. Stuttgart 1997.

[87] Die Epistel ist nur noch dem Namen nach ein »Brief« (aus dem Neuen Testa-

durch die vier Hauptteile bestimmt. Da die Menschenweihehandlung »eine Fortführung des Historischen« in sich trägt, könnte man erwarten, dass auch diese viergliedrige Struktur zum Historischen gehört. Das ist aber nicht der Fall. Zwar kennt man die vier Teile, Evangelium – Offertorium – Canon oder Hochgebet – Kommunion, auch in der Messe, sie bilden dort aber keine eigene tragende Vierheit, sondern sind Teile eines vielfältigeren Ganzen, das aus Wortgottesdienst und Eucharistiefeier besteht. Wenn man gar historisch der Entstehung des christlichen Gottesdienstes nachgeht, stößt man nirgends auf eine vorgegebene Vierheit. Die einzelnen Gebete der Messe sind nach und nach entstanden, immer aus konkreten Situationen und Bedürfnissen heraus und keinem erkennbaren Bauplan folgend. Umso erstaunlicher ist es, dass Rudolf Steiner immer die Viergliederung als konstitutiv für den christlichen Kultus dargestellt hat, längst schon vor Gründung der Christengemeinschaft. Wir werden dabei erinnert an die Siebenheit der Sakramente, für deren Auftreten im historischen Prozess es ebenfalls kein für die Theologie erkennbares Gesetz gibt. So kann man sagen: Die Siebenheit der Sakramente hat über tausend Jahre gebraucht, um den Menschen bewusst zu werden; die Viergliederung der Messe wird erst nach zweitausend Jahren erkennbar.

Der Grund für die verborgene Viergliederung ist der Zusammenhang des Christentums mit den Mysterien des Altertums (s. Kapitel 4.2 »Mysterium«). 1905 hielt Rudolf Steiner in Köln einen Vortrag über die »Bedeutung der Messe im Sinne der Mystik«[89], in dem er auch über die vier Teile der Messe[90] sprach. Die christliche Messe habe ihren Ursprung

ment), aus dem in der römischen Messe an der entsprechenden Stelle gelesen wird. In der Christengemeinschaft hat sich dafür noch keine neue Bezeichnung gefunden. Rittelmeyers Vorschlag »Zeitengebet« hat sich bis jetzt nicht wirklich eingelebt.

[88] In den Festeszeiten gibt es so genannte Einschaltungen, kürzere Gebete zwischen zwei Hauptteilen.

[89] Vortragsnotizen sind abgedruckt in: *Beiträge zur Rudolf Steiner Gesamtausgabe* Nr. 110, Ostern 1993.

[90] Schon am 29.3.1902 sprach er in Berlin innerhalb der Vortragsreihe *Das Christentum als mystische Tatsache* – zum ersten Mal? – über die vier Teile der Messe (Rudolf Steiner: *Das Christentum und die Mysterien des Altertums*, München 2005, Band 2, S. 185).

in den Mysterien, in Persien und Ägypten (in späteren Jahren konkretisierte er das noch[91]). Dieser Gedanke war für die Theologie dieser Zeit vollständig fremd. Später, im zeitlichen Umkreis zur Gründung der Christengemeinschaft, entstand auch im katholischen Bereich die »Mysterientheologie« (der Benediktiner Odo Casel schreibt erstmals 1918 und dann 1922 über die Messe als »Mysterienfeier«, siehe oben S. 60), die zunächst kritisch bewertet, seit dem 2. Vatikanischen Konzil aber positiv gesehen wird.

Der zweite Gedanke in diesem Vortrag bezieht sich dann auf die vier Teile der Messe. Der Zusammenhang zwischen diesen beiden Gedanken – der Mysterien-Ursprung der Messe und ihre Viergliederung – wird in diesem Vortrag noch nicht deutlich[92], das führt Steiner erst in späteren Vorträgen aus. Dort sagt er, dass der christliche Gottesdienst nicht aus dem Gründonnerstag-Abendmahl entstanden sei, denn »das Messopfer, so gedacht als Fortsetzung des Abendmahls, wie das Abendmahl in der Bibel geschildert ist, das gibt natürlich keinen Sinn, wenn man nicht erst einen Sinn hineininterpretiert. Dass gerade das Messopfer mit seinem wunderbaren Kultus, seiner Nachahmung der *vier Mysterienkapitel*, eingesetzt worden ist, das geht eben durchaus auf das zurück, dass der auferstandene Christus auch der Lehrer war derjenigen, die diese Lehren in einem höheren esoterischen Sinn empfangen konnten.«[93] Dass die Messe älter ist als das Christentum, ergibt sich auch aus einer Notiz von Emil Bock aus dem Jahr 1922 nach einem Gespräch mit Rudolf Steiner: »Das Messopfer wurde von Christus erst akzeptiert nach der Auferstehung. Es war schon vorher vorhanden.« Schon 1913 spricht Rudolf Steiner über die vier Mysterienkapitel und nennt sie: »In Berührung kommen mit dem Erlebnis des Todes«, »Durchgang durch die elementarische Welt«, »Schauen der Sonne um Mitternacht«, »Begegnung mit den oberen und unteren Göttern«.[94] Eine geschichtliche Quelle für diese vier Mysterien-

[91] »Das Messopfer, mit alledem, was daran hängt, ist eine kontinuierliche Fortentwicklung der Mithrasmysterien, die in gewisser Weise etwas kombiniert sind mit den eleusinischen Mysterien« (GA 175, 24. April 1917).

[92] Vielleicht sagt er es auch schon in diesem Vortrag. Aus den fragmentarischen Vortragsnotizen ist es nicht erkennbar.

[93] GA 211, 13.4.1922.

[94] GA 144, 3.2.1913.

kapitel findet sich bei dem römischen Schriftsteller Apulejus, der im 2. Jahrhundert nach Christus den Roman *Der goldene Esel* geschrieben hat. In dessen letztem Kapitel wird eine Isis-Einweihung beschrieben, und dabei werden diese vier Grunderlebnisse geschildert. Innerhalb der Esoterischen Schule Rudolf Steiners haben dann die entsprechenden Sätze des Apulejus nahezu wörtlich Verwendung gefunden in einer leicht rhythmisierten Form:

> Ich ging bis zur Grenze des Todes
> ich betrat Proserpinens Schwelle
>
> Und nachdem ich durch alle Elemente gefahren,
> kehrte ich wiederum zurück
>
> Um Mitternacht sah ich die Sonne mit
> hellweißem Lichte strahlen
>
> Vor die untern und obern Götter trat ich
> hin, von Angesicht zu Angesicht, und betete
> sie aus nächster Nähe an.[95]

Der christliche Kultus ist also ursprünglich eine Nachbildung dieses Mysterienweges. Das *Evangelium* als Wort Gottes kann der Mensch nur dann »hören«, wenn er es nicht als profanes Wort versteht (dem man etwa mit den Mitteln der Bibelkritik beikommen könnte), sondern als Wort von jenseits der Schwelle. Dann hat man »Proserpinens Schwelle«[96] betreten und kann im Evangelienwort die geistige Welt hören. In der *Opferung* lässt der Mensch alles hinter sich, was ihn trägt. Das entspricht in den Mysterien dem Gang durch die Elemente und spiegelt sich im Kultuswortlaut des Offertoriums wieder: Er führt vom Motiv des Begrabens (als Gefahr für das Ewige im Menschen) durch die Elemente des Flüssigen (Füllen des Kelches) und Luftförmigen (Rauch) bis zum »Feuer« der Liebe. Die *Wandlung* im Kultus, durch die »das Licht

[95] GA 266/2, Dornach 1996, S. 323.

[96] Proserpina (griechisch: Persephone), Toten-, Unterwelt- und Fruchtbarkeitsgöttin, Tochter des Zeus und der Demeter. Hades entführte Persephone/Proserpina mit Einwilligung des Zeus als Gemahlin in die Unterwelt. Durch Trauer und Zorn der Demeter bewogen, veranlasste Zeus, dass Proserpina die Hälfte des Jahres wieder an die Oberwelt zurückkehrte.

der Welt«[97] in der »Finsternis« von Brot und Wein aufleuchtet, hat in den Mysterien ihr Urbild im »Schauen der Sonne um Mitternacht«. Und schließlich entsteht durch die *Kommunion* ein Verhältnis zu Gott, das in den Mysterien die Anbetung der oberen und unteren Götter »aus nächster Nähe« genannt wurde.

Rudolf Steiner hat einem katholischen Priester, der von ihm Rat erbat für sein inneres Leben, bestimmte Übungen und Anweisungen gegeben, darunter auch, sich mit den vier Teilen der Messe zu beschäftigen:

»Im Laufe des Tages ist die Seele zu versenken in die vier Teile der Messe: 1. Evangelium, wobei man sich darunter vorzustellen hat, dass durch dasselbe für den Intellekt »Gottes Wort« zu den Menschen kommt. 2. Offertorium, wobei man sich vorzustellen hat, dass man dasjenige, was man von Gottes Wesen schon in sich hat, *freiwillig* Gott zum Opfer bringt. 3. Transsubstantiation, wobei man sich vorzustellen hat, dass sich das geopferte Menschliche in wahrhaft Göttliches umwandelt. 4. Communion, wobei man sich vereinigt denkt mit Gott.«[98]

Hier ist ein weiterer Aspekt für die vier Teile des Kultus gegeben. Bemerkenswert ist für das Offertorium der Gesichtspunkt, dass man dasjenige, »was man von Gottes Wesen schon in sich hat«, opfert. Wir gehen darauf im folgenden Kapitel ein. Schließlich ist noch zu erwähnen, dass Rudolf Steiner von dem altkatholischen Pfarrer Hugo Schuster um eine Übersetzung der Messe gebeten wurde. Dieser wollte »die Ritualien nicht in der sonderbaren Übersetzung bringen …, in der man sie heute vielfach liest. Er hat mich dazu veranlasst, einiges aus den gangbaren katholischen Ritualien in die Form zu bringen, die eigentlich ursprünglich darin lag. Dadurch sieht man erst, wie die geistige Welt in diesen Dingen vielfach auflebt, und man sieht, was entstellt worden ist seit der Hieronymuszeit.«[99] Rudolf Steiner hat nun keineswegs die ganze Messe übersetzt, sondern eben die vier Teile. Die ersten beiden Teile übergab er Schuster 1919, den dritten und vierten Teil 1921.

[97] »Als Jesus ein andermal zu ihnen redete, sagte er: Ich bin das Licht der Welt. Wer mir nachfolgt, wird nicht in der Finsternis umhergehen, sondern wird das Licht des Lebens haben« (Johannes 8,12).

[98] *Beiträge zur Rudolf Steiner Gesamtausgabe* Nr. 110, Ostern 1993, S. 11.

[99] GA 342, 14.6.1921.

9.2 Die Substanz des Opfers

Eine häufig gestellte Frage ist: Was wird eigentlich in der Menschenweihehandlung geopfert? Und ein oft auftretendes Missverständnis ist die Antwort: Brot und Wein, denn das sind ja auch die Substanzen, die dann verwandelt werden; es gibt doch diesen Zusammenhang zwischen dem, was geopfert wird, und dem, was durch die Transsubstantiation geht.

Wenn man streng bei dem bleibt, was im Kultus gezeigt, gesprochen und gehandelt wird (*deiknymena, legómena, drómena*)[100], wird man nicht darauf kommen, dass Substanzen Gegenstand des Opfers wären. Das Brot wird nicht mit Worten erwähnt, es wird auch nicht gezeigt und es ist nicht Gegenstand irgendeiner kultischen Handlung. Auch der Wein wird nicht mit Worten erwähnt. Er wird auch nicht »gezeigt«. Das Füllen des Kelches geschieht so, dass eigentlich nur der Ministrant wirklich sieht, welche Substanzen verwendet werden (wenn nicht die Kännchen, in denen Wasser und Wein vom Ministranten dargereicht werden, aus Glas sind). Kultisch wird also der Wein an dieser Stelle der Gemeinde nicht zum Bewusstsein gebracht, weder durch direkte Anschauung (*deiknymena*), noch durch das Wort (*legómena*). Es zählt aber im Kultus für die heutige Zeit nur, was sich gänzlich vor dem Bewusstsein ereignet. Nichts soll sich hinter irgendeiner »Ikonostase«, von welcher Art auch immer, abspielen. Rudolf Steiner hat darauf großen Wert gelegt: »Das geistig Wesenhafte geschieht im Kultus auf sinnenfällige Art. Und dasjenige, was sich da vor den Gläubigen vollzieht, vollzieht sich ja zunächst vor dem Bewusstsein, und es darf sich nichts anderes vollziehen als dasjenige, was vor dem Bewusstsein sich vollzieht. Sonst ist es kein Kultus, kein Sakrament, sondern Suggestion.«[101] Geleitet durch das, was sich vor dem Bewusstsein abspielt, bleiben die Substanzen im Kelch unserem Er-

[100] Siehe Kapitel 3.2 »Das Zusammenwirken der Geister der Form mit den Geistern der Persönlichkeit« (Anmerkung 72): In den antiken Mysterien kannte man die Dreiheit von Zeichen, Handlung und Wort und nannte sie *deiknymena*: die Schau des vom Priester Dargebotenen; *drómena*: die kultischen Handlungen; *legómena*: ein die beiden ersteren begleitender und erklärender Vortrag religiöser Texte.

[101] GA 318, 8.9.1924.

kennen bis zu einem gewissen Grad entzogen. Wenn die Substanz dann in der Opfergeste benannt wird, heißt sie »Trank der Gesundheit«.

Das ist in der römischen Messe anders (wir gehen von der Situation vor dem 2. Vatikanischen Konzil aus). Da sind tatsächlich Brot und Wein die Opfergaben. Man kann das Aufkommen dieses Gedankens geschichtlich verfolgen. Ursprünglich war nämlich die »Darbringung« von Brot und Wein einfach das Bereitstellen der Gaben auf dem Altar als Vorbereitung für das Wandlungsgebet. Aber seit dem Ende des zweiten Jahrhunderts begannen die Gläubigen damit, ihre freiwilligen Abgaben zum Unterhalt des Klerus usw. damit in Verbindung zu bringen. Es entstand die Gabenprozession, der »Opfergang« der Gläubigen, in dem diese ihre Gaben an den Stufen des Altars niederlegten. Was davon an Brot und Wein für die spätere Kommunion notwendig war, wurde auf den Altar gelegt und machte dann die Transsubstantiation durch, der Rest war für den Klerus. So entstand allmählich das Offertorium als ein dem Canon (dem Wandlungsteil) vorausgehender Teil der Messe. Ab dem zehnten Jahrhundert begann der Brauch des Opfergangs allmählich wieder zu verschwinden, die Auffassung aber blieb, dass es sich beim Offertorium um das Opfer von Substanzen (von Brot und Wein) handle.

Das erste Offertoriumsgebet der Messe lautet entsprechend: »Heiliger Vater, allmächtiger ewiger Gott, nimm diese makellose Opfergabe gnädig an«, wobei »makellose Opfergabe« auf das Brot bezogen wird (und die Vorschrift für das Zelebrieren entsprechend lautet: »Der Priester erhebt die Patene nun bis an die Brust und betet das Gebet *Heiliger Vater, allmächtiger ewiger Gott* …«). Beim zweiten Offertoriumsgebet der Messe werden die Substanzen sogar direkt benannt: »… lasse uns durch das Geheimnis dieses Wassers und Weines teilnehmen …« In diesem Sinn sind Brot und Wein also die Materie des Opfers. Nun muss man aber fragen: Was heißt das eigentlich, Brot und Wein zu opfern? Das eigentliche Opfer, das Christusopfer, ereignet sich erst in der Wandlung, wo sich auch das Wort *Opfer* gehäuft findet (gleichermaßen in der Messe wie in der Menschenweihehandlung). Von diesem eigentlichen Opfer hat die Messe auch den Namen *Messopfer*. Was sollte aber demgegenüber das Opfer von Brot und Wein im Offertorium beinhalten? Man muss das klar sehen: Was im zweiten Jahrhundert begonnen hatte, dass nämlich die äußeren Gaben der Gläubigen an die Kirche mit den eucharistischen

Gaben von Brot und Wein identifiziert wurden, war eine Fehlentwicklung, ein Nachwirken heidnischer Opfergesinnung, die auch dann noch wirksam war, als der Opfergang der Gläubigen als Teil der Messe wieder verschwand. Das wurde nun im 20. Jahrhundert von der katholischen Kirche korrigiert. Auf dem 2.Vatikanischen Konzil wurde der Gedanke, dass sich im Offertorium ein Opfer ereigne, aufgegeben: »Manche Gebete früherer Messordnungen sprechen von Brot und Wein so, als ob man … schon in dieser Phase ein kultisches Opfer vollziehe. Wendungen wie ›nimm diese makellose Opfergabe gnädig an‹ bei der Darbringung des Brotes und ›wir opfern dir, Herr, den Kelch des Heiles‹ bei der Darbringung des Weines sind zu diesem Zeitpunkt verfrüht.«[102] Der Opfergedanke wurde deshalb aus den betreffenden Gebeten des Offertoriums entfernt, die jetzt »Begleitgebete zur Gabenbereitung« heißen. Das Eingangsgebet lautet nun: »Gepriesen bist du, Herr, unser Gott, Schöpfer der Welt. Du schenkst uns das Brot, die Frucht der Erde und der menschlichen Arbeit. Wir bringen dieses Brot vor dein Angesicht, damit es uns das Brot des Lebens werde.« Entsprechend lautet – symmetrisch in der Wortgestalt – das dritte Gebet, das vom Wein handelt. Es ist also klar von Brot und Wein die Rede, nicht aber vom Opfer. Das ist eine konsequente Korrektur, aber unter Verlust des Opfergedankens, gewissermaßen eine Korrektur »nach unten«.

Auch in der Menschenweihehandlung ist die in der Messe-Entwicklung entstandene Auffassung, dass im Offertorium äußere Substanzen geopfert würden, korrigiert. Aber der Opfergedanke ist nicht aufgegeben, sondern gereinigt worden von seiner Bindung an Äußeres im Sinne einer Korrektur »nach oben«. Was ist dabei der »Trank der Gesundheit«, der geopfert wird? Es ist schon dargestellt worden, dass es bei allen Sakramenten um die Schaffung eines neuen Zusammenhanges mit der göttlichen Welt für die drei Seelenkräfte Denken, Fühlen und Wollen geht. In ihnen ist die Gottebenbildlichkeit des Menschen im Sinne der Trinität veranlagt. So ist uns ein immer vor Augen stehendes Ideal, dass der Vatergott in unserem Willen lebe: »Dein Wille geschehe.« Wo wir den Christus in uns fühlen, wird in uns der Glaube unmittelbar erweckt, wie bei den Emmaus-Jüngern (Lukas 24,32): »Und sie sagten

[102] Adolf Adam: *Grundriss der Liturgie*. Freiburg ^{5}1992, S. 145.

zueinander: Brannte uns nicht das Herz in der Brust, als er unterwegs mit uns redete und uns den Sinn der Schrift erschloss?« Und schließlich streben wir nach der Wahrheit im Lichte eines vom Heiligen Geist erleuchteten Denkens: »Wenn aber jener kommt, der Geist der Wahrheit, wird er euch in die ganze Wahrheit führen« (Johannes 16,13). Die Zuordnung der trinitarischen Personen zu den einzelnen Seelenkräften kann unter verschiedenen Gesichtspunkten auch verschieden gesehen werden, ähnlich wie das auch bei der Zuordnung zu den Taufsubstanzen der Fall ist. Für die uns bewegende Frage orientieren wir uns am so genannten »Grundsteinspruch« der Anthroposophischen Gesellschaft, der ganz auf die Trinität bezogen ist.[103] Da wird leiblich der Vatergott den »Gliedern«, der Sohnesgott dem »Herzens-Lungen-Schlage« und der Geistgott dem »ruhenden Haupte« zugeordnet. In dem Maße, in dem der (Ebenbild- und) Abbild-Charakter unseres Wollens, Fühlens und Denkens gegenüber der Trinität realer wird, kann etwas von Gottes Wesen in uns aufleuchten.

Aber unsere Seelenkräfte sind durch den Sündenfall korrumpiert. Ahriman korrumpiert unser Wollen und bindet es an die Gesetze der materiellen Welt, Luzifer macht unser Denken subjektiv und dadurch irrtumsfähig. Steiner sagt zusammenfassend: »Wie durch Luzifer das Denken im Menschen verschoben wurde, so durch Ahriman der Wille.«[104] Im Fühlen haben wir noch am ehesten die Möglichkeit, unmittelbar eine Beziehung zur geistigen Welt zu finden, weshalb das religiöse Leben seinen Ausgang vom Fühlen nimmt, wenn uns »das Herz brennt«. Unser Denken und Wollen müssen dann auch davon ergriffen werden. An diesen Punkt kommt die Gemeinde im Offertorium. Sie wendet sich der göttlichen Welt zu im Fühlen, »das sich eint mit Christus«. Aus diesem Fühlen entspringt dann die Kraft des Wollens, das sich zum Vatergott wenden möchte. Und schließlich wird auch das Denken ergriffen und beginnt, im Leben des Heiligen Geistes selber aufzuleben. Dass das Fühlen sich in dieser Weise mit Christus vereinigen kann, hängt damit zusammen, dass nach dem Hören des Evangeliums, vielleicht noch unbewusst, die Herzen der Menschen in der Gemeinde »brennen«. Das

[103] Verschiedene Veröffentlichungen, z.B. GA 268, Dornach 1999, S. 264 ff.
[104] GA 26, Dornach 1998, S. 194.

Fühlen ist entzündet, und daran kann das Offertorium anschließen. Indem der Christus in der Evangelienlesung an die Gemeinde in ähnlicher Weise wie an die Emmaus-Jünger herantritt, beginnen – vom Fühlen ausgehend – die Seelenkräfte ein anfängliches Bild der trinitarischen Gottheit zu werden. Diese Substanz des Evangeliums ist das, was wir »von Gottes Wesen schon in uns« haben und im Offertorium »Gott zum Opfer« bringen können – »freiwillig«. Es ist reine Seelensubstanz, in der aber Gottes Wesen schon begonnen hat, anwesend zu sein. Diese Seelensubstanz wird repräsentiert durch das, was im Kelch anwesend ist als »Trank der Gesundheit«. Wir halten sie aber nicht fest, weil wir wissen, dass sie in Wahrheit nicht unser »eigen« ist, sondern des Christus. In der Meditationsformel für den katholischen Priester tritt dieser Moment so auf: »Offertorium, wobei man sich vorzustellen hat, dass man dasjenige, was man von Gottes Wesen schon in sich hat, *freiwillig* Gott zum Opfer bringt« (s. oben S. 152).

9.3 Das Wesen der Wandlung

Das Wort, das für Wandlung immer wieder – auch von Rudolf Steiner – verwendet wird, ist *Transsubstantiation*. Es ist in der Scholastik gebildet worden. In den beiden großen Auseinandersetzungen über das Abendmahl im 9. (Paschasius Radbertus[105]) und 11. Jahrhundert (Berengar von Tours[106]) wurde die Begriffsbildung immer weiter ausgearbeitet, bis dann im 12. Jahrhundert *Transsubstantiation* auftauchte, vermutlich zuerst bei Gilbert von Poitiers († 1154). Thomas von Aquino hat die Transsubstantiationslehre am nachhaltigsten vertieft. Sie gründet sich auf die Unterscheidung von *Substanz* und *Akzidenz* bzw. Wesen und Erscheinung. Man nimmt von einer Sache immer nur die

105 Paschasius Radbertus (ca. 790–856/59), Mönch und Abt in Corbie, eröffnete mit seinem Traktat *De corpore et sanguine Domini* die Abendmahlskontroversen des 9. Jahrhunderts.

106 Berengar von Tours, * Tours um 1000, † Saint-Côme (bei Tours) 1088; seit 1040 Leiter der Schule von Tours und Archidiakon von Angers; wurde wegen seiner symbolischen Eucharistielehre (er nahm nur symbolische Präsenz Christi in Brot und Wein an) auf mehreren Synoden verurteilt.

Erscheinung wahr, die immer wechselt. Das, was ihr die Identität gibt, ist das Wesen. Die Transsubstantiationslehre besagt nun – sehr vereinfacht ausgedrückt –, dass die *Substanzen* von Brot und Wein in Leib und Blut Christi verwandelt werden, während die äußere Erscheinung (Geschmack, Aussehen usw.) beider Gestalten, die *Akzidenzien*, erhalten bleiben. Das 4. Laterankonzil 1215 hat diese Auffassung zum Dogma erhoben. Die Christengemeinschaft knüpft an diese Auffassung nicht an. Das Wort *Transsubstantiation* wird zwar noch verwendet (so wie Steiner auch das Wort Messe noch lange weiter verwendet hat), aber mit einem anderen Verständnis[107] und deshalb nicht ganz zutreffend.

Die Ausgangsfrage für die Transsubstantiation ist bei Rudolf Steiner eine sehr grundsätzliche, die er schon viele Jahre vor Gründung der Christengemeinschaft immer wieder behandelt und schließlich »die Kardinalfrage« genannt hat. Wenn die Wissenschaft davon ausgeht, dass alle Naturprozesse nach streng kausaler Gesetzmäßigkeit verlaufen, wo ist dann noch Raum für Moralität? »Wie kann man denn in einer Welt, die sich nach denjenigen Gesetzen vollzieht, die der Naturwissenschaftler heute annehmen muss, wie kann man in einer solchen Welt davon sprechen, dass sich irgendwie ethische Impulse realisieren? Wo sollten denn ethische Impulse eingreifen, wenn wir eine universelle Naturkausalität haben?«[108] Die Antwort kann dann nur sein: Verantwortlichkeit, Freiheit und Moralität des Menschen sind Illusionen. Diese Konsequenz wurde ja auch schon längst innerhalb der Wissenschaft gezogen.[109] Damit kann sich aber der Mensch, der seine geistige Dimension nicht vergessen hat, nicht zufrieden geben. Gewiss, wenn man die konsequente Gültigkeit des Naturgesetzes infrage stellen würde, müsste man an Wunder glauben.

Aber es gibt noch einen anderen Weg, die Macht der Naturgesetze zu durchbrechen: »Wer ehrlich an die kausale Naturerklärung denkt, der findet innerhalb ihres eigenen Bereiches keine Stelle in der Welt, wo sie

[107] Steiner hält *Wandlung* für das sachgemäße Wort, das dem heutigen Verständnis angemessen ist. *Transsubstantiation* deutet auf die historische Überlieferung (vgl. GA 343, 8.10.1921 n).

[108] GA 342, 12.6.1921.

[109] Frederic Skinner: *Jenseits von Freiheit und Würde*. Hamburg 1973.

nicht gilt. Und weil sie gilt, muss es eine Macht geben, die ihre Gültigkeit vernichtet. Diese Macht ist die moralische Welt. Die moralische Welt, aus der Gesamtnatur des Menschen heraus erkannt, enthält in sich die Kraft, die Naturkausalität selber zu durchbrechen, allerdings nicht durch Wunderwirkungen, sondern durch einen Entwickelungsverlauf.«[110] Diese Entwicklung sieht Steiner einmal darin, dass die äußere Sinneswelt einem Ende entgegengeht, das, in der konsequenten Anwendung des so genannten Entropiegesetzes, im »Wärmetod« besteht: Alle Energie wird sich einmal irreversibel in Wärme verwandelt haben, was zugleich das Ende aller äußeren Prozesse sein wird. Dieser untergehenden äußeren Welt, in der die Naturordnung herrscht, steht aber eine aufgehende innere Welt gegenüber, die Welt der moralischen Ordnung. Auch wenn die moralischen Impulse die Naturgesetze nicht äußerlich durchbrechen, so wächst gewissermaßen embryonal innerhalb der äußeren Natur die moralische Welt heran, die dann vollkommen in Erscheinung treten wird, wenn die äußere Welt an ihr Ende gekommen sein wird. So wird die Naturkausalität durch einen *Entwicklungsverlauf* durchbrochen.

Diese große kosmische Zukunft, wenn die Erde einmal sterben wird, ereignet sich schon jetzt im Kleinen, wenn der Mensch stirbt. Zwischen dem Tod und einer neuen Geburt lebt er in einer Welt, in der keine Naturkausalität gilt; er lebt in einer rein moralischen Welt. In ihr treten die Folgen seiner ethischen Impulse, die er innerhalb der Naturkausalität gelebt hat, nun ganz in Erscheinung. Jetzt sind sie eine volle Wirklichkeit, und aus ihr schöpft er die Impulse für ein nächstes Erdenleben. Sie sind sein Karma, mit dem er erneut in die Welt der Naturgesetze eintritt. Moralische Impulse, die *innerhalb* der naturkausalen Welt entstünden, wären wirklich eine Illusion, nicht aber, wenn sie ihren Ursprung *außerhalb* der Sinneswelt haben. Das mitgebrachte Karma ist moralische Substanz und wirkt in der Sinneswelt (so dass etwa im karmisch richtigen Augenblick, was »logisch« unerklärlich bleibt, der Dachziegel sich tatsächlich löst und mich trifft!), aber ohne die Naturgesetze zu durchbrechen, denn es ist in sie wie eingehüllt, *involviert*. Im Leben zwischen Tod und neuer Geburt *evolviert* sich die Moralität dann zu ihrer eigenen Wirklichkeit. So lebt der Mensch rhythmisch zwischen Naturordnung und moralischer Ordnung.

[110] GA 78, 5.9.1921.

Indem er sich inkarniert, trägt er durch sein Karma und seine ethischen Impulse die moralische Ordnung in die Naturordnung. Sie wirken innerhalb des Naturgesetzes und sind doch nicht aus der Natur ableitbar. Man müsste paradox formulieren: Karma und ethische Impulse durchbrechen die Naturkausalität – ohne sie zu durchbrechen. Dann löst er sich wieder und verarbeitet in einer rein moralischen Welt die Ergebnisse seines Lebens auf der Erde. Auf diese moralische Ordnung weisen die Christus-Worte: »Mein Reich ist nicht von dieser Welt« (Johannes 18,36). Wir müssen fortsetzen: Aber es *wirkt* in dieser Welt. Oder, in den Worten Rudolf Steiners: »Dadurch ist es [das Reich des Christus] nämlich erst recht von dieser Welt! Denn der Mensch ist dazu da, dass er den Geist, der nicht ohne ihn in dieser Welt ist, zum Inhalt dieser Welt mache.«[111] In diesem rhythmischen Schwingen des Menschen zwischen der übersinnlich-moralischen und der Sinneswelt entwickelt sich innerhalb der natürlichen eine neue moralische Ordnung. Sie wird einstmals in ihrer vollen Wirklichkeit erscheinen, wenn die äußere Natur an ihr Ende gekommen ist. Das liegt in dem Christus-Wort: «Himmel und Erde werden vergehen; aber meine Worte werden nicht vergehen« (Matthäus 24,35).

Die Frage, wie wirkt die moralische Ordnung in der natürlichen Ordnung, findet auch noch eine ganz selbstverständliche Antwort im Menschen selber. Die Handlungen des Menschen sind, soweit er nicht als Naturwesen, sondern als sich selbst bestimmendes Wesen lebt, nicht der Naturkausalität unterworfen. Im menschlichen Organismus werden Naturgesetze zwar nicht durchbrochen, dennoch handelt der Mensch aus einer höheren Ordnung, eben der moralischen. Nur dadurch ist er auch verantwortlich für das, was er tut. Goethe drückt das sehr einprägsam aus: «Das Tier wird durch seine Organe belehrt; der Mensch belehrt die seinigen und beherrscht sie.«[112] Das Tier ist reines Naturwesen und wird durch die Natur bestimmt, d.h. durch seine Organe belehrt. Menschliches Handeln soll gerade nicht von den Organen bestimmt werden, sondern der Mensch soll selbst seine Natur bestimmen. So ist im menschlichen Leib schon ein Ort gegeben, wo die natürliche und die moralische Ordnung auf eine solche Weise ineinanderwirken, dass

[111] GA 217, 15.10.1922.

[112] Aus: *Maximen und Reflexionen.*

die moralische Ordnung (dem Ideal nach) über die natürliche Ordnung herrscht, ohne die Ordnung der Natur (Naturgesetze) zu durchbrechen. Im menschlichen Handeln geht diese Ordnung auf die Welt über. Alle Gestaltungen der Welt, die vom Menschen ausgehen, sind mehr als nur Natur. Sie sind wahr oder falsch, schön oder hässlich, gut oder böse. Sie entstammen einem Reich, das »nicht von dieser Welt« ist, obwohl es in dieser Welt – sie verwandelnd – wirkt.

Hier stellt sich die Frage nach der Wandlung von Brot und Wein, denn auch im Wandlungsgeschehen am Altar ist die Kardinalfrage: Wie wirken diese beiden Ordnungen ineinander? Wir haben darauf hingeblickt, wie in diesem Ineinanderwirken ein rhythmischer Prozess enthalten ist, und dass das Leben in der irdischen Inkarnation und das Leben zwischen Tod und neuer Geburt und der damit verbundene Prozess der Karma-Bildung dem entsprechen. Wenn man allein die Transsubstantiation im Blick hat, wird schließlich die gewandelte Hostie das Entscheidende, die dann in der Monstranz angeschaut und verehrt werden kann. Das Prozesshafte ist verloren gegangen. Erst in der Karma-Lehre findet sich der eigentliche Schlüssel, um die Wandlung zu verstehen. Weil in der Geschichte des Christentums bis jetzt dieser Gedanke aber ausgeklammert blieb, konnte das Wandlungsgeschehen nur in der statischen Form der Transsubstantiation vorgestellt werden. Rudolf Steiner charakterisiert das so: »So wurde der Menschheit entzogen die Karmalehre, und so wurde in die Menschheit hineingestellt die Transsubstantiationslehre, aber so, dass sie nichts Analoges hatte in der äußeren Weltanschauung, denn das Analoge zum Verständnis der Transsubstantiation ist das Verständnis der Karmalehre. Die Kraft, durch die das Schicksal eines Menschen in aufeinander folgenden Erdenleben ›gemacht‹ wird, das ist keine Naturkraft, das ist keine Vaterkraft, das ist die Kraft des Geistes durch die Vermittlung des Sohnes. Und die Kraft, welche am Altar wirkt bei der Umwandlung des Sanktissimum, ist dieselbe.«[113]

Wir stehen also vor einem ganz neuen Anfang im Verständnis der Wandlung. An den scholastischen Versuch, mithilfe der Unterscheidung von Substanz und Akzidenz die Wandlung zu verstehen, können wir nicht mehr anschließen. Was uns heute weiterführen kann, ist der Ge-

[113] GA 346, 11.9.1924.

danke von Wiederverkörperung und Karma. In den gewandelten Substanzen von Brot und Wein schwingen die moralische und die natürliche Ordnung rhythmisch ineinander, in gleicher Weise wie der Mensch zwischen irdischer Verkörperung und Leben in der geistigen Welt. Sie sind ein sichtbar gewordener Prozess, der nur innerhalb der *Handlung* seine volle Wirklichkeit hat.[114] So liegt ein Verständnis von Wandlung und Kommunion nahe, dass in diesen gewandelten Substanzen, die Leib und Blut Christi sind, auch eine Gnade vermittelt wird, die Karma bildende Kraft ist als »Kraft des Geistes durch die Vermittlung des Sohnes.« Die Kraft des Heiligen Geistes führt von einer Inkarnation zur anderen, sie wirkt auch bei der Wandlung durch die Epiklese.[115] Und die Kraft des Sohnes hilft uns, das Schicksal zu tragen und zu ordnen.

Durch die Wandlung (und Kommunion) werden also dem Menschen, aber auch der äußeren Welt die schicksalsbildenden Kräfte der moralischen Ordnung einverwoben als die eigentlichen Zukunftskräfte. Sie werden aus der untergehenden Welt einmal »einen neuen Himmel und eine neue Erde« (Offenbarung 21,1) auferstehen lassen. Das liegt auch in den Christus-Worten: »Himmel und Erde werden vergehen; aber meine Worte werden nicht vergehen« (Matthäus 24,25). Dazu trägt der Kultus mit seinem Wandlungsgeschehen wesentlich bei. Die Welt wird einmal untergehen, aber »wenn man dann zurückschauen würde auf die Ereignisse, die sich auf dieser Erde als Messopfer zugetragen haben, so wären deren Wirkungen immer vorhanden. Der Kultus ist eben realer als die Natur, wenn er in der richtigen Weise ausgeübt wird.«[116]

Zum Abschluss ist noch an den Gesichtspunkt der Evolution in der Biografie anzuknüpfen, dem das Abendmahl als Involution entspricht. Ab dem vierzehnten Lebensjahr beginnt der Mensch für sein Leben allmählich die moralische Verantwortung zu übernehmen, die Naturordnung seines Lebens mit der moralischen Ordnung zu durchdringen. Wir haben gesehen, dass das ein rhythmischer Prozess ist. Was sich im Großen rhythmisch zwischen den Inkarnationen ereignet, geschieht im Kleinen jede Nacht. Die Verantwortlichkeit hat sich evolviert, die Mora-

[114] Deshalb käme ein »Anschauen« der Hostie in einer Monstranz außerhalb der Menschenweihehandlung für die Christengemeinschaft nicht in Betracht.

[115] Siehe Kapitel 4.2 »Mysterium«.

[116] GA 344, 7.9.1922.

lität aber, auch das haben wir uns bewusst gemacht, ist in den äußeren Lebensablauf involviert. So führt Rudolf Steiner in Bezug auf den Involutionsvorgang aus, »dass ja der Mensch, indem er dieses Untertauchen seines Geistig-Seelischen in das Physisch-Leibliche als eine besondere Kraft seines Wesens evolviert hat, fortwährend in einer Art Schwingungszustand ist in dem Zurückgehen zu dem Geistig-Seelischen, in dem Wiederuntertauchen in das Physisch-Leibliche, so dass er in einem Rhythmus drinnen steht ... Der Mensch braucht etwas, was diesem Evolutionsvorgang als ein Involutionsvorgang gegenübersteht, und dieser Involutionsvorgang ist der Empfang des heiligen Abendmahls.«[117] Wir haben uns klar gemacht, inwieweit die neue moralische Ordnung ein Involutionsvorgang ist, der sich in einem Rhythmus vollzieht.

[117] GA 343, 2.10.1921 n.

10 Die Beichte

Für dieses Sakrament wurde in der Christengemeinschaft lange nach einem geeigneten Namen gesucht, der das Neue, ähnlich wie bei der Menschenweihehandlung, zum Ausdruck bringen könnte. Verschiedene Versuche wurden gemacht, wie z.B. *Sakrament der christlichen Selbsterkenntnis* oder *Gesprächssakrament* oder *Beichtberatung*. Der seelsorgerliche Aspekt dieses Sakramentes sollte vom juristischen gelöst werden, der dem Wort Beichte anhaftet. Keiner dieser Versuche hat sich eingelebt. Inzwischen scheint es realistisch zu sein, das Wort Beichte doch zu übernehmen und ihm für die Christengemeinschaft in einer traditionslos gewordenen Welt einen neuen und eigenen Inhalt zu geben.[118]

Die Beichte (katholisch: das Bußsakrament) hat eine komplizierte Entwicklungsgeschichte, von der wir hier nur bestimmte Linien verfolgen wollen. In den ersten Jahrhunderten bildete sich allmählich die Form der »öffentlichen Buße« heraus. Der Sünder berichtete seine schweren Sünden (die aber nicht öffentlich bekannt wurden) dem Bischof. Die Sünde hatte den Sünder außerhalb der Kirche gestellt, exkommuniziert. Nun nahm der Bischof ihn durch Handauflegung zunächst in die Reihen der öffentlichen »Büßer« der Kirche auf, wodurch der Prozess der »Rekonziliation« (Wiederversöhnung mit der Kirche) eingeleitet wurde. Für die Büßer galten bestimmte Regeln und oft sehr einschneidende Ge- und Verbote, in jedem Fall das Kommunionsverbot. Nach Absolvierung der Buße wurde der Büßer mit der Rekonziliations-Kommunion wieder in die Kirche aufgenommen und war erneut im Stand der (Tauf-)Gnade. Das war wohl der wichtigste Aspekt der Buße: den verlorenen »Gnadenstand« nach der Taufe wieder herzustellen. Auch viel später wurde in der Auseinandersetzung mit den Katharern erneut festgestellt: »Ist jemand nach Empfang der Taufe in Sünde gefallen, so kann er immer durch wahre Buße wieder geheilt werden.«[119] In

[118] Rudolf Frieling hat eine treffende volksetymologische »Deutung« des Wortes gegeben: Be-*Ich*-te.

[119] Viertes Laterankonzil 1215 (Vorgrimler, S. 235).

der Westkirche wurde durch den Einfluss der iro-schottischen Kirche, besonders Columbans[120], allmählich die Privatbuße Praxis (im Osten mit der Mönchsbeichte schon früher). Der Büßer trat als solcher nicht mehr öffentlich in Erscheinung, und die Rekonziliation erfolgte schon vor Absolvierung der »Bußleistung«. Im 12. Jahrhundert wurde sie zu den sieben Sakramenten gezählt und bekam durch die Scholastik eine gedanklich sehr ausgefeilte Bestimmung. In dieser Form und der später damit verbundenen Bußpraxis (Ablasshandel) wurde sie dann der entscheidende Anlass zum Ausbruch der Reformation. Das Tridentinum hat aber in seiner gegenreformatorischen Ausrichtung die scholastische Bußtheologie bestätigt und »unfehlbar« definitorisch festgeschrieben, was heutigen Theologen gelegentlich Kopfzerbrechen bereitet: »Dem Thema *Reue* widmet das Konzilsdokument auffallend viel Raum ... Wäre es hermeneutisch zulässig, diese Lehraussagen an unserer heutigen Kenntnis der biblischen Theologie der Umkehr zu messen, so erschiene auch die konziliare Definition von Reue als sachlich unvollständig und unausgewogen.«[121] Andere Theologen allerdings haben keine Probleme: »Die Reue ist die Seele des Bußsakramentes.« Und weiter: »In der ›Beichte‹, im Sündenbekenntnis, legt ja der sündige Mensch als reuiger Büßer sich und sein Schicksal in die Hand der Mutter Kirche, um von ihr Vergebung und neues Leben aus Gott zu empfangen.«[122] Wesentlich sind seither die »drei Büßerakte«: Reue[123] (verbunden mit Vorsatz), Beichte (Sündenbekenntnis) und Genugtuung (das Bußwerk, *satisfactio*). Im Vorfeld geschieht die Gewissenserforschung als »Tor zu den drei Büßerakten«. Das Ziel, die Beichtgnade, ist dann die Lossprechung durch den Priester, sie ist ein richterlicher Akt (*actus iudicialis*):

120 Columban der Jüngere, Abt, * um 530 in Leinster, Irland, † am 23.11.615 in Bobbio (Provinz Piacenza); wirkte seit 590 als Missionar in England, Frankreich, bei den Alemannen am Zürich- und Bodensee sowie in Norditalien; gründete mehrere Klöster (u.a. in Bobbio 612 das älteste Norditaliens); verfasste eine strenge Mönchsregel und zwei Bußbücher.

121 Ganoczy, S. 87.

122 Auer/Ratzinger, Bd. VII, S. 161 und 170.

123 Scholastisch noch differenziert in »vollkommene Reue« (*contritio* = Reue um der Sache willen) und »unvollkommene Reue« (*attritio* = Reue wegen der Furcht vor Strafe); letztere ist für eine Absolution ausreichend.

»Ich spreche dich von deinen Sünden los im Namen des Vaters und des Sohnes und des Heiligen Geistes.« (*Absolvo te a peccatis tuis in nomine Patris et Filii et Spiritus Sancti.*)

An diese Auffassungen schließt die Christengemeinschaft nicht an, sie hat in einer weiterentwickelten Theologie nicht ein juristisches, »feststellendes« Verhältnis zu Sünde und Gnade, sondern mehr deren Prozesscharakter im Blick. Davon soll zunächst in den folgenden beiden Kapiteln die Rede sein, bevor wir dann über das Beichtsakrament selbst sprechen. Wir werden uns dabei fragen müssen, wie die zeitgemäße Form des »Tors« zu den drei Büßerakten und der »drei Büßerakte« selbst ist. Dabei ist zu berücksichtigen, dass Rudolf Steiner bei der Einführung der Beichte, als er über ihren Involutionscharakter sprach, zunächst einmal die traditionelle Terminologie weiter verwendete: »Die Buße besteht ja in der Gewissenserforschung, in der Reue, in dem ernstlichen Vorsatz, die Fehler, deren man an sich gewahr geworden ist, abzulegen, in dem, was die Beichte ist … und in dem, was als Vergeltung man sich selber oder was einem der Seelsorger auferlegt. In diesem Aufbau besteht ja die vollständige Buße, und es ist das der Ausdruck für das, was eben der Involutionsvorgang sein soll zu dem Evolutionsvorgang der Gesamterinnerung.«[124]

10.1 Sünde und Sündenkrankheit[125]

Die katholische Absolutionsformel lehnt Rudolf Steiner nicht grundsätzlich ab. Es gibt einen besonderen Bereich, wo sie berechtigt ist. Darüber spricht er in Vorträgen über »Christus und die menschliche Seele«, die er 1914 in Schweden gehalten hat (GA 155). Es gilt, zwei grundsätzlich verschiedene Arten von Sünde zu unterscheiden. Auf der einen Seite gibt es Sünden, die ich wieder in Ordnung bringen kann

[124] GA 343, 2.10.1921.

[125] Das Wort *Sünde* klingt heute nicht mehr zeitgemäß, ein mittelalterlich moralisierendes und juristisches Element haftet ihm an. Obwohl die Christengemeinschaft auf neuen Wegen der Frage nach der menschlichen Schuld nachgeht, was auch durch den neuen Begriff »Sündenkrankheit« zum Ausdruck kommt, spielt doch das Wort Sünde weiterhin eine Rolle, insofern es im kultischen

und soll. Wenn ich jemanden bestohlen habe, kann ich den Schaden wieder ausgleichen. Auf einem anderen Feld liegt in diesem Beispiel das zerstörte Vertrauen. Auch wenn ich den äußeren Schaden wieder gutgemacht habe, ist damit das verlorene Vertrauen noch nicht wieder hergestellt. Das liegt auch nicht in meiner Macht. Und selbst wenn der andere Mensch bereit ist, langsam wieder Vertrauen zu entwickeln, wird die ursprüngliche Situation nicht mehr herzustellen sein, sie ist unwiederbringlich anders geworden. Ähnlich ist es mit dem, was der Mensch der Welt durch sein Handeln zufügt, das durch den Sündenfall nicht mehr durch natürliche Instinkte mit der Schöpfung im Einklang ist. Rein äußerlich könnte man dabei an die Umweltschäden denken: Manches kann – und muss auch unbedingt – wieder in Ordnung gebracht werden, bei anderem ist ein Ausgleich nicht mehr möglich (z.B. dem durch den Menschen verursachten Aussterben von Tier- und Pflanzenarten). Aber das ist doch nur äußerlich. Die eigentliche »Sünde«, die der Mensch nicht ausgleichen kann, ist die innere Verletzung der Welt, vergleichbar dem zerstörten Vertrauen, die durch sein Sündigsein als solches eintritt. Der Kosmos wird durch den Menschen mit in den Fall gerissen. In den Worten des Paulus heißt das: »Denn die Schöpfung ist der Nichtigkeit unterworfen worden – nicht freiwillig, sondern durch den, der sie unterworfen hat« (Römer 8,20). Wir müssten hinzufügen: »und weiter unterwirft«. Zur persönlichen Schuld lädt der Mensch also auch noch »kosmische« Schuld auf sich, die er nicht ausgleichen kann. Das Opfer des Christus besteht darin, diese Schuld auf sich zu nehmen und zu »tragen«: »Am nächsten Tag sieht Johannes, dass Jesus zu ihm kommt, und spricht: Siehe, das ist Gottes Lamm, das der Welt Sünde trägt!«[126] Die Konsequenzen dieser kosmischen Schuld für das persönliche Schicksal trägt der Christus aber nur, wenn der Mensch es zulässt, wenn er sich dem Christuswirken öffnet. In diesem Zusammenhang ist die Absolutionsformel zutreffend: »Wenn in irgendeinem religiösen Be-

Wortlaut der Menschenweihehandlung an zwei wichtigen Stellen – zugleich Keimen einer neuen Sündentheologie – vorkommt. Auch Rudolf Steiner macht in seinen anthroposophischen Darstellungen nachhaltig Gebrauch von diesem Wort. So werden wir es auch verwenden, aber nicht im mittelalterlichen Sinn. Aus dem Kontext ergibt sich das Gemeinte ohne weiteres.

[126] Johannes 1,29.

kenntnis, gleichsam im Auftrage Christi einer seiner Diener spricht von Vergebung der Sünden, so heißt das nichts anderes als: derjenige, der mit seinen Worten der Sündenvergebung anknüpft an die Vergebung der Sünden durch den Christus, der deutet der Seele, die getröstet sein will, an: Ja, ich habe gesehen, du hast dein lebendiges Verhältnis zu dem Christus entwickelt, du vereinigst mit dem, was objektive Sünde und Schuld ist und einziehen soll als objektive Sünde und Schuld in deine Erdenreste, dasjenige, was dir der Christus ist. Weil ich erkannt habe, dass du dich durchdrungen hast mit dem Christus, so darf ich sagen: ›Deine Sünden sind dir vergeben.‹«[127]

Wie die Konsequenzen der menschlichen Sündhaftigkeit in ihrer kosmischen Dimension über das hinausgehen, was der Mensch tragen und verantworten kann, so sind es auch die Ursachen, die Erbsünde. Sie ist durch den »Sündenfall«, d.h. die Wirksamkeit der Schlange im Paradies in die Welt gekommen oder, anthroposophisch ausgedrückt, durch den luziferischen Einfluss auf den Astralleib des Menschen. Diese Grund-Sünde ist die Ursache aller weiteren Sünden, der Mensch kommt durch sie überhaupt erst in die Lage, persönlich sündigen zu können. Die Grund-Sünde selbst ist noch nicht persönliche Sünde. Deshalb wird sie in der Menschenweihehandlung »Sündenkrankheit« genannt. Damit kommt ein therapeutischer Aspekt in die Frage nach der Sünde, weil die Sündenkrankheit tatsächlich zur Konstitution des Menschen gehört und damit zu seinem Leiblichen. Der Arzt stellt nicht die Frage nach der Moralität, sein Berufsethos verlangt, dass er gleichermaßen Guten und Bösen zu helfen bereit ist, wenn sie es nur wollen. Der Begriff Sündenkrankheit drückt diese Situation jenseits der Moralität besser aus als »Erbsünde«. Die Vorstellung vom Abwaschen der Erbsünde, wie sie seit Augustinus mit der (ursprünglich Erwachsenen-)Taufe verbunden wird, wandelt sich zur Heilung von der Sündenkrankheit durch die Kommunion als der »heilenden Arznei«. An dieser Stelle schließt das Kommunionsverständnis an Ignatius von Antiochien an (s. Kapitel 4.5 »Medikament«), der sie »Heilmittel der Unsterblichkeit« nannte.

Bei den individuellen Sünden ist das anders. Obwohl sie die Folge der Sündenkrankheit sind, für die der Mensch nicht im üblichen Sinn

[127] GA 155, 16.7.1914.

Verantwortung trägt, kommt es bei ihnen darauf an, dass er die Verantwortung für sie übernimmt und sie ausgleicht. Im obigen Beispiel heißt das: Auch wenn der Mensch, der einen anderen bestiehlt, dies aus einer Schwäche tut, kann er sich nicht auf diese Schwäche berufen. Die Umwelt wird ihm nicht therapeutisch, sondern pädagogisch begegnen. Er wird mit den Konsequenzen seiner Handlung konfrontiert und soll aus seinen Taten gerade dadurch lernen, dass er sie ausgleicht. Das geschieht in den kleineren Bögen der Biografie oder auch im größeren Bogen des Karmas, das auch in zukünftige Inkarnationen reicht. Aber auch hier wirkt der Christus mit.

So ist gerade die Sünde der Ort, wo der Mensch dem Christus begegnen kann, dem Lehrenden (wie bei den Gleichnissen) und dem Arzt (wie bei den Heilungen). Zur Überwindung der Sündenkrankheit bedürfen wir des Arztes, der uns hilft. Zum rechten Ausgleich der individuellen Sünden brauchen wir den Lehrer, der uns fordert. Die Theologie hat bisher diese beiden Bereiche vermischt und denkt auch die individuellen Sünden aufgehoben in der Gnade Gottes, die im Glauben Gute und Böse gleichermaßen erreichen kann. Gewiss ist es nicht an uns, das Gnadenwirken Gottes begrenzt zu denken. Aber der Mensch kann dennoch die Verantwortung fühlen, zum Erlösungswerk das beizutragen, was ihm möglich ist. Und wer wollte allen Ernstes sagen, dass ihm *nichts* möglich sei?

10.2 Erlösung – Selbsterlösung – Gnade

Das Wort *Selbsterlösung* hat im Gespräch zwischen der Christengemeinschaft und Vertretern anderer Kirchen fast den Rang eines Reizwortes. In Verbindung mit dem Karmagedanken scheint sich darin alles widerzuspiegeln, was Gnade für den Menschen entbehrlich erscheinen lässt[128] zugunsten einer »Leistungsreligiosität«, die letztendlich die Substanz

[128] Z.B. schreibt Werner Thiede im »Materialdienst« der Evangelischen Zentralstelle für Weltanschauungsfragen (Nr. 4/2005, S. 135) falsch in der Sache: »In dem opulenten Gesamtwerk Rudolf Steiners wird man den Begriff Gnade weitgehend vermissen.« Umgekehrt muss man sagen: Es gibt außerordentlich viele Stellen, wo Steiner über die Gnade spricht.

des Christentums infrage stellt. Das war schon zu Steiners Lebzeiten so, und es gibt viele Stellen, wo er sich klärend zu diesem Vorwurf äußert.[129] Man könnte das Thema damit eigentlich abschließen. Wir wollen den Begriff dennoch aufgreifen, um ihm seinen berechtigten Ort zu belassen bzw. zu geben, und gehen dazu von einer der wenigen Stellen aus, wo Steiner selbst dieses Wort benutzt: Es kann »keine andere Erlösung von der Erbsünde geben als diejenige durch den Christus Jesus; die anderen Sünden sind Folgesünden. Die individuellen Sünden werden von dem Menschen begangen, weil er eben durch die Erbsünde schwach sein kann, zur Sünde hinneigen kann. Diese individuellen Sünden finden ihren Ausgleich in dem, was durch Selbsterlösung erreicht werden muss; sie müssen durch Selbsterlösung im Verlauf des irdischen oder überirdischen Lebens ausgeglichen werden.«[130] Selbsterlösung ist also notwendig in Bezug auf die individuellen Sünden.

Die Frage entsteht, ob hier nun der Bereich ist, wo keine Gnade nötig ist? Die Antwort ist ganz klar: Obwohl es der Bereich ist, wo der Mensch eine individuelle Verantwortung trägt für seine Sünden, ist er auch hier auf die Hilfe des Christus angewiesen. Schon in der Menschenweihehandlung wird gesagt: »Wir können vor dir nicht Werke tun«, doch haben wir den Willen, die Sünde zu »besiegen, durch Christus«. Dieser Beistand des Christus bezieht sich nicht nur auf die Sündenkrankheit, die wie eine andere Krankheit auch »besiegt« werden muss, sondern auch auf die Überwindung der individuellen Sünde und hat dort drei Bereiche. Der erste ist: Der Christus stärkt den Willen des Menschen. Er ersetzt den Willen nicht, er lässt den Menschen ganz frei, aber er unterstützt ihn. Rudolf Steiner nennt ihn einmal sogar den »Willensgott«[131]. In der Menschenweihehandlung wird von ihm auch gesagt, dass er »die Willen [der Menschen] stärkt«. Wer also an der Arbeit ist, seine individuellen Sünden auszugleichen, dem kommt die Gnade des Christus entgegen, der das ergänzt, was den eigenen Kräften noch nicht möglich ist.

[129] Drei Beispiele seien genannt: GA 94, 3.7.1906; GA 131, 13.10.1911; GA 155, 15.7.1914.

[130] GA 343, 5.10.1921 n.

[131] GA 353, 19.3.1924.

Der zweite Bereich ist die christliche Gemeinschaft. Hier erfolgt der Möglichkeit nach eine »Lastenverteilung«, die ganz innerlich vonstatten geht. Paulus sagt dazu: »Einer trage des anderen Last; so werdet ihr das Gesetz Christi erfüllen.«[132] Es ist möglich, dass das Karma mir eine bestimmte Aufgabe auferlegt, in die aber ein anderer mit eintreten kann, mich unterstützend oder gar stellvertretend. Das gehört wesentlich zum christlichen Karmagedanken und wäre in der vorchristlichen Zeit nicht denkbar gewesen. Rudolf Steiner beschreibt das so: »Wie es nicht der Karmaidee widerspricht, wenn ich einem Armen etwas schenke, ebenso wenig widerspricht es der Karmaidee, wenn einem Menschen dasjenige, was er als sein Einzelkarma hat, von einer Gemeinde abgenommen wird. Die Gemeinde kann mittragen das Los des Einzelnen. Das Karma kann so verbunden werden, dass die Gemeinde mitträgt an dem Karma des Einzelnen ... Erfüllt muss das Karma werden, aber der andere kann ihm helfen. So können ganze Gemeinden dem helfen, der ein Unrecht begangen hat.«[133] Auch in diesem zweiten Bereich der Karmaerfüllung und des Ausgleichs individueller Sünden gibt es also Gnade.

Und schließlich gibt es noch einen dritten, sehr verborgenen Bereich, den Rudolf Steiner »das karmische Richteramt des Christus« nennt.[134] Wenn der Mensch im Sinne des Ausgleichs der persönlichen Sünden arbeitet, in der Dimension seiner irdischen Biografie oder in der größeren Dimension seines Karmas, so kann der notwendige Ausgleich verschieden sein. Es kann eine Tat ausgeglichen worden sein und vielleicht dem einen Menschen zugute kommen, mit dem wir karmisch etwas auszugleichen hatten, oder der Ausgleich kommt möglichst vielen Menschen zugute. Dann stellt der Ausgleich nicht nur einen alten Zustand wieder her, sondern es entsteht etwas Neues in der Welt. Ein sehr einfaches Beispiel: Von den Verwarnungsgeldern, die im Straßenverkehr eingezogen werden, geht ein bestimmter Teil an gemeinnützige Einrichtungen. Das Verwarnungsgeld als solches ist Ausgleich für eine Tat. Damit wäre das Gleichgewicht wieder hergestellt. Ein Zusätzliches ist dann, was die gemeinnützige Einrichtung davon empfängt, die dem »Täter« gewiss

132 Galater 6,2.

133 GA 123, 11.9.1910.

134 GA 131, 9.10.1911; GA 130, 2.12.1911.

dankbar ist – wofür eigentlich? So kann das, was zunächst nur Ausgleich einer Tat ist, zusätzlich für die Welt etwas Positives bedeuten. Auch das ist Gnade. Dass Christus das karmische Richteramt (von Mose[135]) übernommen hat, bedeutet, dass auch das persönliche Karma des Menschen nicht mehr nur persönlich ist. Die Selbsterlösung verbindet sich mit dem Gnadenwirken des Christus für die ganze Menschheit. Auch der Einzelne dient in der selbstlosen Bemühung um Selbsterlösung dem Christus, wenn er in der Gesinnung lebt, dass sein Arbeiten am eigenen Karma zugleich ein Arbeiten für alle Menschen ist.

So zeigt sich, wie sich die individuellen Sünden des Menschen durch die Gnade des Christus in einen Rohstoff verwandeln können, aus dem etwas für andere Menschen Heilsames entstehen kann. Diese Gnade wirkt nicht nur im Bereich der objektiven Sünde und der Sündenkrankheit, sondern auch im Bereich der individuellen Sünde und ihrer Aufarbeitung. Ohne den Willen, den Ausgleich für diese individuellen Sünden herbeizuführen, ohne den Willen, das Karma abzutragen, kann diese Gnade aber nicht wirksam werden, denn sie schließt an den Willen des Menschen an, der dadurch eine zusätzliche Heilsmöglichkeit bekommt. Dieser Wille ist einerseits ganz individuell, andererseits kann der Christus, der »Willensgott«, durch ihn wirken, wenn wir es zulassen.

10.3 Die Gestalt des Beichtsakramentes

Für die bisher besprochenen Sakramente haben sich gewisse Beziehungen zu den ersten Jahrsiebten der Biografie herausgestellt. Die Taufe als reine Kindertaufe hat ihren Ort am Beginn des ersten Jahrsiebts, auch wenn sie noch bis zur Konfirmation vollzogen werden kann. Die Konfirmation schließt die Periode ab, die von der Sonntagshandlung für die

[135] Diese Darstellung Steiners weist auf einen weiteren Schritt im Übergang vom Alten zum Neuen Bund hin. Bei Mose galt: »Auge um Auge, Zahn um Zahn, Hand um Hand, Fuß um Fuß …« (Exodus 21,24). Das ist das Prinzip, durch das ein verlorenes moralisches Gleichgewicht wieder hergestellt wird, die Rückkehr zum ursprünglichen Zustand. Durch Christus wird die Möglichkeit eröffnet, für die Welt durch den Ausgleich etwas Zusätzliches, Neues für die Zukunft zu schaffen.

Kinder begleitet und getragen war, und schafft so den Übergang vom zweiten Jahrsiebt zum dritten. Die Menschenweihehandlung mit der Kommunion hat die anthropologische Funktion (durch den freiwerdenden Astralleib), das dritte Jahrsiebt und zugleich die (qualitativ) zweite Lebenshälfte zu eröffnen. Das Beichtsakrament hat seine Beziehung zum vierten Jahrsiebt und der folgenden Lebenszeit. Diese Sakramente nennt Rudolf Steiner »irdisch«: Es gibt sieben Sakramente, »von denen vier gerade irdisch sind, nämlich Taufe, Firmung, Altarsakrament, Buße. Diese vier sind so allgemein menschlich wie physischer Leib, Ätherleib, Astralleib und Ich.«[136] Auch diese vier Wesensglieder hängen mit den ersten vier Jahrsiebten zusammen, innerhalb derer sie »geboren« werden, wodurch der Mensch ganz auf der Erde ankommt.

Durch die vier »irdischen« Sakramente begründet der Mensch ein durchchristetes Verhältnis zu den Grundtatsachen seiner irdischen Inkarnation: Die Taufe begründet ein Verhältnis des Menschen zur Erde und zur Gemeinschaft, die Konfirmation ein Verhältnis zur Eigenverantwortung, die Menschenweihehandlung ein Verhältnis zur moralischen Ordnung in ihrer rhythmischen Beziehung zur natürlichen Ordnung. Die Beichte begründet ein Verhältnis des Menschen zu sich selbst. Jetzt, mit dem vierten Sakrament, sind wir in der »Mitte« des Menschen angekommen.[137] Auch hier, wo es um die Konsolidierung des Ichs geht, geschieht das in einer Art Rhythmus, in einem Schwingen in der Zeit. Das ist die Erinnerungsfähigkeit, die sich im Jugendalter verändert und zur Grundlage des Erden-Ichs wird. Sie ist eine Tatsache der Evolution auf das vierte Jahrsiebt zu. »Und der entsprechende Involutionsvorgang ist dasjenige, was empfunden worden ist im Christentum als das Sakrament der Buße. Da wird der Erinnerungsvorgang durchchristet; da wird der Erinnerungsvorgang dadurch, dass er durchchristet wird, zugleich

136 GA 342, 14.6.1921.

137 Auch im Gesamten der sieben Sakramente, die ja ein Entwicklungs-Organismus sind, ist die vierte Stufe die Mitte. Jede Entwicklung verläuft in sieben Stufen: die ersten vier entfalten die äußere Wirklichkeit (Evolution), dann kommt der »abflutende« Teil der Gesamtentwicklung (Involution). So ist es auch bei den Sakramenten. Bis zur Beichte ist das Gegebene ein Evolutionswert; das Sakrament fügt den entsprechenden Involutionswert hinzu beziehungsweise heiligt ihn. Hier vollzieht sich bereits der Übergang.

ins Moralische hinaufgehoben. Da wird der Mensch nicht bloß sein Ich konsolidieren, sondern da wird er … herangeführt an den Involutionsvorgang der Buße.«[138] Der Evolutionsvorgang (hier: Erinnerung) wird im Verlauf dieser Stufen immer innerlicher und nähert sich der Involution (hier: moralische Erinnerung, d.h. Gewissen) an. Auf dieser vierten Stufe sind sie fast identisch geworden.

Was heißt nun »Durchchristung der Erinnerung«? Das erhellt sich aus einem Gespräch, das – mit ganz anderer Fragestellung – Herbert Hahn 1916 mit Rudolf Steiner führte. Es ging um die Schrift *Die Erziehung des Kindes vom Gesichtspunkte der Geisteswissenschaft*[139]. Hier werden für die drei ersten Jahrsiebte des Lebens aufeinander folgend drei große pädagogische Leitmotive angegeben: Nachahmung, Autorität und Freiheit. Herbert Hahn fragte Rudolf Steiner, ob es nicht auch für das vierte Lebensjahrsiebt, also für die Zeit nach dem 21. Lebensjahr einen solchen Leitstern der Erziehung oder Selbsterziehung gebe. Rudolf Steiner »antwortete nach einigem Besinnen, dass es in der Tat ein solches Leitmotiv gebe. Die Lehrjahre sowohl wie die Wanderjahre würden ja in diesem Lebensabschnitt absolviert, und nun käme es darauf an, dass der Mensch Rückschau halte auf den bisher zurückgelegten Weg. Alles, was er an Erfahrungen, Einsichten, Kenntnissen aufgenommen habe, solle er da einmal an sich vorüberziehen lassen. Doch nicht nur flüchtig, sondern mit aller Sorgfalt. Und dabei solle der Mensch sich fragen: wie steht, was ich im Einzelnen erleben durfte, zur Tatsache des wirkenden Christus-Impulses, wie besteht mein Wissen in seiner jetzigen Form vor ihm? Und nun solle man nicht bei der bloßen Erinnerung stehen bleiben, sondern alles bisher Erworbene in starker innerer Tätigkeit noch einmal durcharbeiten und es bis in die Einzelheiten hinein in Beziehung bringen zu den waltenden lebendigen Christuskräften.«[140] Herbert Hahn fügt dann noch hinzu: »Eine ganz hohe Aufgabe der Selbstbildung wurde hier von Rudolf Steiner zunächst für ein bestimmtes Lebensalter gewiesen. Es besteht Anlass zu glauben, dass sie auch auf jeder späteren Lebensstufe noch nachgeholt werden könne.« Es erscheint zunächst erstaunlich, dass Steiner diese Übung der Rückerinnerung ausgerechnet

[138] GA 343, 2.10.1921 n.

[139] GA 34, Dornach 1987, S. 309.

[140] Herbert Hahn: *Von den Quellkräften der Seele.* Arlesheim 1959, S. 28 f.

mit dem vierten Jahrsiebt in Verbindung bringt. Die Lebenssituation in diesem Alter ist ja natürlicherweise zukunfts- und nicht vergangenheitsorientiert. Welche Rolle sollte das Rückblick-Üben da spielen? Gemeint ist aber offensichtlich etwas Tieferes, nämlich dass in diesem Alter zur äußeren auch eine innere Lebensführung allmählich hinzutreten muss, wenn die Biografie gesund veranlagt werden soll. Die einfache Frage »Wie steht, was ich im Einzelnen erleben durfte, zur Tatsache des wirkenden Christus-Impulses, wie besteht mein Wissen in seiner jetzigen Form vor ihm?« (Steiner) ist die Gewissensfrage schlechthin. Bin ich mit mir identisch, handle ich so, wie ich eigentlich handeln will? Die Christus-Frage ist die Ich-Frage. Damit ist der Anfang einer durchchristeten Erinnerung gegeben. Man kann dieses Leitmotiv für das vierte Jahrsiebt und die folgende Lebenszeit auch als Leitmotiv für die Beichte insgesamt verstehen.

Wir wollen nun die einzelnen Elemente der »vollständigen Buße«, wie sie Rudolf Steiner genannt hat als »Ausdruck für das, was eben der Involutionsvorgang sein soll zu dem Evolutionsvorgang der Gesamterinnerung«[141], jedes für sich anschauen mit der Frage, in welcher Form sie zeitgemäß in der Beichte der Christengemeinschaft auftreten.

Die *Gewissenserforschung* als das »Tor zu den drei Büßerakten«[142] kann heute nur eine Form haben, wie sie durch Herbert Hahn als Motto für das vierte Jahrsiebt überliefert ist. Dieses Motto kann, so haben wir gesagt, für die Beichte insgesamt gelten; wir wollen es aber jetzt im Speziellen in Anspruch nehmen für die von Rudolf Steiner zitierte Gewissenserforschung.

Der erste der drei Büßerakte, die Reue, mit der sich das Konzil von Trient so ausführlich beschäftigt hat und über die von Theologen gesagt wird, sie sei »die Seele des Bußsakramentes«, hat die gewaltigste Metamorphose durchgemacht auf ihrem Weg in eine zeitgemäße Form. Wie sieht das für den zeitgenössischen Menschen aus, der eine innere Lebensführung sucht? Rudolf Steiner hat in der von ihm geleiteten Esoterischen Schule Menschen in ihrer inneren Lebensführung beraten. Da finden wir immer wieder, in verschiedenen Formulierungen, auch den bestimmten

[141] GA 343, 2.10.1921 n.

[142] Siehe oben S. 165.

Hinweis: »Nicht Reue soll man entwickeln. Diese ist für die eigene Persönlichkeit und für die Welt wertlos. Aber lernen sollen wir jeden Tag aus unserer Vergangenheit für unsere Zukunft, und so das Leben zu einer Lektion machen.«[143] Etwas ausführlicher heißt es an anderer Stelle: »Man bleibt nicht haften an der Sorge und Reue über das, was man getan hat, sondern man verwandelt diese in den Vorsatz, in der Zukunft alles besser zu machen. Man wird sein eigener Baumeister. Wie dieser sich nicht hinstellt und reuevoll an einem Hause, das er gebaut hat, jammert, dass es nicht besser ist, sondern die Erfahrungen, die er an dem weniger guten macht, bewertet zu einem nächsten eventuellen Bau, so der Mensch gegenüber sich selbst. In Reue und Sorge geht unsere Persönlichkeit unter; durch Lernen steigt sie aufwärts. Reue und Sorge nützen nichts; die Zeit, die wir für sie verschwenden, sollen wir für die Aufwärtsentwicklung verwenden.«[144] Zusammengefasst können wir sagen: Die Reue muss abgelöst werden durch das Lernen. Das steht in einem erheblichen Gegensatz zur ausziselierten Begriffsbildung von *contritio* und *attritio*, vollkommener und unvollkommener Reue[145], und zu der Auffassung, dass die Reue auch für den heutigen Menschen die Seele des Bußsakramentes sei. Die Reue ist vergangenheitsorientiert: Ich bereue eine Tat und sage mir: »Hätte ich doch nur diese Tat nicht getan!« Ich *habe* sie aber getan, und die Vergangenheit lässt sich nicht ändern. Sie ist jetzt eine Tatsache, und ich muss sogar lernen, sie zu bejahen. Die Vergangenheit ist – als Vergangenheit! – nicht »böse«. Sie ist ein Teil der Welt, und mit ihr ist auch meine Tat faktisch ein Teil der Welt geworden, an der ich nun weiterarbeiten will. Nicht böse ist die Vergangenheit, aber sie ist durch meine schlechte Tat unvollkommen und bedarf der Ergänzung, damit sie vollkommener werden kann. So kann der Blick auf die individuellen Sünden zum Ausgangspunkt für ein sachliches Lernen werden. Die Reue wurde (und wird) als Zeichen der inneren Verwandlung verstanden. Es gilt aber auch: Nur wer sich gewandelt hat, kann aus einer Situation lernen. Lernen ist der zeitgemäße Ausdruck innerer Verwandlung, es ist zukunftsorientiert.[146]

[143] GA 264, Dornach 1996, S. 148.

[144] Ebd., S. 158.

[145] Siehe oben S. 165, Anm. 123.

[146] Man kann in der Reue auch positiv den Sinn sehen, »dass der Betreffende

Das *Sündenbekenntnis*, die eigentliche *Beichte*, ist der zweite der Büßerakte. Er schließt an die vorangehende Reue an. Nur wenn diese echt war, wird auch das Sündenbekenntnis echt – und vollständig – sein. Wo sich aber die Reue in das Lernen verwandelt hat, kann letzteres nicht mehr der Beichte vorangehen, sondern umgekehrt: Was gelernt werden soll, ergibt sich erst aus der Beichte. Sie kann deshalb heute kein Sündenbekenntnis mehr sein, sondern sie ist Gespräch, das *Beichtgespräch*. Aus ihm kann sich dann ergeben, wo das Feld des Lernens, wo der ergänzungsbedürftige Bereich in der Biografie liegt.

Die *Genugtuung*, die eigentliche *Buße*, das, »was als Vergeltung man sich selber oder was einem der Seelsorger auferlegt«[147], ist der dritte Büßerakt. Auch das hat sich völlig verwandelt. Selbstverständlich ist es auch heute angemessen und notwendig, dass ein Mensch an seinen Schwächen arbeitet. Vielleicht war es gerade eine bestimmte Tat, durch die er für diese Notwendigkeit erwacht ist; dann hat er an dieser Tat »gelernt«. Aber was nun kommen möchte, ist nicht Buße, sondern Schulung durch Arbeit an sich selbst. Ihr entspricht die Bereitschaft des Priesters, den Menschen, der sich – von sich aus – dieser Arbeit nach seinen Kräften und Möglichkeiten unterziehen möchte, helfend und beratend zu begleiten. Dann kann er den Lernwillen unterstützen. Etwas anderes, etwa die Auferlegung irgendeiner (Buß-)Übung, kommt nicht in Betracht. Wieder spielt das Lernen, jetzt in seiner willenshaften Form als Bereitschaft zur Schulung, eine entscheidende Rolle.

Die *Rekonziliation*, die Wiederversöhnung mit Gott, ist das Ziel des Bußsakramentes. Sie findet in der Erteilung der *Absolution*, der Lossprechung von den Sünden, ihren Ausdruck. Das kennt die Christengemeinschaft nicht. Im Gegenteil: Der wichtigste Rohstoff für den werdenden Menschen ist sein Lernstoff. Die Sünden gehören zur Identität des Menschen, sie sind der Lernstoff für ihn. Das darf nicht als Verharmlosung missverstanden werden, so als ob die Sünden schon etwas Positives in sich wären. Im Gegenteil, wer sie zu leicht nimmt, zeigt dadurch, dass er

zum Wissen heraufhebt, wie er sich das Bewusstsein hat trüben lassen in dem Moment, wo er die schlechte Tat ausgeführt hat« (R. Steiner in GA 166 am 1.2.1916).

147 GA 343, 2.10.1921 n.

gerade nichts an ihnen gelernt hat. Dann bleiben sie unfruchtbar und schwächen den Menschen noch mehr. Doch wenn sie ihm abgenommen werden, wird ihm auch etwas von seiner Identität und Zukunft genommen. Es bedarf aber der Wandlungsgnade des Christus, dass diese Sünden nicht nur als Schuld in der Welt stehen, sondern verwandelt werden in den Rohstoff für eine weiterentwickelte Moralität. Davon war im vorangehenden Kapitel die Rede. Die Absolution nimmt eine ganz neue Gestalt an, indem der Mensch auf einen Weg gewiesen wird, sich der Gnade des Christus allmählich immer mehr aufzuschließen. So wird er die Sünden als Zukunftsaufgaben erfahren, die seiner schöpferischen Kraft bedürfen. Das wird der eigentliche Friede für ihn sein.

So sehen wir, wie die Elemente der »vollständigen Buße« sich in verwandelter Form im Beichtsakrament der Christengemeinschaft wiederfinden. Die äußere Form dafür ist sehr schlicht, das Beichtsakrament hat zwei Schwerpunkte: Der erste ist das *Beichtgespräch*, das der Priester (zumeist noch ohne kultisches Gewand) in einer geeigneten, aber nicht festgelegten Umgebung führt. Der Inhalt dieses Gesprächs umfasst alle genannten Elemente in der beschriebenen zeitgemäßen Form. Dann mag das gemeinsam bewegte Schicksal zu sprechen beginnen. Das Leben ist wie eine Schule, und das Schicksal, das Karma des Menschen, wie ein individueller Lehrplan. Wenn der Schüler hinter den vielleicht unverstandenen Notwendigkeiten und Forderungen der Schule und hinter dem Lehrplan den liebevollen Lehrer zu sehen vermag, kann er durch vertrauensvolle Mitarbeit ein besserer Schüler sein und den Weg des Lernens fruchtbarer gehen. Der liebevolle Lehrer hinter dem Schicksal, den es zu sehen gilt, ist der Herr des Karmas. *Er* ist es, der dann aus den Lebenstatsachen zu sprechen beginnt.

So schließt sich an das Beichtgespräch der im engeren Sinn kultische Teil der Beichte an: Der Priester legt die Gewänder an (sofern er sie nicht schon trägt) und spricht die kultischen Worte des Sakramentes.[148] In Wahrheit spricht der Dritte, der immer anwesend ist, wenn zwei Menschen sich in seinem Namen versammeln.[149] Christus erscheint hier als

[148] Auch hier gibt es ein Benennungsproblem. Sehr oft werden diese Worte – unzutreffend in der Sache – »Beichtspruch« genannt.

[149] »Denn wo zwei oder drei versammelt sind in meinem Namen, da bin ich in ihrer Mitte« (Matthäus 18,20).

der Lehrer[150], weshalb die Worte beginnen mit: »Lerne ...« Damit wird ausgesprochen, was an die Stelle der Reue tritt. Es ist die Zusammenfassung des vorangegangenen Beichtgespräches, in dem vielleicht schon das eine oder andere Lernmotiv angeklungen ist. Und doch geht das Lernen hier weit darüber hinaus, es ist viel grundsätzlicher. Es ist die Aufforderung, einen Weg zu gehen, der es dem Christus möglich macht, seine helfende Gnade walten zu lassen in der Auseinandersetzung des Menschen mit der individuellen Sünde. Wir haben schon einmal gesagt: Selbstverständlich kann Gott seine Gnade walten lassen, wo immer er will. Aber es gibt auch das Gut der menschlichen Freiheit. Gegen die Freiheit wird Gnade nicht wirksam, die »Lästerung gegen den Geist«[151] erfährt keine Vergebung.

Der Weg zu Christus, auf den in den Beichtworten gewiesen wird, ist ein zweifacher. Rudolf Steiner hat diese beiden Wege einmal den Gedankenweg und den Willensweg genannt. Der Gedankenweg bezieht sich auf das Verständnis, das ich meinem Mitmenschen entgegenbringe. Die Frage entsteht immer: Lehne ich seine »falsche« Meinung einfach ab oder lasse ich (unverbindliche) Toleranz walten oder aber versuche ich, die innere »Richtigkeit« seiner Gedanken zu verstehen, indem ich seinen Ausgangspunkt aufsuche, von dem aus er zu dieser Meinung gekommen ist? Es gibt sehr verschiedene Ausgangspunkte, um zu einer Wahrheit zu kommen, Rudolf Steiner spricht sogar von zwölf Weltanschauungen[152], die alle ihre Berechtigung haben. Dennoch scheinen sie sich im Allgemeinen zu widersprechen, z.B. der idealistische und der materialistische Ansatz. Eine besondere Aufgabe ist es deshalb, das Berechtigte in der Weltanschauung eines anderen Menschen zu erkennen, seine Gedanken selbst so weiterzudenken, als ob sein Ausgangspunkt der eigene wäre. Vielleicht kann man den anderen dann sogar »richtiger« in seinem Sinne weiterdenken, als er selbst es zunächst vermag. Man wird dann zu

[150] Noch an einer anderen Stelle, in der Sonntagshandlung für die Kinder, erscheint Christus im Kultuswortlaut als Lehrer. Er wird dort »der Lehrer der Menschenliebe« genannt.

[151] Matthäus 12,31: »Deshalb sage ich euch: Jede Sünde und Lästerung wird den Menschen vergeben werden; aber die Lästerung gegen den Geist wird nicht vergeben werden.«

[152] GA 151, 21.1.1914.

einem wahren Interpreten des anderen Menschen. Rudolf Steiner hat das in überragender Weise für Goethe geleistet, was sogar die damalige Fachwelt anerkannt hat (Herausgabe der naturwissenschaftlichen Schriften), aber auch für Haeckel (»Haeckels Lehre ist groß, und Haeckel der schlechteste Kommentator dieser Lehre«[153]) und Nietzsche. Später hat er aus diesem Ansatz heraus über die Philosophen von den griechischen Denkern bis zur damaligen Gegenwart geschrieben.[154] Den anderen Menschen in dieser Tiefe zu verstehen, ist ein Weg zu Christus, der »Gedankenweg«. Rudolf Steiner beschreibt ihn so: »Je mehr der Mensch soziales Interesse entwickelt für des anderen Menschen Meinungen, auch wenn er sie für Irrtümer hält, je mehr der Mensch seine eigenen Gedanken beleuchtet durch Meinungen der anderen, je mehr er hinstellt neben seine eigenen Gedanken, die er vielleicht für Wahrheit hält, jene, welche andere entwickeln, die er für Irrtümer hält, aber sich dennoch dafür interessiert, desto mehr erfühlt er im Innersten seiner Seele ein Christus-Wort, das heute im Sinne der neuen Christus-Sprache gedeutet werden muss. Der Christus hat gesagt[155]: ›Was ihr einem der geringsten meiner Brüder tut, das habt ihr mir getan.‹ Der Christus hört nicht auf, immer wieder und wieder sich den Menschen zu offenbaren, bis ans Ende der Erdentage. Und so spricht er heute zu denjenigen, die ihn hören wollen: Was einer der geringsten eurer Brüder denkt, das habt ihr so anzusehen, dass ich in ihm denke … Das ist der Weg, der heute als der Gedankenweg zu dem Christus bezeichnet werden muss.«[156] Wer diesen Weg gehen möchte, muss von seinen »eigenen Gedanken, die er vielleicht für Wahrheit hält«, auch absehen können, um Raum zu schaffen für ganz andere Gedanken. Indem er die eigenen Gedanken opfert, bildet er an der Grundlage eines tieferen gegenseitigen Verstehens der Menschen untereinander. Der Gedankenweg zu Christus ist auch ein Weg in die Gemeinschaft.

Der Willensweg gründet sich auf die Ideale. Ideale können im kalten Geistesklima unserer Zeit nur schwer gedeihen. Sie sind aber die Ster-

[153] GA 262, Dornach 2002, S. 20.
[154] *Die Rätsel der Philosophie*, GA 18.
[155] Matthäus 25,40.
[156] GA 193, 11.2.1919.

ne des spirituellen Lebens und bedürfen der Menschen, die sich ihnen aufschließen. Bei jungen Menschen sind sie immer noch bis zu einem gewissen Grad auf natürliche Weise da – als mitgebrachte Begabung für das Geistige. Aber sie tragen nicht durch ein ganzes Leben und müssen im Verlauf der biografischen Entwicklung abgelöst werden von den »anerzogenen« Idealen. Wenn der Mensch ein lebendiges Ideenleben mit seinem Willen ergreift und dadurch die Idee zum Ideal wird, ist das ein Akt des Anerziehens von Idealen. In der Beschreibung des inneren Schulungsweges hat Rudolf Steiner auch das Gesetz genannt, das in diesem Übergang waltet: »Jede Idee, die dir nicht zum Ideal wird, ertötet in deiner Seele eine Kraft; jede Idee, die aber zum Ideal wird, erschafft in dir Lebenskräfte.«[157] Was sind das für Lebenskräfte? Sie gehen von Idealen aus, die nicht mitgebracht werden, sondern aus Ideen stammen und anerzogen sind. »Anerzogener, namentlich selbst anerzogener Idealismus, der auch dann nicht verloren gehen kann mit der Jugend, das ist etwas, was den Weg zu dem Christus eröffnet, weil es wieder etwas ist, was im Leben zwischen Geburt und Tod eben erworben wird … Das ist der Willensweg zu dem Christus.«[158] Das Verhältnis zu einem wahren Ideal kann nur dieses sein, dass ich ihm diene. Sehr oft wird auf diesem Feld Dienen mit Herrschen verwechselt und dann entsteht die Neigung, andere Menschen mit seinen Idealen zu beherrschen oder gar zu tyrannisieren. Dienen heißt aber, nicht den *eigenen* Willen geltend zu machen, sondern den höheren Willen – das Ideal – in den eigenen Willen aufzunehmen, seinen Willen also zu empfangen. Das höchste aller Ideale ist der Christus selbst, der Repräsentant der idealen Menschheit. Im Dienst an diesem Ideal vereinigt sich die christliche Gemeinschaft. Auch der Willensweg ist ein Weg in die Gemeinschaft.

Der »Dritte«, der in den kultischen Beichtworten spricht, gibt als der Lehrer auch den Lernstoff: den Weg (wieder) zu suchen, auf dem die Gnade des Christus dem Menschen entgegenkommt. Es ist der Gedanken- und Willensweg zu Christus. Dieser Weg führt in die christliche Gemeinschaft – aber auch umgekehrt: Die christliche Gemeinschaft führt auf diesen Weg. So kann der Zusammenhang mit dem Christus

[157] GA 10, Dornach 1992, S. 28.
[158] GA 193, 11.2.1919.

und mit der christlichen Gemeinschaft zum *Frieden* werden, was in der katholischen Kirche die Rekonziliation genannt wird. Damit ist der Prozess an sein Ziel gekommen, und der Mensch kann in neu gewonnener Freiheit, also »Unbefangenheit«, sich seiner Lebensaufgabe stellen. So wie Christus in der Sonntagshandlung für die Kinder der »Lehrer der Menschenliebe« genannt wird, so ist das größte Lernziel des Menschen und seine zentrale Lebensaufgabe auf der Erde die *Liebe.* »In das Innerste des menschlichen Wesenskernes ist damit der Keim der Liebe gesenkt. Und von da aus soll er in die ganze Entwicklung einströmen.«[159]

Im kultischen Teil der Beichte werden die traditionellen Motive der bisherigen Beichte – Gewissenserforschung, die drei Büßerakte, die Rekonziliation – in neuer und verwandelter Form an den Menschen herangebracht, indem der Christus im Kultus spricht.

Der Mensch soll *lernen*, im geschilderten Sinn seine *Gedanken* zu opfern und seinen *Willen* zu empfangen. Er begibt sich damit auf einen Weg zu Christus hin und stellt sich zugleich in den Zusammenhang mit der christlichen Gemeinschaft. Die Gnade, die ihm auf diesem Weg entgegenkommt, wird ihn *Frieden* fühlen lassen und zu einem Mitarbeiter am Werk der *Liebe* machen.

Damit ist die Beichte zunächst abgeschlossen. Sie ist aber noch nicht zu Ende, sondern leitet über zur Kommunion (im Allgemeinen am folgenden Sonntag innerhalb der Gemeindekommunion). Erst mit der Kommunion ist der ganze Vorgang wirklich vollständig. Man muss im Bewusstsein haben, »was die Beichte im Zusammenhang mit der Kommunion zu einem wirklichen Sakrament macht.«[160] Die Beichte ist mit der Kommunion ähnlich eng verbunden wie die Konfirmation. So wie schon die Konfirmation auf die Kommunion dadurch hinführt, dass zunächst der Rückblick gemacht wird auf das bisherige Schicksal unter dem Aspekt, wie das Christuswirken damit verbunden war, so geschieht das auch bei der Beichte im Sinne einer durchchristeten Erinnerung. Daraus geht der Vorblick hervor. Die Konfirmation hat den Gesichtspunkt, dass Christus der Führer auf den künftigen Lebenswegen sein möge, die Beichte hat den anderen Blickwinkel, dass der Mensch einen

[159] GA 13, Dornach 1989, S. 415.
[160] GA 344, 20.9.1922 v.

Weg zu Christus hin gehen möchte. Es sind zwei Seiten der gleichen Christus-Beziehung. Man kann – mit einer etwas verallgemeinernden Sicht – sagen, die Konfirmation trägt die Kommunion durch das dritte Lebensjahrsiebt. Dann beginnt im vierten Jahrsiebt, mit der Geburt des Ich, ein neues Verhältnis zur individuellen Schuld, und die Beichte wird nun zur Kommunionsvorbereitung. Mit jeder Beichte wiederholt sich in einem gewissen Sinn das, was innerhalb der Konfirmation zur Kommunion geführt hat. Die »Wichtigkeit des Augenblickes«, von der in der Konfirmation die Rede ist, kommt damit in der Beichte faktisch – nicht in Worten – ins Bewusstsein. Ein Wiederherstellen der Taufgnade wurde in der katholischen Theologie die Beichte genannt. In der Christengemeinschaft könnte man sagen: Die Beichte ist ein Wiederanknüpfen an die Konfirmationsgnade, die zur Kommunion als der »heilenden Arznei« führt. In der Beichte erscheint Christus als der Lehrer, in der Kommunion begegnen wir dem Arzt. Damit erst tritt das volle Wesen des Beichtsakramentes in Erscheinung: Es ist Sündenheilung.

11 Im Umkreis des Todes

Die kultischen Handlungen der Christengemeinschaft im Umkreis des Todes bilden einen Organismus vierfacher Art:

Letzte Ölung
Aussegnung (Bestattung 1. Teil)
Bestattung (2. Teil)
Totenweihehandlung

Die *Letzte Ölung* wird vollzogen, wenn für den Menschen der Prozess des Sterbens begonnen hat. Der Intention nach geschieht das in zeitlicher Nähe zum Todesmoment, bezieht sich aber im Prinzip auf den vollbewussten Menschen und sollte deshalb auch früh genug sein. Die *Aussegnung* wird in der Regel an der offenen Bahre, im Anblick der sterblichen und von der Individualität geprägten Leibeshülle vollzogen. Dem Urbild nach geschieht das im Sterbehaus, dem Lebensmilieu des Verstorbenen. Die *Bestattung* ereignet sich draußen am Grab beziehungsweise an der Verbrennungsstätte. Die sterbliche Hülle des Verstorbenen und mit ihr die irdisch-sichtbare Spur seiner Individualität liegt im geschlossenen Sarg, ist also nicht mehr sichtbar. Ihre Anwesenheit ist aber eine notwendige Voraussetzung für die Handlung. Die *Totenweihehandlung* wird in einem Kultusraum der Christengemeinschaft gehalten. Anstelle des Sarges erscheint nun der Altar als Symbol für das »Grab der Erde«: »Der Christus Jesus hat unter Pontius Pilatus den Kreuzestod erlitten und ist in das Grab der Erde versenkt worden.«[161] Aus diesem Grab ist er dann »nach dreien Tagen« auferstanden.[162] Schon in der so angedeuteten Folge der Handlungen kann man einen Prozess erkennen: Das Wesen des Irdisch-Persönlichen tritt Schritt für Schritt zurück, der Blick weitet sich ins allgemein Menschliche. Ein Abbild des Weges vom Irdischen

[161] Aus dem Credo der Christengemeinschaft.

[162] Auch der katholische Altar ist Grabsymbol und muss immer eine Reliquie enthalten. Den Altar der Christengemeinschaft charakterisiert Rudolf Steiner als »eine Grabstätte in Tischesform«.

ins Geistige erscheint. Die Letzte Ölung ist das eigentliche Sakrament im Umkreis des Todes. Die anderen kultischen Handlungen sind ihr zugeordnet.

11.1 Die Letzte Ölung

Auch das fünfte Sakrament hat eine komplizierte Entwicklungsgeschichte und hat, ähnlich wie das Bußsakrament, über tausend Jahre gebraucht, um seine Identität und seinen Ort im Kreis der anderen Sakramente zu finden. Aus den ersten Jahrhunderten wissen wir nichts von einer Ölung. Aus dem 5. Jahrhundert stammt das erste schriftliche Dokument[163], das sich auf die bereits bestehende Praxis der Krankensalbung bezieht. Aus ihm geht hervor, dass die Grundlage dafür die im Jakobus-Brief beschriebene Krankenfürsorge ist: «Ist jemand krank unter euch, so rufe er die Ältesten der Versammlung zu sich. Sie sollen über ihm beten und ihn mit Öl salben im Namen des Herrn. Und das Gebet des Glaubens wird den Kranken heilen, und der Herr wird ihn aufrichten, und wenn er Sünden begangen hat, wird ihm vergeben werden.«[164] Damals durfte im Prinzip jeder mit (vom Bischof) geweihtem Öl sich selbst oder seine Angehörigen salben.

Außer der Heilung war – nach dem Jakobus-Brief – die Sündenvergebung ein zweiter wichtiger Bestandteil dieser Salbung. Sie gewann immer mehr an Bedeutung, und ab dem 9. Jahrhundert kam allmählich eine enge Verbindung der Krankenssalbung mit dem Bußsakrament zustande, wodurch sie mit diesem an das Ende des Lebens rückte, verbunden mit der Kommunion (Viaticum[165]). So wurde die Krankensalbung, in Verbindung mit den beiden anderen, zu einem Sterbesakrament. Die Reihenfolge der Sterbesakramente war: *Buße – Ölung – Viaticum.*

[163] Brief Papst Innozenz' I. aus dem Jahr 416.

[164] Jakobus 5,14 f.

[165] Die Buße wurde in der damaligen Zeit wegen der oft harten Auflagen für den Büßer meist gegen das Lebensende hin verschoben und war dadurch faktisch einmalig. Das *Viaticum* ist im Katholizismus die letzte Kommunion – die Wegzehrung für das Leben nach dem Tod. Es unterscheidet sich von der gewöhnlichen Krankenkommunion in der Spendeformel.

Inzwischen war die Krankensalbung auch dem Priester vorbehalten. Im 12. Jahrhundert kam der Name *Letzte Ölung* (*extrema unctio*)[166] auf und machte so endgültig die Todesbezogenheit dieses Sakramentes deutlich. Der Aspekt der Sündenvergebung stand jetzt im Vordergrund, die Letzte Ölung wurde als die besondere Vollendung der Buße (*consummativum*) verstanden. Das Konzil von Trient bestätigt diese Entwicklung und sagt von der Letzten Ölung, es handle sich bei diesem Sakrament um eine »Gnade des Heiligen Geistes, dessen Salbung die Vergehen, falls noch solche zu tilgen sind, und die Überbleibsel der Sünde wegnimmt und die Seele des Kranken aufrichtet und stärkt.« Von der Krankenheilung, die im Jakobus-Brief das erste Thema ist, wird insofern noch gesprochen, als vom Kranken gesagt wird, dass er »manchmal, wenn es das Heil der Seele fördert, auch die körperliche Genesung erlangt.«[167] Das Konzil legt die Reihenfolge der Sterbesakramente anders fest: *Buße – Viaticum* (Kommunion) – *Letzte Ölung*.

Das 2. Vatikanische Konzil bricht mit dieser Entwicklung und löst die Letzte Ölung wieder von der Todesbezogenheit. Der neue Name heißt jetzt Krankensalbung, und sie wird ungefähr so verstanden, wie das im Jakobusbrief beschrieben ist. Die Gründe für diese Änderung sind unklar. Die gegebene Begründung ist: Rückbesinnung auf das Ursprüngliche, wobei natürlich die Frage nicht leicht zu beantworten ist, ob z.B. der Jakobus-Brief als Ursprung der Letzten Ölung überhaupt gelten kann. Einige Theologen berufen sich auf den »alten Grundsatz, dass das liturgische Gebet auch Kriterium für den Glauben und die Glaubenspraxis sei (*lex orandi – lex credendi*)«[168]. Eigenartig ist aber, dass wohl gerade die Volksfrömmigkeit (also die geltend gemachte *lex orandi*) zur mittelalterlichen Auffassung der Letzten Ölung führte: »Trotz des vielfältigen, meist pastoral begründeten Einspruchs der Kirche gegen diese Auffassung vom ›Sterbesakrament‹ blieb diese Sinngebung im Glauben des Volkes praktisch erhalten.«[169] Und so ist es offensichtlich auch jetzt, trotz des letzten

[166] Der Name erklärt sich von den anderen Salbungen her, die bei der Taufe, der Firmung und ggf. bei der Priesterweihe vollzogen werden. Vor dem Tod kommt dann die »letzte« Ölung.

[167] Zitiert bei Ganoczy, S. 92 f.

[168] Adolf Adam: *Sinn und Gestalt der Sakramente*. Würzburg 1975, S. 121.

[169] Auer/Ratzinger, Bd. VII, S. 202.

Konzils. In einer »Pastoralen Handreichung« wird geklagt: Dass die Krankensalbung mit dem Tod in Zusammenhang gebracht wird, »ist auch heute noch weitgehend der Fall. Allzu sehr haftet [ihr] noch die Fehldeutung als Sterbesakrament und amtliche Besiegelung des Sterbenmüssens an.« Es gilt, »eine jahrhundertealte Fehlhaltung und die davon ausgegangenen Vorurteile zu überwinden. Diese Neuorientierung bedarf natürlich der häufigen Belehrung und beharrlichen Bemühung« der Verantwortlichen.[170] Sonst muss man eben sagen: »Für die aber, denen die Ölsalbung befremdlich und nur schwer zu vermitteln ist, ist es tröstlich, dass das eigentliche Sterbesakrament die Eucharistie ist und bleibt.«[171] Die jetzige Situation ist also, dass die katholische Kirche (wie die orthodoxe und protestantische auch) kein spezifisches Todes-Sakrament mehr kennt.

In Bezug auf die *äußere Handhabung* der Letzten Ölung schließt die Christengemeinschaft ohne Einschränkung an das Konzil von Trient an (gegen die Reform des 2. Vatikanischen Konzils): Die Letzte Ölung ist Sterbesakrament, »Todesölung«[172], allerdings mit einer völlig neuen Begründung. Auch die Reihenfolge der drei »Sterbesakramente«, die weiterhin eine Gesamtheit sind, entspricht der tridentinischen Folge (nicht der veränderten vatikanischen): Beichte – Krankenkommunion – Letzte Ölung. Das Verständnis der Letzten Ölung als Sterbesakrament ergibt sich für die Christengemeinschaft aus dem Gesichtspunkt von Evolution und Involution. Im Gang durch die ersten vier Sakramente haben sich Evolution und Involution immer mehr angenähert und halten sich bei der Beichte die Waage. Diese »irdischen« Sakramente dienen der *Menschwerdung* in der Biografie. Der Tod aber dient nicht mehr der irdischen Menschwerdung, der Evolution, im Gegenteil, er leitet sie über in den ganz anderen Prozess der Geistwerdung. So sind in ihm »die Vorgänge erschöpft, die sich im Menschen als Evolutionsvorgänge abspielen seit der Geburt, und wir haben dann das, dass der Mensch nun hintendiert auf naturgemäße Weise zu einem Involutionsvorgang … Wir kommen, indem wir das weiterentwickeln, zu dem Fünften, was ganz naturgemäß ein Involutionsvorgang ist, wir kommen zu dem Tod, der das Leben des individuellen Menschen

[170] Adam, S. 132 f.
[171] Vorgrimler, S. 260.
[172] GA 318, 15.9.1924.

beschließt.«[173] Dem muss nun sakramental ein *Evolutionsvorgang* hinzugefügt werden. Und so, wie bisher bei den »irdischen« Sakramenten zu den äußeren Evolutionswerten die entsprechenden Involutionswerte hinzugefügt wurden, muss jetzt – und das gilt für die drei letzten Sakramente: Letzte Ölung, Priesterweihe, Trauung – zu der äußeren Involution die entsprechende Evolution gefunden werden. »So wie das Hereinscheinen aus der geistigen Welt, so sind die drei letzten Sakramente.«[174] Wir müssen also »etwas an den Menschen heranbringen …, was in einer ähnlichen Weise sein geistig-seelisches Leben anregen soll, wie angeregt worden ist durch Naturvorgänge sein physisch-leibliches Wesen. Es soll, in Rhythmus ausgedrückt, beim Tode das Physisch-Leibliche wieder verschwinden, das Geistig-Seelische wiederum Form gewinnen.«[175] Der Inhalt der Letzten Ölung ist also die nachtodliche Evolution, die Entwicklung des geistig-seelischen Wesens des Menschen in der Welt des nachtodlichen Lebens.

In diesem Sakrament spielt das Öl eine besondere Rolle. Der Typus des Öls, seine inneren Eigenschaften, soll hier mit einigen wenigen aneinander gereihten Stichworten aus dem Zusammenhang der Anthroposophie umrissen werden. Im Gleichnis von den klugen und törichten Jungfrauen (Matthäus 25,1–10) ist das Öl Bild für den *Geist*.[176] Der Ölzweig, den die von Noah ausgesandte Taube zurückbringt, ist Bild für eine *Offenbarung aus der geistigen Welt*.[177] Im Öl kann man das sehen, was wiederum zum Geistig-Seelischen zurückführt.[178] Dann macht Öl im Sinne seines ursprünglichen Wesens liebegeneigt.[179] Schließlich spricht Steiner in Zusammenhang mit einer Betrachtung des Ölbaums vom »Öl der Erde. Im Öl fühlt man pulsieren das Durchdringende des Irdischen.«[180] Und man kann sich durch das Öl *abschließen*, um alles in sich zu entwickeln, unabhängig von der äußeren Natur.[181]

[173] GA 343, 2.10.1921 n.
[174] GA 342, 14.6.1921.
[175] GA 343, 2.10.1921 n.
[176] GA 96, 27.4.1907.
[177] GA 266/2, 5.11.1910.
[178] GA 343, 2.10.1921 n.
[179] Ebd.
[180] GA 149, 31.12.1913.
[181] GA 232, 24.11.1923.

Das Öl hat also eine starke Beziehung zum Geistigen, aber aus einer Verbindung zum Irdischen. Als »Öl der Erde« vermittelt es die Kraft, sich gegenüber der Umwelt auch abzuschließen und so mit sich identisch zu sein. Das Öl wird der Seele, die den Übergang ins Geistige vollzieht, die Auftriebskraft geben, die »wiederum zum Geistig-Seelischen zurückführt«. Auf der anderen Seite wird es der Seele helfen, sich im Geistigen nicht einfach aufzulösen, sondern auch sich abzuschließen und als Ich zu erleben. Dieser Rhythmus zwischen Hingabe an die (geistige) Welt und Bezug zu sich selbst ist aus der Kraft der Liebe möglich. Im Irdischen ist das der Rhythmus zwischen der Verbindung mit einem anderen Wesen und des Bewahrens der Eigenheit. So heißt es einmal in einem der Mysteriendramen Rudolf Steiners: »Die Liebe soll getrennte Wesen binden, / Doch nicht die Eigenheiten töten wollen.«[182]

Im sakramentalen Prozess macht das Öl den Menschen, vorbereitend für das Leben im Geist, »liebegeneigt«. So kann (im Ritual) gesagt werden, dass das Öl auf der einen Seite »den Geist in die Höhen trägt«. Zugleich aber ist es auch eine einhüllende und von der Umwelt abschließende geistige Substanz, die das ersetzt, was die Seele sonst dem Leib verdankt. Der Mensch kann beginnen, »außer seinem Leibe« sich »zu erfühlen«. So regt die Letzte Ölung sein geistig-seelisches Leben an und stärkt ihn für das Zugehen auf die Todesschwelle und ihr Überschreiten. Für diese letzte Wegstrecke bewirkt sie im »Überbewusstsein« des Menschen eine seelische Erkraftung, eine gesteigerte geistige Orientierung und sehr oft auch eine leibliche Beruhigung (bis hin zur Genesung).

Da innerhalb der Christengemeinschaft bei keinem anderen Sakrament (außer der Priesterweihe) eine Ölung vorgenommen wird, erscheint der Name »Letzte Ölung«, quantitativ verstanden, nicht völlig selbstverständlich. Dennoch drückt sich die Intention sehr gut in diesem Bewusstsein weckenden Namen aus, der dadurch auch in der Seelsorge oft hilfreich-klärend wirkt. Aus einer entsprechenden Gesinnung heraus kann hier ein Beitrag zur Enttabuisierung des Todes geleistet werden. Auch Rudolf Steiner hat in seinen Vorträgen immer konsequent von *Letzter Ölung* gesprochen, einmal sogar von *Todesölung*. Nur ein

[182] GA 14, *Die Prüfung der Seele*, Drittes Bild.

einziges Mal spricht er neutral von *Heiliger Ölung*[183]. Die Handlung ist schlicht: Wesentliche Teile aus dem Hohepriesterlichen Gebet (Johannes 17) werden gelesen (wie bei der Konfirmation). Christus hat es am Vorabend des Karfreitags gebetet, die ihm anvertrauten Jünger in sein Zukunft schaffendes Sterben einbeziehend. Dann werden mit geweihtem Öl drei Kreuze auf die Stirn des Schwerkranken gezeichnet, verbunden mit bestimmten Gebeten: über dem rechten und dem linken Auge sowie in der Stirnmitte. Golgatha, die Schädel-Stätte mit ihren drei Kreuzen, leuchtet auf. Im Idealfall und wenn die Kräfte des in die Nähe der Todesschwelle Gekommenen es zulassen, umfasst die Feier zusammen mit der Ölung noch zwei weitere kurze sakramentale Handlungen: die Beichte und die Krankenkommunion. Diese Verbindung der drei Sakramente in der Folge Beichte – Kommunion – Letzte Ölung ist das, was in der katholischen Kirche (bis zum 2. Vatikanischen Konzil) die *Sterbesakramente* genannt wurde. Entsprechendes gilt im Prinzip auch für den erneuerten Kultusstrom der Christengemeinschaft. Der Name *Sterbesakramente* hat sich aber, vielleicht zu Unrecht, nicht eingebürgert. Man spricht von *Letzter Ölung* auch dann, wenn es sich um die große Form in ihrer dreifachen Gestalt handelt.

11.2 Die Aussegnung (Bestattung 1. Teil)[184]

Der Name *Aussegnung* hat sich im Gebrauch der Christengemeinschaft eingebürgert.[185] Es ist der traditionelle Name (in einigen evangelischen Landeskirchen) für den Anfang der Bestattung, der sich im Sterbehaus vollzieht. Auch Rudolf Steiner spezifiziert »im Sterbehaus«, verwendet aber nicht das Wort *Aussegnung*. Im Idealfall schließt die Aussegnung eine etwa dreitägige Aufbahrungszeit im Sterbehaus ab, gefolgt von der Überführung des Leichnams auf den Friedhof, wo dann im direkten

[183] GA 318, 8.9.1924.

[184] Zu diesem und den folgenden Kapiteln vgl. M. Debus / G. Kačer: *Das Handeln im Umkreis des Todes*. Hrsg. Anthroposophische Gesellschaft Stuttgart 1999. Hier findet sich eine ausführlichere Darstellung, insbesondere auch zur Aufbahrung und Totenwache.

[185] Die Aussegnung wird neuerdings aber auch *Bestattung 1. Teil* genannt.

Anschluss die Bestattungsfeier am Grab oder an der Verbrennungsstätte stattfindet. In den heutigen großstädtischen Verhältnissen ist dieser Idealfall kaum noch möglich, insbesondere eine dreitägige Aufbahrung im Sterbehaus kommt fast nie in Frage. Eine große Hilfe sind dann geeignete Aufbahrungsräume an anderen Orten, wie sie z.B. in vielen Gemeindehäusern der Christengemeinschaft schon vorhanden sind.

Für den pfleglichen Umgang mit dem Verstorbenen ist die Zeit der Aufbahrung von großer Wichtigkeit. Was die Art des Bewusstseins betrifft, bringt – geisteswissenschaftlich gesehen – der Sterbemoment noch nicht die ganze Radikalität der Todesumwandlung mit sich. Die heute zahlreich vorliegenden Zeugnisse von Nahtoderfahrungen belegen, dass das Bewusstsein der »Gestorbenen« zwar ein verwandeltes ist, aber dennoch eine relative Ähnlichkeit mit unserem normalen Tagesbewusstsein hat. Die höheren Wesensglieder des Menschen sind aus dem physischen Leib gelöst, aber weil der Astralleib nicht wie im Tiefschlaf vom Ätherleib getrennt, sondern mit diesem noch verbunden ist, verliert der Verstorbene zunächst nicht sein Bewusstsein. Die Tätigkeit des Astralleibes kann weiterhin und ohne den physischen Leib sogar viel freier im Ätherleib Bilder schaffen, durch die Bewusstsein entsteht. Es ist das farbig-fließende Lebenstableau, das Anschauen der Fülle von Erlebtem in Gleichzeitigkeit. Erst nach Ablauf von etwa drei Tagen kommt für den Verstorbenen die eigentliche Bewusstseinskrise, wenn auch der Ätherleib sich aufzulösen beginnt. Das bedeutet aber: Das durch die Verbindung des Astralleibes mit dem Ätherleib ermöglichte Bewusstsein verdämmert. Jetzt erst, im Erlöschen des Bewusstseins, tritt der Tod in seiner vollen Wirklichkeit ein. Zu diesem Zeitpunkt wird nach Möglichkeit die Aussegnung gehalten. Sie hilft, in diese Dunkelheit eine Orientierung mitzunehmen.

Die Feier selbst ist schlicht, sie findet an der offenen Bahre statt. Der Verstorbene wird im Gebet angesprochen, aber nicht im unmittelbaren »Du«, sondern die Anwesenden blicken scheinbar wie distanziert auf Seele und Geist »unseres (unserer) lieben Entschlafenen«, die die »Ruhe« und das »Licht« der nachtodlichen Welt suchen. Für ihn handelt es sich darum, eine völlige innere Neuorientierung zu finden, indem die Orientierungspunkte der Seele nun nicht mehr in der Sinneswelt zu finden sind, sondern im Reich des »Grenzenlosen« und des »Außerzeitlichen«. Hier können die Hinterbliebenen helfend dem Verstorbenen zur Seite stehen und aus einem wahren Geist-Bewusstsein heraus den Entschlafenen, der als »Diener« des Geistes angeschaut wird, in der Suche nach Orientierung unterstützen.

11.3 Die Bestattung (2. Teil)

Der nächste Akt beinhaltet zweierlei. Einmal wird der Leib den »Elementen« übergeben: bei der Erdbestattung vorzugsweise Erde, Wasser und Luft, im Wesentlichen Luft und Feuer bei der Kremation. Ob man Erdbestattung oder Feuerbestattung wählt, ist heute nicht entscheidend. In der Zukunft wird die Kremation in ihrer Bedeutung zunehmen. Bei Selbstmord, oder wenn der Verdacht darauf nicht auszuräumen ist, sollte – einem Hinweis Rudolf Steiners folgend – keine Feuerbestattung, sondern eine Erdbestattung gewählt werden. Indem die Elemente nun das Sterbliche des Menschen empfangen und dadurch die Seele heimatlos auf der Erde wird, richtet sich der Bestattungskultus darauf, die Seele zu unterstützen, am anderen Ufer des Daseins aufzuwachen. In allen Teilen ist der Totenkultus ein Auferweckungskultus. Aber es ist kein einmaliger Akt, sondern der Anfang eines Prozesses. Deshalb ist die Bestattung auch eine Aufforderung an die Hinterbliebenen, diese Hilfe zum Erwachen fortzusetzen, indem sie in geeigneter Weise die Verbindung zu dem Verstorbenen suchen.

Die Feier findet am Grab oder an der Verbrennungsstätte statt. Jetzt wird der Verstorbene zu Beginn und am Schluss unmittelbar angesprochen: Die Gedanken der Hinterbliebenen suchen ihn dort auf, wo er jetzt ist, am »Ort deiner Seele«. Dort hat er damit zu tun, in ganz neue Verhältnisse hinein aufzuwachen, was nur gelingt, wenn er allmählich »Abstand« zu sich bekommt und ein Bewusstsein dafür entwickelt, worin Wert und Unwert seiner zurückliegenden Biografie liegen. In diesem Prozess des Trennens von Wesentlichem und Unwesentlichem können wiederum die Hinterbliebenen große Helfer werden. Dafür finden sich im Bestattungsritual schon die Anfangsmomente. Die Hilfe zum »Erwachen« in einem neuen Dasein ist mit der Bestattung verbunden. Am Schluss wird dann – zukunftsorientiert

– der Verstorbene wieder unmittelbar angesprochen als »ewige Seele«, die durch die Gnade Christi die Kraft der Auferstehung im Leben nach dem Tode finden möge.

11.4 Die Totenweihehandlung[186]

In die Menschenweihehandlung als solche ist das Geheimnis des nachtodlichen Weges der Seele hineinverwoben. Rudolf Steiner beschreibt, wie die Geburt des Menschen ein Weg ist – vom Himmelsmenschen zum Erdenmenschen – in vier Stufen: »Die Vorgänge, die sich abspielen durch die Geburt, sind: Das Herabsteigen des Menschen aus der Gemeinschaft mit dem Geistigen; wenn Sie ein Wort dafür haben wollen, können Sie sagen ›Exkommunion‹; das Herabsteigen also, das Herabkommen. Das Zweite ist das Eingehen der Verwandtschaft mit der Materie. Das Dritte ist das Inanspruchgenommenwerden von den irdischen Zentralkräften, das Sichanpassen der Erde. Und das Vierte ist die Vernehmbarkeit, die Sprachfähigkeit, die allerdings erst in dem Maße herauskommt, als die embryonale Tätigkeit noch nach der Geburt beim Menschen stattfindet.«[187] Das sind die vier Stufen des Kultus in umgekehrter Reihenfolge: Kommunion – Wandlung – Opferung – Evangelium. »Durch die Geburt wird der Mensch heruntergeführt durch vier Stufen in das irdische Dasein bis zur Sprache, durch den Todesvorgang wird er hinaufgeführt von der Sprache bis zur Kommunion:« So kann man sagen: »Dasjenige, was also ein Sakrament ist in der Messe, das ist im Äußeren vollzogen ein Vorgang, der in uns fortwährend dem Geborenwerden entgegenwirkt. Das ist dasjenige, was die fortdauernden kontinuierlichen Sterbekräfte in uns ausmachen.« Demnach ist die Menschenweihehandlung »die Zeremonie der umgekehrten Geburtsvorgänge, der Sterbevorgänge.« Dieser Stufenweg des nachtodlichen Erlebens wird in den Einzelheiten der kultischen Gebete mitvollzogen. Der Weg beginnt mit der Enthüllung des Kelches zu Beginn des

[186] Die Totenweihehandlung wird neuerdings auch »Menschenweihehandlung im Gedenken an einen Verstorbenen« genannt.

[187] GA 343, 30.9.1921 n.

Offertoriums als Bild für den Todesaugenblick und führt stufenweise im Vollzug der Handlung bis zum »fernsten« Punkt der nachtodlichen Existenz (von Rudolf Steiner *Weltenmitternachtsstunde*[188] genannt) in der Kommunion. Für die Totenweihehandlung ist dieser Aspekt der Menschenweihehandlung, der sich auf den nachtodlichen Weg bezieht, von besonderer Bedeutung. Sie wirft für den Verstorbenen ein Licht auf diesen Weg und vermittelt durch die Kommunion, welche die Menschen »mit ihm« empfangen, die Wegzehrung dafür. Die Totenweihehandlung wird an einem Samstag nach der Bestattung gehalten in der kultischen Farbe schwarz, worin sich die Passion widerspiegelt. Die Auferstehungsbedeutung dieser Handlung erscheint in der Lesung des Evangeliums vom Ostersonntag (Markus 16). In einer besonderen Einschaltung am Schluss wird auch der Name des Verstorbenen genannt.

[188] GA 153, 14.4.1914

12 Die Priesterweihe

Mit der Letzten Ölung ist das individuelle Leben des Menschen erschöpft. Die beiden Sakramente, die jetzt noch folgen – Priesterweihe und Trauung –, haben einen anderen Charakter. Sie beziehen sich auf das soziale Leben und werden nur von einigen Menschen empfangen – *für* die anderen. Die Priesterweihe hat – ähnlich wie die Menschenweihehandlung – ihren Ursprung in den Mysterien. Das stellt Rudolf Steiner ausführlich dar und fasst dann zusammen: »Die Priesterweihe selber wurde also gewissermaßen der äußere Vorgang für dasjenige, was früher im Innern des Menschen hervorgerufen wurde durch die Einweihung.«[189] Daran werden wir anschließen, nachdem wir uns zuvor die für uns wichtigen Momente in der historischen Entwicklung des Weihesakramentes vor Augen geführt haben.

12.1. Die historische Entwicklung

Urbild für das christliche Priestertum sind die Apostel. Sie wurden von Christus berufen und sind mit ihm gewandelt, sie wurden von dem Auferstandenen belehrt und haben an Pfingsten durch den von ihm gesandten Geist ihre Sendung empfangen. Am Anfang stehen *die Zwölf.* Sie sind ihm nachgefolgt und werden nun seine Nachfolger auf Erden, die sein Werk fortsetzen sollen – mit menschlichen Kräften, aber erfüllt vom Heiligen Geist. Sie bringen den Menschen die Botschaft des Christentums, sie heilen Kranke, und durch ihr Wirken entstehen Gemeinden, die sie führen – unmittelbar durch ihre Anwesenheit oder auch aus der Ferne durch Briefe. Durch die Jahrhunderte bildet sich, aus katholischer Sicht, allmählich das Verständnis ihres Amtes als eines dreifachen aus. Das Christentum hat eine seiner Wurzeln im Judentum. Die dort bestimmenden Ideen in der Geschichte Israels sind die des *Priesters*, des *Königs* und des *Propheten.* Christus ist

[189] GA 343, 3.10.1921 n.

ihre Erfüllung.[190] Daraus gehen dann die drei Ämter des Priestertums hervor: das Priesteramt, das Hirtenamt und das Lehramt. Das Priesteramt bezieht sich auf den Kultus. Das Hirtenamt ist mit der Leitung einer Gemeinde im weiteren Sinne verbunden[191], wovon ein wichtiger Teil die Seelsorge ist. Die Lehre umfasst wiederum im weitesten Sinne die Verkündigung des Evangeliums. Diese Dreiheit wird im 2. Vatikanischen Konzil auch Heiligung, Leitung, Lehre genannt. Auch in der Christengemeinschaft wird im Allgemeinen von drei Aufgaben des Priesters gesprochen, nämlich Kultus, Seelsorge und Lehre.

Schon in apostolischer Zeit gab es im Weiteren eine Differenzierung in »die Apostel und die Ältesten (πρεσβύτεροι, *Presbyteroi*)«[192]. Von *Presbyteros* leitet sich der Name *Priester* ab. Eine weitere Stufe findet sich in den sieben Helfern (διάκονοι, *Diakone*), von denen die Apostelgeschichte berichtet.[193] Und schließlich wird auch schon das Amt des Bischofs (ἐπίσκοπος, *Episkopos* = »Aufseher«) erwähnt.[194] Die entscheidende Form der Weihe- bzw. Amtsübertragung geschah durch Handauflegung.[195] Bis zum dritten Jahrhundert werden nach und nach noch fünf weitere Ämter genannt, die im Lauf der Zeit (bis zum 2. Vatikanischen Konzil) als Stufen der Priesterweihe eine Rolle spielten: *Ostiarier* (»Türsteher«), *Lektor* (»Vorleser«), *Exorzist* (»Dämonenaustreiber«),

[190] Je ein Beispiel aus dem Neuen Testament kann das verdeutlichen: »Die Menge aber sprach: Das ist Jesus, *der Prophet* aus Nazareth in Galiläa« (Matthäus 21,11). – »Da fragte ihn Pilatus: So bist du dennoch *ein König*? Jesus antwortete: Du sagst es, ich bin ein König« (Johannes 18,37). – »Christus aber ist gekommen als *ein Hoherpriester* der zukünftigen Güter« (Hebräerbrief 9,11).

[191] Es enthält in sich also auch das Königtum, das auch Leitungsamt ist. Beide, Hirte und König, führen, aber auf eine sich ergänzende Weise.

[192] Z.B. Apostelgeschichte 15,6.

[193] Apostelgeschichte 6,1–7.

[194] »Denn ein Bischof muss unbescholten sein, weil er das Haus Gottes verwaltet; er darf nicht überheblich und jähzornig sein, kein Trinker, nicht gewalttätig oder habgierig« (Titus 1,7).

[195] Das bezeugt z.B. Paulus: »Vernachlässige die Gnade nicht, die in dir ist und die dir verliehen wurde, als dir die Ältesten (Presbyteroi) aufgrund prophetischer Worte gemeinsam die Hände auflegten« (1. Timotheus 4,14). – »Darum rufe ich dir ins Gedächtnis: Entfache die Gnade Gottes wieder, die dir durch die Auflegung meiner Hände zuteil geworden ist« (2. Timotheus 1,6).

Akolyth (»Begleiter«) und Subdiakon; mit Diakon und Priester bilden sie eine Siebenheit. Unklar war, ob die Bischofsweihe als achte Stufe ein Weihegrad ist oder (nur) eine juristische Sendung mit besonderen Leitungsvollmachten. Die katholische Theologie sieht hier den Ursprung ihrer Ämterhierarchie in verschiedenen Weihegraden. Die Auffassung seit dem 2. Vatikanischen Konzil ist, dass die Bischöfe als die Nachfolger der Apostel gelten und ihnen deshalb in der Bischofsweihe »die Fülle des Weihesakramentes« übertragen wird. Die Priesterweihe enthält nicht die ganze Fülle, gibt aber »Anteil« an den drei Ämtern, die dem Bischof allein im vollen Sinne übertragen sind (Lehre, Leitung und Heiligung). So ist die priesterliche Vollmacht von der bischöflichen abgeleitet. Die Priester machen den Bischof in der Ortsgemeinde »gewissermaßen gegenwärtig« und leiten »den ihnen zugewiesenen Anteil der Herde des Herrn« und bilden mit ihrem Bischof ein »einziges Presbyterium«.[196]

Die geschichtliche Entwicklung verlief allerdings zunächst anders. Ab dem vierten Jahrhundert[197] erhob sich die Frage, ob die Bischofsweihe gegenüber der Priesterweihe eine höhere Weihevollmacht habe. Dass der Bischof der alleinige Spender der Priesterweihe war, wurde als Ausdruck seiner »Hirtengewalt« (Vollmacht im Bereich der kirchlichen Jurisdiktion, Verwaltungsgewalt), nicht seiner Weihevollmacht verstanden. In der Scholastik wurde dieser Gedanke von den wichtigsten Theologen, maßgeblich auch Thomas von Aquino, vertieft und zum Allgemeingut des Mittelalters. Im Mittelpunkt des Interesses stand die Eucharistie (das Messopfer). Da aber der Bischof keine größere »eucharistische Gewalt« als der Priester hat, war es in der Scholastik kaum fraglich, dass die Bischofsweihe keine zusätzliche Weihevollmacht verleiht, also keine Sakramentalität hat. In Bezug auf das Amt der Heiligung standen sich daher Priester und Bischof gleich. Der Unterschied lag in den Ämtern der Leitung und Lehre, was als eine zusätzliche Würde erschien, aber mit kirchenrechtlichem Charakter. Dass dem Bischof die Firmung und Priesterweihe vorbehalten war, wurde in diesem Sinne nicht als zusätzliche Weihevollmacht verstanden. Wesentlich war die »sachliche Unterscheidung zwischen Jurisdiktions- und Weihevollmacht«.

196 Vorgrimler, S. 290.

197 Durch den »Ambrosiaster« (Pseudo-Ambrosius, 4. Jh.) und Hieronymus.

Das aber wird von der heutigen katholischen Theologie sehr kritisch beurteilt, weil »damit der tiefere Sinn des Priesteramtes als Teilhabe am Apostelamt Christi aus dem Bewusstsein verschwand.«[198] Die Scholastik brachte auch eine Neuerung im Vollzug der Priesterweihe: die Salbung der Hände beim Priester bzw. des Hauptes beim Bischof sowie die feierliche Überreichung der Weihegeräte. Die Handauflegung wurde nicht mehr als das Entscheidende betrachtet. So heißt es im Dekret für die Armenier (1439): »So wird das Priestertum übertragen durch die Übergabe des Kelches mit dem Wein und der Patene mit dem Brot.«[199] Insgesamt wurden alle diese Auffassungen der Scholastik durch das Konzil von Trient bestätigt. Die eigentliche Weihe ist also die Priesterweihe in sieben Weihestufen (s.o.). Die Bischofsweihe ist nur eine Sakramentale. Die Priesterweihe ist mit einer Salbung verbunden, ihr wesentlicher Ritus (»Materie«) die Übergabe des Kelches und der Patene. Es ist auch möglich, dass durch »einfache« Priester mit bischöflicher Genehmigung Priesterweihen vollzogen werden; sie sind gültig, weil sie der Weihevollmacht des Priesters entsprechen.

Das 2. Vatikanische Konzil hat diese – eigentlich »unfehlbare« – lehramtliche Entscheidung des Tridentinums gründlich geändert. Die Handauflegung wurde (wieder) der wesentliche Ritus, und die eigentliche Weihevollmacht hat seither nur noch der Bischof. Für die Weihe gibt es jetzt drei Weihegrade: Bischof, Priester und Diakon. So konnte im Verständnis katholischer Theologen »die ursprüngliche Sicht des Weihesakramentes ... wieder gewonnen werden.«[200]

12.2 Das Priestertum der Christengemeinschaft

Vor diesem Hintergrund fällt die Tatsache ins Gewicht, dass es in der Christengemeinschaft nur *eine* Weihe gibt, das heißt in der Priesterweihe wird uneingeschränkt »die Fülle des Weihesakramentes« übertragen, die in der römischen Kirche heute, also seit dem 2. Vatikanischen Konzil,

[198] Auer/Ratzinger, Bd. VII, S. 314.
[199] Zitiert bei Vorgrimler, S. 281.
[200] Auer/Ratzinger, Bd. VII, S. 338.

allein dem Bischof zukommt. Hier schließt die Christengemeinschaft – ähnlich wie bei der Letzten Ölung – an die scholastische Auffassung an, für die ja die Bischofsweihe keine Sakramentalität hatte, weil sie der eucharistischen Weihevollmacht des Priesters (nämlich das Messopfer vollziehen zu können) nichts hinzufügt. Auch in der Christengemeinschaft ist der Vollzug der Menschenweihehandlung – und damit aller Sakramente – der maßgebende Auftrag des Priesters, den er durch die Weihe empfängt. Darin sind alle Priester gleich. Die Fülle des Weihesakramentes bezieht sich darüber hinaus auch auf alle drei Ämter des Priestertums: Heiligung, Lehramt, Leitungsamt. In der katholischen Kirche (seit dem 2. Vatikanischen Konzil) hat allein der Bischof die volle Weihevollmacht für alle sieben Sakramente, der katholische Priester hat nur Anteil daran (ohne Weihevollmacht für Firmung und Priesterweihe). Ebenso hat nur der Bischof die volle Lehr- und Leitungsautorität (wenn auch »nur in voller Einheit mit dem Papst und dem Gesamtepiskopat«[201]). An diesen Maßstäben gemessen, ist die Priesterweihe in der Christengemeinschaft eine »Bischofsweihe«. Die Priester der Christengemeinschaft haben nicht nur die uneingeschränkte Weihevollmacht, sondern auch die uneingeschränkte Lehrgewalt, sind also in ihrer Lehre frei. Auch die Leitungsvollmacht in ihrer Gemeinde (mit der Seelsorge) ist ihnen überantwortet. Die Übertragung dieser drei Vollmachten oder Ämter geschieht im Vollzug der Weihe in verschiedener Form, am dichtesten in der Salbung, die im Mittelpunkt der Weihe steht (wieder schließt hier die Christengemeinschaft an die scholastische Auffassung an, die das 2. Vatikanische Konzil revidiert hat). Durch die Salbung an den Händen – ab dem Mittelalter am Priester vollzogen – wird die Kraft angeregt, *Kultus* zu vollziehen (das Amt der Heiligung): Die »Gottestat Christi« soll im menschlichen Handeln wirksam werden. Die Salbung am Haupt (ab dem Mittelalter am Bischof vollzogen) ist zweifacher Art. Durch die Salbung der Stirn wird die Kraft des »Geistwortes« angeregt als Grundlage einer geisterfüllten *Lehre*. Durch die »Ausgießung« des Salböls über dem Haupt in der Gestalt von drei Tropfen wird das *Leitung*samt (Seelsorge) spirituell übertragen, in welchem der Priester immer neu sein »eigenes Sein« in Beziehung setzen wird zum »Sein der Gemeinde«.

[201] Vorgrimler, S. 288.

Zu dieser spirituell uneingeschränkten Fülle der drei priesterlichen Vollmachten kommt nun die konkrete Situation im Bereich irdischer Verwaltung. Die Vollmacht, Kultus zu vollziehen, ist begrenzt durch die Tatsache, dass der Kultus bestimmte äußere Formen hat, die nicht der persönlichen Willkür offen stehen. Die Freiheit in der Lehre hat dort ihre Grenzen, wo der Inhalt der Lehre in Widerspruch steht zum Kultus. Die Leitungsvollmacht schließlich, das Hirtenamt, ist nur dort eine Wirklichkeit, wo die Beziehung zu einer konkreten Gemeinde hergestellt wird. Hier entstehen Notwendigkeiten der äußeren *Verwaltung und Jurisdiktion*. Bei der heutigen Bischofsweihe gehört diese administrative Vollmacht zum Amt der Heiligung, also – vielleicht überraschenderweise – zum Bereich des Kultus. Im Mittelalter hatte man das getrennt. Die besondere bischöfliche Vollmacht war gegenüber der priesterlichen rein rechtlicher Art. Das ist auch in der Christengemeinschaft so (die wieder an die scholastische Auffassung anschließt). Für Rudolf Steiner war eine Hierarchie die notwendige Voraussetzung dafür, dass ein Kultus auf Erden richtig verwaltet werden kann. Da braucht man eine Stufenfolge von Ämtern, eine Leitung, die sich »auf die Ordnung der Gemeinschaften auf Erden bezieht. Das muss sehr genau unterschieden werden.«[202] Es geht also bei einer Gemeinschaft, die Kultus zu verwalten hat, um die verlässliche »Ordnung auf Erden«. Darauf bezieht sich die Hierarchie in der Christengemeinschaft. Sie hat in den Bereichen, wo die spirituell grundgelegten priesterlichen Vollmachten durch die irdischen Tatsachen ihre Begrenzung haben, Aufgaben rechtlicher Art (Administration und Jurisdiktion) wahrzunehmen, die allerdings unmittelbare Auswirkungen im Bereich des Kultischen haben. Dass beispielsweise dem Lenker der Vollzug der Konfirmationen vorbehalten ist, geht nicht auf eine besondere Weihevollmacht zurück (eine Lenkerweihe gibt es nicht), sondern hat den Rang einer konstitutiven Verabredung innerhalb der Priesterschaft. Deshalb kann mit der Konfirmation auch jeder andere Priester vom Lenker beauftragt werden. In gleicher Weise verhält es sich mit der Priesterweihe, die dem Erzoberlenker vorbehalten ist. In diesem Sinne erfüllen Lenker, Oberlenker und der Erzoberlenker übergeordnete Leitungsaufgaben.

[202] GA 344, 11.9.1922 n.

Die Bischöfe sind nach katholischem Verständnis die Nachfolger der Apostel. Die Priester der Christengemeinschaft werden von Rudolf Steiner ebenfalls aufgefordert, »Nachfolger der Apostel« zu werden; er sagt nicht, dass sie es allein durch die Weihe schon seien. Der Priesterdienst ist als ein apostolischer veranlagt und die Apostel sollen dazu »sprechen«, doch müssen die inneren Voraussetzungen dazu immer neu geschaffen werden. »Der Sprache der Apostel das richtige Verständnis entgegenbringen«[203] heißt die Aufgabe.

Die Frage, was die Priesterweihe für den Einzelnen bedeutet, hat in der katholischen Theologie zum Begriff des Charakters geführt, des Wesensmerkmals (*character indelebilis*). Dieses wird dem Einzelnen unauslöschlich eingeprägt. Die Denkgewohnheit, dass die Priesterweihe den Einzelnen in einer bestimmten Weise verändere, sitzt tief, nicht nur innerhalb des Katholizismus. Sie verstellt leicht den Blick dafür, dass priesterliches Handeln niemals das Handeln eines Einzelnen ist, sondern immer Handeln aus der Gemeinschaft. Dafür beginnt auch in der katholischen Kirche ein Bewusstsein zu erwachen, wenn auch zunächst ganz äußerlich, indem der Aspekt betont wird, »dass ein Priester in erster Linie zugeordnet zum Presbyterkollegium gesehen wird. Dieses Kollegium enthält viele Möglichkeiten zu gegenseitiger Hilfe und Flexibilität, die nicht gegeben sind, wenn ein Priester völlig von einer Gemeinde abhängig (und ihr ausgeliefert) ist.«[204] Rudolf Steiner hat von vornherein die Gemeinschaft der Priester als die Grundlage des Priestertums angesehen. Diese Gemeinschaft muss sogar eine bestimmte Qualität haben, die er *esoterisch* nennt. Was das heißt, ist nicht leicht zu beschreiben – der Begriff *esoterisch* hat heute ja einen inflationären Charakter und kann vielerlei bedeuten. Vermutlich die früheste Beschreibung, die Rudolf Steiner für diesen Begriff gegeben hat, ist aus dem Jahr 1897 und lautet: »Esoterisch ist ein Begriff, wenn er im Zusammenhange mit den Erscheinungen betrachtet wird, aus denen er gewonnen ist. Exoterisch, wenn er als Abstraktion abgesondert für sich betrachtet wird.«[205] Es kommt in der Esoterik also auf den Zusammenhang an, auf den konkreten Bezug. Wenn man dies auf die physische Welt anwenden möchte, muss man sagen: Wer diese Welt

[203] GA 344, 19.9.1922 v.
[204] Vorgrimler, S. 297, Anm. 49.
[205] GA 1e, S. 377.

»im Zusammenhange mit den Erscheinungen betrachtet«, aus denen sie hervorgegangen ist, der sieht ihren geistigen Ursprung. Die geistige Welt ist der wichtigste und entscheidende Zusammenhang, in dem die Sinneswelt steht. Das zu sehen, heißt die (physische) Welt esoterisch erkennen. Entsprechendes gilt für eine Gemeinschaft, die durch den Willen ihrer Mitglieder den Zusammenhang mit der geistigen Welt sucht und aus diesem Zusammenhang heraus wirksam werden möchte in der irdischen Welt – man kann sie esoterisch nennen. In diesem Sinn ist die Intention dessen, der ein zeitgemäßes Priestertum leben möchte, nicht etwa »zu tun, was die Kirche tut«, sondern aus dem gesuchten Zusammenhang mit der geistigen Welt durch die Kraft der Gemeinschaft wirksam zu werden. Das ist der Keim der neuen Kirche.

Die Gemeinschaft der Priester wird von Rudolf Steiner die »Urgemeinde«[206] genannt. Sie ist damit die Urzelle der Gemeinden, die sich gebildet haben und weiter bilden werden. Sie bilden den anderen Zusammenhang, in dem die Priestergemeinschaft steht. Sind diese Gemeinden auch darauf angelegt, »esoterisch« zu sein? Den Schlüssel zu einer Antwort gibt Rudolf Steiner in seinem Buch *Das Christentum als mystische Tatsache*, in dem er beschreibt, wie die vorchristlichen Mysterien mit ihren Möglichkeiten, Menschen in die geistige Welt einzuweihen, mit dem Erscheinen des Christus öffentlich geworden sind. Jeder sollte nun an den Früchten der Mysterien Anteil haben können, aber nicht allein – dazu wäre nach wie vor die strenge Schulung der Mysterien notwendig –, sondern im Zusammenhang der christlichen Gemeinschaft. »Es hat sich also mit dem ›Mysterium von Golgatha‹ auf die christliche Gemeinde das ausgegossen, was sich früher innerhalb des Mysterientempels über den Mysten ausgegossen hat.«[207] Das bedeutet, die christliche Gemeinde erfährt im Vollbringen der christlichen Weihehandlung – die selbst aus den Mysterien stammt – als Gemeinschaft die Einweihung, die früher der einzelne Mysterienschüler durchgemacht hat. Die Gemeinde als Ganzes wird eingeweiht – das einzelne Mitglied dieser Gemeinde wird daran Anteil haben, auch wenn das Bewusstsein für diesen Vorgang noch nicht erwacht ist. »Das Christentum sollte ein Mittel sein, durch das jeder den

[206] GA 344, 8.9.1922 n / 19.9.1922 n.
[207] GA 8, Dornach 1989, S. 109.

Weg finden konnte. Ist er nicht reif dazu, so ist ihm wenigstens nicht die Möglichkeit abgeschnitten, dass er in einer gewissen Unbewusstheit der Mysterienströmung teilhaftig werde … Etwas genießen können von den Früchten der Mysterien sollten auch fortan diejenigen, welche nicht an der Einweihung noch teilnehmen können.«[208] In dem Maße, in dem sich der Einzelne des Zusammenhangs mit der geistigen Welt bewusst wird, wie er sich für die Gemeinde im Kultus verwirklicht, beginnt er für das Esoterische der Gemeinde zu erwachen. Die Gemeinschaft der Priester ist also die Grundlage des Priestertums. Sie steht aber nicht für sich da, sondern in einer innigen Beziehung zu den Gemeinden mit ihrer verborgenen Esoterik.

12.3 Die Priesterweihe in der Christengemeinschaft

»So wie das Hereinscheinen aus der geistigen Welt, so sind die drei letzten Sakramente.«[209] Das gilt nach der Letzten Ölung auch für das sechste Sakrament, die Priesterweihe. Wir haben es wieder mit einem *Involutionswert* zu tun, dem durch die Priesterweihe der entsprechende Evolutionswert hinzugefügt wird. Der zur Letzten Ölung gehörige Involutionswert liegt im Tod selber, durch den sich die individuelle irdische Menschwerdung, die in vier Evolutionsstufen ihre Entfaltung erfahren hat, nun gänzlich »einfaltet«. Den Involutionswert, der zur Priesterweihe gehört, müssen wir bereits jenseits der Schwelle suchen, das heißt aber, da es in der geistigen Welt keine privaten Bereiche gibt, ist er nicht mehr individuell, sondern allgemein menschlich. Es ist ein verborgener und gänzlich unbewusster Involutionswert, der allen Menschen, in welcher Lebens- und Bewusstseinslage auch immer sie sich befinden, eignet: eine Art Verankerung in der geistigen Welt. Wie sehr wir auch im Diesseits der Evolutionswelt leben, wie sehr wir uns von der geistigen Welt getrennt fühlen oder – vielleicht als bekennende Materialisten – sogar bewusst getrennt haben, es bleibt eine tief unbewusste letzte Verbindung bestehen, trotz der »Nabelschnur zum Geistig-Seelischen,

[208] GA 8, Dornach 1989, S. 118.
[209] GA 342, 14.6.1921.

die durchschnitten worden ist«[210]. Es handelt sich hier um ein weit reichendes Prinzip. Schon 1894 hat Rudolf Steiner es auf eine ganz andere, philosophische Weise in seiner *Philosophie der Freiheit* ausgesprochen: »Wir wollen keine Spekulationen anstellen über die Wechselwirkung von Natur und Geist. Wir wollen aber hinuntersteigen in die Tiefen unseres eigenen Wesens, um da jene Elemente zu finden, die wir herübergerettet haben bei unserer Flucht aus der Natur.«[211] Jetzt ist es nicht die Trennung von der geistigen Welt, sondern die »Flucht aus der Natur«, und die unbewusste Verbindung zur geistigen Welt sind hier die aus der Natur herübergeretteten Elemente, die wir »in den Tiefen unseres eigenen Wesens« finden können. In Bezug auf die Priesterweihe beschreibt Steiner diesen Involutionswert so: »Wären wir ganz abgeschnürt von dem Geistig-Seelischen, wir könnten nimmermehr den Weg zurück finden. Aber es ist ein tiefer Involutionsvorgang, der immerzu in uns vorhanden ist, ein ganz verborgener Vorgang, noch verborgener als das, was im Menscheninnern geschieht, wenn er mit seinem Organismus durch den Tod geht; daher ist es ein Prozess, der im Verlauf des individuellen Lebens des Menschen überhaupt nicht zum Bewusstsein kommt.«[212]

Der zugehörige Evolutionsvorgang ist zunächst – wie bei der Letzten Ölung – die kultische Handlung. Bei der Priesterweihe erschöpft er sich aber darin nicht, sondern alle weiteren Handlungen, die aus dieser Weihe hervorgehen, gehören dazu. Alles, was der Geweihte im Sinne der Priesterweihe tun wird, ist eine Entfaltung dieser verborgenen Beziehung zur geistigen Welt. Deshalb kann man dem alten Namen Brückenbauer (*pontifex*) für den Priester einen neuen Inhalt geben, aber in dem Sinn, dass er nicht zwei getrennte Welten einfach verbindet, sondern dass die Verbindung in Wahrheit das tätige Bewusstmachen einer tief unbewusst vorhandenen Beziehung ist, die wir in unser irdisches Sein »herübergerettet« haben.

Für die zeitgemäße Kirche ist an dieser Stelle aber auch die Gemeinde einzubeziehen. Man kann sagen: Gemeinde entsteht erst durch den Priester und sein Wirken. Es gilt aber auch das Umgekehrte. Nur dort, wo Gemeinde schon *ist* – auf welcher Stufe der Wirklichkeit auch immer –,

[210] GA 343, 2.10.1921 n.
[211] GA 4, Dornach 1995, S. 34.
[212] GA 343, 2.10.1921 n.

kann ein Priester wirken. Wenn also durch die Priesterweihe und den daraus hervorgehenden Strom des Zelebrierens von Kultus ein Evolutionswert geschaffen wird, der dem Involutionswert einer untergründigen Verbindung des Menschen mit der geistigen Welt entspricht, so gilt das nicht nur für den Priester. Auch die Gemeinde, die den Kultus mitvollbringt, schafft und bildet an diesem Evolutionswert weiter und fügt ihn zu dem Involutionswert. Wir haben es dabei »nicht mit etwas Individuellem im Menschen zu tun, wir haben es mit einem Wechselverhältnis mit dem Himmlisch-Geistigen zu tun. Das aber ist etwas, was ja bei jedem Menschen, aber unbewusst, vorhanden ist.«[213] Bei jedem Menschen heißt: auch bei jedem Gemeindeglied. Die Priesterweihe kann als moderne Initiation verstanden werden, als ein Anfang (*initium*), der bei einem Einzelnen einsetzt, aber die ganze Gemeinschaft ergreift. Die Priesterweihe fügt dem Involutionswert, der bei Priester *und* Gemeinde vorhanden ist, den Evolutionswert des Kultusstromes hinzu.

Dieses Einbezogensein der Gemeinde, das ja für jedes Sakrament gilt, hat bei der Priesterweihe eine besondere Bedeutung, weil aus diesem Sakrament die Verfasstheit der Christengemeinschaft als Kirche hervorgeht. An einer Stelle in der Priesterweihe wird besonders deutlich, wie die Gemeinde das Priestertum mit hervorbringt. Das ist in der kultischen Ansprache, die der Zelebrant von der Kanzel aus verliest. Er stellt fest, dass »der Geist eurer Gemeinschaft« diese nun ordinierten Menschen in ihrem Priestertum »anerkannt« hat. Doch nun ist noch notwendig, dass auch die einzelnen Glieder der Gemeinschaft, jedes für sich, dieser Anerkennung Folge leisten. Ohne diese Anerkennung ist priesterliches Handeln nicht möglich, sie ist die Voraussetzung dafür, dass das Priestertum auch wirksam sein kann.

Dass die Gemeinde so unmittelbar die Wirklichkeit des Priestertums mit hervorbringt, erscheint ungewöhnlich. Es geschieht unter kompromissloser Wahrung dessen, was spirituell gefordert ist, bringt aber auch zum Ausdruck, welchen wichtigen Beitrag zum Kultus der mündige Mensch heute leisten soll. Es bleibt dann noch eine wesentliche Aufgabe, dieser geistigen Struktur der Christengemeinschaft als Kirche auch eine angemessene soziale Form zu geben.

[213] GA 343, 2.10.1921 n.

13 Die Trauung

13.1 Ausgangsfragen

Die Institution Ehe befindet sich in den westlichen Gesellschaften heute in einer schweren Krise.[214] Das zeigen die immer weiter steigenden Scheidungsraten und der Befund, dass für Kinder die Möglichkeit, in einer »intakten« Familie aufzuwachsen, immer geringer wird. Dieses zunehmende Misslingen von Ehen legt die Frage nahe, aus welcher Wirklichkeit diese Einrichtung letztlich stammt. Die äußere Antwort ist einfach, fast banal: Weil der Mensch sich männlich oder weiblich und damit einseitig verkörpert, sucht er den Ausgleich im anderen gegengeschlechtlichen Menschen. Zu diesen persönlich begründeten Neigungen kommt noch eine objektive Notwendigkeit, die sich aber mit dem persönlichen Sehnen verbinden kann: die Fürsorge für die Nachkommen, für das Fortbestehen des Menschen auf der Erde. Um diese beiden Tatsachen haben sich im Lauf der Geschichte in den verschiedenen Kulturen sehr verschiedene Formen der Ehe herausentwickelt. In ihnen wurden entscheidende Fragen, ob z.B. eine Scheidung möglich sei, ob die Ehe lebenslang oder situationsbedingt und deshalb zeitlich begrenzt sei, ob sie monogam oder polygam sei, kulturspezifisch jeweils sehr verschieden beantwortet. Alles das war schon gegeben, als das Christentum auftrat und mit ihm neue Fragen: Gibt es auch eine christliche Ehe? Hat sie eine bestimmte Form und einen eigenen Inhalt, der sie von der »heidnischen« bzw. vorchristlichen Ehe unterscheidet?

Die Wirklichkeit, aus der sich die Ehe entwickelt hat, sieht für den heutigen Blick verändert aus. So hat sich im Bewusstsein der Menschen (wieder muss man sagen: in den westlichen Gesellschaften) die Vorstellung der Gleichberechtigung von Mann und Frau fest verankert, wenn auch der Weg zur Wirklichkeit immer noch nicht zu Ende gegangen ist. Das ist ein großer Fortschritt auf dem Weg der Befreiung des individuellen Menschen von gesellschaftlichen Zwängen. Mit dieser Vorstellung

[214] Vgl. Wolfgang Gädeke: *Ehe. Sehnsucht – Idee – Wirklichkeit.* Stuttgart [2]2006.

haben sich aber auch bis heute fast alle besonderen, vom Seelischen getragenen Formen des gegenseitigen Umgangs von Mann und Frau verloren, einschließlich der Unterscheidung dessen, was einmal als typisch männliche oder weibliche Betätigung (oder Beruf) galt. Im täglichen Umgang der Menschen miteinander gilt in einem hohen Maß das Prinzip der Nichtunterscheidung des Männlichen und Weiblichen.

In scheinbarem Gegensatz dazu ist in den letzten Jahrzehnten eine unüberschaubar gewordene Flut an *psychologischer* Literatur entstanden, die sich mit dem Thema des spezifisch Weiblichen und zunehmend auch des Männlichen beschäftigt. Das Charakteristische ist hier, dass das Spezifische des jeweiligen Geschlechts im Allgemeinen nicht in Relation zum anderen Geschlecht gesehen wird, sondern auf sich zentriert bleibt. Es zu erkennen soll ja zunächst der *Selbst*findung dienen.

Eine dritte fundamentale Veränderung im Bewusstsein des modernen Menschen bezieht sich auf die Nachkommenschaft. Eigene Kinder spielen in den heutigen Biografien, gerade auch der Frauen, nur noch eine nachgeordnete Rolle – jedenfalls statistisch. Damit verblasst auch das ursprüngliche Erleben, dass die *Zweier*beziehung von Mann und Frau in sich immer eine Dynamik auf eine *Dreier*beziehung hin enthält, die zunächst eine rein geistige ist und sehr gut mit Goethes Begriff von »Polarität und Steigerung«[215] beschrieben werden kann (s. u. S. 224).

Die Konsequenz dieser Umwandlungen ist ein verändertes Verhältnis zu verschiedengeschlechtlichen Verbindungen, die früher nahezu ausschließlich in Form der Ehe möglich waren. Die erwähnte Nichtunterscheidung des Männlichen und Weiblichen im täglichen Umgang miteinander sowie der im Bewusstsein kaum noch eine Rolle spielende Gedanke an Nachkommenschaft erschweren es, zum anderen Menschen als dem in der *Polarität* erlebten »Du« eine Beziehung aufzubauen.[215a] Entsprechend haben sich die Namen für diese Verbindungen geändert, von der revolutionären »wilden Ehe« bis zur heute üblichen neutralen Bezeichnung (Lebens-)Partnerschaft, die sogar offen lässt, ob die beiden Lebenspartner geschlechtlich polar orientiert sind oder nicht. Von dieser Einebnung in den Geschlechterbeziehungen ist noch am wenigsten die

[215] In einem Brief vom 24. Mai 1828 an den Kanzler von Müller.

[215a] Selbstverständlich gibt es auch ganz andere Möglichkeiten einer Du-Beziehung.

Sexualität betroffen.[216] Ihre Bedeutung als Motiv für die Partnerschaft steht deshalb in vielen Fällen im Vordergrund und wird dann zu einer möglichen Quelle von Illusionen. Denn eine in sich schon begründete Beziehung kann durch die Kraft der Sexualität gestärkt werden, niemals aber kann umgekehrt durch Sexualität eine Beziehung auf Dauer begründet werden.

So muss man sagen, dass die Wirklichkeit, aus der die Ehe einmal hervorgegangen ist, sich in allen ihren wesentlichen Elementen für die heutigen Menschen zurückzuziehen beginnt und teilweise auch schon zurückgezogen hat. Wenn die Ehe überhaupt noch eine Zukunft hat, muss erst die Wirklichkeit, aus der sie hervorgehen kann, gefunden werden. Wir wollen in den folgenden Kapiteln dieser Frage nachgehen. An die Ehe-Theologie, wie sie sich in den beiden christlichen Jahrtausenden entwickelt hat, können wir dabei nicht anschließen, auch nicht kontrapunktisch. Nur im Bereich der Ehe-Liturgie gibt es eine Brücke zum Traukultus der Christengemeinschaft. Hier finden wir die Kontinuität.

13.2 Das Entstehen der kirchlichen Trauung

An den bestehenden Formen der Eheschließung hat das Christentum zunächst nichts Wesentliches geändert, sie wurden einfach weitergepflegt, bereinigt um die heidnischen Elemente (Opfer für die Hausgötter, Orakelbefragungen etc.). Die alte Kirche kennt keine durch Priester oder Bischof vollzogene Trauung. Sie beschränkt sich auf den Rat, das Brautpaar möge nicht ohne Zustimmung des Bischofs und ohne Wissen der Gemeinde heiraten. Die Neuvermählten lädt sie ein, durch Darbringung von Opfergaben und gemeinsame Feier der Messe die Ehe zu festigen (*confirmare*), und sie erbittet für sie im Gemeindegottesdienst Gottes Segen. Als ehestiftend wird die gegenseitige Zustimmung (Konsens) der Brautleute betrachtet. Bis ins tiefe Mittelalter hinein wurde die eigentliche Konsenserklärung im Haus der Braut vor den engsten Familienangehörigen vollzogen als eine Angelegenheit, die unter den beiden

[216] Man muss sich allerdings die Frage stellen, ob nicht doch auch die Sexualität davon anfänglich ergriffen ist. Zumindest die Zahl der sich zu einer ambivalenten geschlechtlichen Orientierung *bekennenden* Menschen nimmt zu.

Familien sich abspielte. Danach zog man in die Kirche, wo die bereits geschlossene Ehe gesegnet wurde. Die eigentliche Eheschließung erfolgte also gar nicht öffentlich. Behindert wurde die Entstehung einer vom Priester im Namen der Kirche vollzogenen Trauung durch das Kirchenrecht, das nur die Konsensehe kannte, und durch die mittelalterliche Sakramentslehre, nach der die Eheleute sich gegenseitig das Sakrament spenden. Der – öffentliche – kirchliche Segen war für die Gültigkeit der Ehe nicht »notwendig«. So kam es im Mittelalter zur Erscheinung der so genannten klandestinen (heimlichen) Ehen, von denen man nichts wusste, die aber nach dem Kirchenrecht gültig waren. Die Kirche forderte deshalb schon bald eine kirchliche und damit öffentliche Form der Trauung. Die Konsenserklärung ließ man nun nicht mehr im Haus der Braut, sondern vor der Kirchentür, angesichts des Gotteshauses (*in facie ecclesiae*) stattfinden. Sie musste vor dem zuständigen Pfarrer und zwei oder drei Zeugen abgegeben werden. Das Konzil von Trient machte diese Trauungsform endgültig zur Pflicht und schuf dadurch im engeren Sinn die kirchliche Trauung.[217]

Die Form der Trauung zeigt also im Wesentlichen zwei zunächst ganz getrennte Teile. Der erste Teil enthält den Konsens, das gegenseitige Ja-Wort, durch das der Ehevertrag als Rechtsakt geschlossen und damit die Ehe begründet wird. Das ist eine Angelegenheit der Brautleute (damals auch eine Angelegenheit der Familien), ohne Beteiligung der Kirche. Als später dieser Akt vom Haus der Braut vor die Kirchentüre verlegt wurde, änderte sich dadurch im Prinzip nichts, sondern es wurde lediglich der Eheschließung die notwendige Öffentlichkeit gegeben. So wird das Ja-Wort öffentlich »im Angesicht der Kirche« gegeben, was zunächst der äußeren Tatsache entspricht, aber auch eine innere Tatsache ist. Der zweite Teil findet im Kircheninnern statt und fügt den Segen hinzu (*benedictio nuptiarum intra missam*, Brautmesse). Ab dem 16. Jahrhundert beginnt man auch die Konsenserklärung in das Kircheninnere zu holen, wodurch diese beiden Teile sich zu einer Handlung zusammenfügen, die vor dem Altar vollzogen wird – meistens verbunden mit der Messe.

[217] Von dieser Trauungsform kann man heute durch den Bischof relativ leicht dispensiert werden, wenn die Umstände es erfordern, z.B. bei Mischehen, weil für das Zustandekommen der Ehe eben auch weiterhin allein der Konsens der Eheleute wesentlich ist und nicht die kirchliche Form.

13.3 Die Ehegründe

Am Ausgangspunkt jeder Ehe steht die Frage nach dem Heiratsgrund. In zurückliegenden Jahrhunderten waren die Ehegründe meistens nicht in erster Linie individuelle Zuneigung, sondern Gesichtspunkte, die von den Eltern und dem weiteren sozialen Umkreis geltend gemacht wurden. Nicht nur beim Adel war Heiraten zugleich Heirats-»Politik«. Die Geschichte von Romeo und Julia am Anfang der Neuzeit symbolisiert eine Wende zur persönlichen Entscheidung der Ehepartner füreinander, notfalls auch gegen die Interessen der Familien. Heute ist das (in den westlichen Kulturen) die normale Situation, die Ehe hat sich aus den Familien- und anderen übergeordneten Interessen emanzipiert.

Mit dieser noch gar nicht so alten Entscheidungsfreiheit der Ehepartner sind aber schwerwiegende Probleme verbunden. In dem Maße, in dem früher die Eheentscheidung nicht nur eine persönliche Angelegenheit war, wurde der Ehegrund zugleich als etwas objektiv Gegebenes erlebt – wie ein Schicksal, das einem von außen zukommt. Am Anfang stand nicht die seelische Zuneigung, sondern gewissermaßen die »sachliche« Zuneigung, der Wille, miteinander zu leben und an einer gemeinsamen Aufgabe zu arbeiten. Von diesem Grund konnten sich die Eheleute ein Leben lang getragen fühlen, auch durch persönliche Schwierigkeiten hindurch, die es natürlich auch gab. Und die soziale Umwelt trug die Ehe mit, weil sie für das Zustandekommen mitverantwortlich war.

Ganz anders ist die Frage bei der persönlich verantworteten Entscheidung. Was sind meine Gründe, diesen – und gerade diesen Menschen heiraten zu wollen? Im konkreten Fall von »Gerhard« und »Barbara« liest sich das heute so: »Die Ehrlichkeit und Offenheit ihres Vertrauens suche ich. Ich fühle mich darin gefordert und berührt.« Es gibt viele »Übereinstimmungen bzw. Ergänzungen unserer Weltsichten und Gewohnheiten«, wie z.B. das gemeinsame »Bedürfnis nach häuslicher Gemeinschaft, Bildung, Stil und vieles mehr«. Wichtig ist, dass Barbara »für mich auch äußerlich eine attraktive Frau ist … Mit Sicherheit ist aber Barbaras ungeheure Fähigkeit, eine Situation richtig und differenziert zu erfassen, eine Eigenschaft, die Barbara für mich als Individuum so faszinierend erscheinen lässt … Ich erlebe diese Fähigkeit als eine enorme Bereicherung für mein Leben.« Wie blickt Barbara auf Gerhard? »Es gibt viele Dinge, die ich besonders an Gerhard mag oder sogar bewundere. Eine Kleinigkeit, aber trotzdem für mich wichtig: Ich mag, wie einfühlsam er Klavier spielt. Ich mag seinen Humor, ich mag seine Art, wie er mit anderen Menschen umgeht. Er ist ausgesprochen hilfsbereit, er ist nicht launisch … Immer wieder gibt es Themen, für die sich Gerhard begeistern kann. Er bleibt dann mit viel Durchhaltevermögen dabei, auch wenn es vielleicht einmal schwierige Phasen gibt. Auf der anderen Seite kann er aber auch loslassen, wenn etwas erledigt ist oder sich nicht mehr ändern lässt. Das ist eine Qualität, die ich bewundere und die mir insofern zugute kommt, dass ich dies von allein häufig nicht schaffe.«[218]

Wer hätte vor fünfhundert Jahren sich so differenzierte Gedanken gemacht über die Grundlage seiner Ehe? Nichts kommt da wie ein Schicksal von außen, alles ist ganz und gar »persönlich«, nur so kann ja auch der Eheentschluss selbst verantwortet werden. Die von außen kommenden Gründe waren verlässlich und stabil. Wie wird sich das hier Beschriebene in fünf, zehn, zwanzig Jahren weiterentwickeln? Was wird dann noch gelten? Und wenn es nicht mehr gilt, sind dann die Grundlagen der Ehe entfallen? Wenn wir an dieser Stelle konsequent sind, müssen wir wohl die Frage bejahen. Indem wir die Ehe selbst verantworten, müssen wir auch in der Lage sein, nach einer gewissen Zeit zu prüfen, ob die Ehegründe noch gelten, und gegebenenfalls festzustellen, dass sie inzwischen entfallen sind. Die Ehe kann dann nicht mehr grundsätzlich als lebenslänglich angesehen werden. Von der lebenslangen Dauer für die Ehe auszugehen, hat nur Sinn, wenn wir in einem möglichst geringen Maß die Ehe selbst verantworten und die Ehegründe ganz objektive sind; das wird heute aber nicht mehr akzeptiert.

So erhebt sich also die Frage, ob nicht auch aus Gründen des kulturellen Entwicklungsganges die lebenslange Ehe überholt ist. Zu dieser Frage wurde Rudolf Steiner um eine Stellungnahme gebeten, die zusammen mit den Äußerungen anderer berühmter Persönlichkeiten in einem Sammelband abgedruckt worden sind.[219] In seiner Antwort[220] weist er

[218] Aus Aufzeichnungen eines Brautpaares für den Verfasser; Namen geändert.

[219] Ferdinand Freiherr von Paungarten (Hrsg.): *Das Eheproblem im Spiegel unserer Zeit. Äußerungen bekannter Persönlichkeiten zu dieser Frage.* München 1913.

die Ansicht zurück, die Schwierigkeiten auf dem Feld der Ehe hingen damit zusammen, dass die Ehe als solche nicht mehr zeitgemäß sei. »Die Sache ist vielmehr so, dass die Gegenwart den Menschen auf vielen Gebieten in einen gewissen Gegensatz bringt zwischen dem Ganzen eines Zusammenhangs und seinem individuellen Erleben. Dieser Gegensatz wirkt in viele Verhältnisse der Gegenwart hinein, und nur eines dieser Verhältnisse ist die Ehe-Institution. Was nun aus dieser Tatsache für viele Ehen folgt, hängt gar *nicht von dem Wesen der Ehe ab,* sondern von Dingen, welche außerhalb dieses Wesens liegen.« Das Ganze des Zusammenhangs ist aber für die Ehe das Entscheidende, weil »der Mensch sich durch die Ehe nach zwei Richtungen hin in ein Ganzes der Menschheit hineinstellt. Deshalb kann er sich keineswegs das volle Recht zusprechen, über die Ehefrage nach persönlichen Gesichtspunkten Forderungen zu stellen.« Damit wird der entscheidende Punkt berührt: Die Kräfte, mit denen der Mensch in der Neuzeit sich aus dem bestimmenden Druck der sozialen Verbände befreit hat, haben ihn zu einem zunächst äußerlich autonomen Wesen gemacht. Er wird aber nicht in der Lage sein, aus den gleichen Kräften, wenn sie nicht weiterentwickelt werden, Gemeinschaften zu gründen, also auch keine Ehe zu führen. Er wird entweder zurückweichen und einen Teil dieser Kräfte opfern, um der Ehe willen, oder er wird umgekehrt das Bedürfnis haben, dem »Gefängnis Ehe« zu entfliehen.

Damit fällt der Blick auf Gemeinschaften neuer Art, von denen nicht mehr gilt, dass ihnen das Interesse des Individuums geopfert werden muss, sondern die vereinbar sind mit der völligen Freiheit und Individualität des Menschen – wir haben oben im Kapitel über die Kindertaufe schon darüber gesprochen. Sie gründen sich auf Menschen, die nicht bei der äußeren Autonomie stehen bleiben, sondern die auf dem Weg zur inneren Autonomie sind, zu der man niemanden »hinerziehen« kann. Die Ehe, die aus den alten Gemeinschaften hervorgeht als ein Teil von ihnen, hat in den Kulturen, in denen diese Gemeinschaften nicht mehr tragen, keine Lebenskraft mehr. Die zukünftige Ehe, die sich auf die neuen Gemeinschaften bezieht und die selbst die Qualität einer solchen

[220] Abgedruckt in GA 39, Brief Nr. 618 (an F. v. Paungarten).

neuen Gemeinschaft hat, steht völlig am Anfang. Die Lebenswirklichkeit des heutigen Menschen ist aus diesen Elementen gemischt. Er ist weiterhin auf die Tragekraft traditioneller Gemeinschaften angewiesen und sucht sie. Er erlebt die Gegenwart in der äußeren Autonomie, die jedem in unseren modernen Gesellschaften zugestanden wird, und weiß, dass diese doch erst noch als innere Autonomie erarbeitet werden muss. Und dann gibt es schon jetzt keimhaft die zukünftige »Gemeinde der ›freien Geister‹, von der wir träumen«.[221] Auch die Ehe heute ist aus diesen Elementen gemischt. Ihrem Wesen nach ist sie eine zukünftige Gemeinde der freien Geister, nur von daher kann sie immer wieder neu gegriffen werden. Sie wächst aber aus der Zukunft in die Wirklichkeit des gegenwärtigen Menschen herein, wenn sie *gewollt* wird. Dann kann sie auch zur tragenden Gemeinschaft traditioneller Art werden, wie auch zum Widerlager, dem die Ehepartner immer wieder ihre persönliche Freiheit neu abringen müssen (und sollen).

Was also können für den heutigen Menschen Ehegründe sein? Es kann eigentlich nur das eine Ideal geben, etwas von der zukünftigen Form der Ehe zu verwirklichen, wenn auch vielleicht nur anfänglich. Der Weg dahin führt auf jeden Fall erst einmal durch die Schicht des Persönlichen hindurch. Man muss sich wie im obigen Beispiel Rechenschaft ablegen, was die ganz persönlichen Motive sind, womöglich immer wieder neu. Dann aber tritt das Persönliche zurück und schafft Raum, damit die Ehe als eine überpersönliche Aufgabe ergriffen werden kann.

Was ist eine Ehe? Was unterscheidet die *eheliche* Gemeinschaft von anderen Zweierbeziehungen wie Freundschaft, Berufspartnerschaft, Lebenspartnerschaft, gemeinsame Elternschaft usw.? Zur Beantwortung dieser Frage hilft uns die Liturgie als wesentliche Quelle der Theologie weiter. Aus dem Trauritual heraus lassen sich drei Elemente erkennen, die zusammen wesentlich die Ehe konstituieren. Wo eines dieser Elemente fehlt, kann natürlich trotzdem eine wichtige Gemeinschaftsbeziehung vorliegen, man wird aber nicht von einer Ehe sprechen.

[221] Rudolf Steiner an Rosa Mayreder am 4.11.1884, GA 39.

13.4 Die Lebensgemeinsamkeit

Das erste Element wird »Lebensgemeinsamkeit« genannt. In den europäischen und vermutlich den meisten Sprachen der Welt hat das Wort für *Leben* einen doppelten Begriffsinhalt. Es bedeutet auf der einen Seite das zeitliche Geschehen zwischen Geburt und Tod, den Lebenslauf. Man kann ein langes oder kurzes Leben haben. Auf der anderen Seite kann man erschöpft oder erfrischt sein, eine große oder schwache Vitalität, viel oder wenig Leben haben. Das sind zwei ganz verschiedene Begriffe von Leben. Lebensgemeinsamkeit versteht man zunächst wohl eher unter dem biografischen Aspekt. Zwei Menschen führen ein gemeinsames Leben, sie gehen einen gemeinsamen Lebensweg. Das ist die vordergründige, für jedermann sichtbare Seite der Lebensgemeinsamkeit.

Der zweite Aspekt von Leben ist die verborgene Seite, aber das Fundament der Ehe. Es sind die Lebenskräfte des Menschen, sein Ätherleib, die in das Zusammenleben unmittelbar einbezogen sind. Der Ätherleib ist nicht so scharf abgegrenzt wie der physische Leib, der uns ein von der Umwelt getrenntes Eigensein ermöglicht. Die Lebenskräfte des Menschen können mit denen eines anderen in einen Prozess des »Kräfteschließens« kommen, sodass durch das Zusammen-Leben sich im Lauf der Zeit ein Drittes zu bilden beginnt: eine Art gemeinsamer Ätherleib. Er bildet die eigentliche leibliche Realität der Ehe, denn im Physischen bleibt der Mensch von seiner Umwelt und von seinem Mitmenschen unüberwindbar getrennt. Deshalb bezieht sich das Wort »Darum wird ein Mann Vater und Mutter verlassen und seinem Weibe anhangen, und sie werden sein ein Fleisch« (Genesis 2,24) nicht auf das physische »Fleisch«, sondern den Ätherleib. So gibt es in der Ehe nicht nur den Ätherleib des Mannes und der Frau, sondern auch noch einen in einem Wachstumsvorgang befindlichen gemeinsamen Ätherleib der Ehe. Wenn eine Ehe gelingt in dem Sinne, dass das Zusammenleben gelingt, kann man gelegentlich bis in das Sinnenfällige die Spuren dieses gemeinsamen Ätherleibes wahrnehmen. Die Schriftzüge werden sich manchmal ähnlicher, sogar bis in den physiognomischen Ausdruck scheint sich gelegentlich diese Ähnlichkeit auszuweiten. Und wenn nach jahrzehntelanger Ehe ein Ehepartner stirbt, ist es nicht selten, dass ihm der andere dann nachstirbt, weil ihm nun etwas von den gemeinsamen Lebenskräften fehlt.

Von der anthroposophischen Menschenkunde ausgehend, kann man beschreiben, was diesen Ehe-Leib aufbaut und in seinem Wachstum fördert und was ihn belastet. Es beginnt im Bereich des täglichen Lebens, der mit dem Ätherleib des Menschen verbunden ist. Hierzu zählen beispielsweise der Rhythmus, die Gewohnheiten und die Erlebnisse, die sich dem Gedächtnis einschreiben. Gemeinsamkeiten in diesen Bereichen stärken das gemeinsame Ätherische. Ein weiteres und wichtiges Gebiet ist die Sexualität. Sie entfaltet ihre tiefste Wirksamkeit ebenfalls im Bereich des Ätherischen[222] (ganz zutreffend sagt die deutsche Sprache Fort*pflanzung* und nicht etwa Fort*tierung*, was sachgemäßer erscheinen könnte), sie kann zum gemeinsamen Ehe-Leib Wichtiges beitragen, zunächst unabhängig davon, ob Kinder geboren werden. Aber auch hier kommt alles auf die rechte Gemeinsamkeit[223] an, den inneren Blick auf das »Dritte«. So wie das gemeinsame Ätherische gestärkt werden kann, ist es andererseits auch verletzbar. Wenn es zu wenig gemeinsame Erlebnisse gibt oder die Lebensrhythmen sehr verschieden sind, ist das eine Belastung für das Ätherische der Ehe. Und eine entsprechend größere Verletzung kann auf dem sexuellen Feld herbeigeführt werden.

Man kann den ätherischen Bereich der Ehe sachgemäß in der Pflanze symbolisiert finden, weil die Pflanze in besonderer Weise die Gesetze des Ätherischen anschaubar macht. Wir wollen uns auf einen Gesichtspunkt beschränken: Die Pflanze unterliegt immer dem Gesetz des Wachstums, auch wenn es Phasen des Rückstaus oder der Ruhe gibt und auch wenn die Bäume nicht »in den Himmel« wachsen. Ähnlich ist es in der Ehe (wenn, wie schon einmal gesagt, das Zusammenleben gelingt): Sie hat

[222] Dass heute die Sexualität auch – und scheinbar vor allem – in Verbindung mit dem Astralischen des Menschen erscheint, also im Bereich der »Triebe, Begierden, Leidenschaften« (Steiner z.B. GA 11, Dornach 1986, S. 215), kann als eine Folge des luziferischen Eingriffs (Sündenfall) verstanden werden.

[223] Man könnte denken, dass auf dem Gebiet der »sinnlichen« Liebe die Gemeinsamkeit eine Selbstverständlichkeit sei. Das Gegenteil ist aber in Wirklichkeit der Fall. Sexualität führt zwar die Menschen äußerlich zusammen, führt sie aber *durch sich selbst* aus der inneren Fremdheit nicht heraus, ja verstärkt sie sogar noch, wenn der andere in Wahrheit ungeliebtes Objekt ist. Sie bedarf deshalb einer Hülle seelischer Gemeinsamkeit, damit sie ihre aufbauende Kraft für das gemeinsame Ätherische entfalten kann.

einen Lebensgrund, der immer weiter wächst – in verschiedenen Phasen. Es gibt keinen Grund zu sagen: Jetzt ist es genug, es wächst nichts mehr. Es wächst immer – vielleicht an einer unerwarteten Stelle und in anderer Form. Auch ein alter Baum wächst noch weiter, aber vielleicht nicht mehr in die Höhe. In ähnlicher Weise kommt dieses Wachstum des gemeinsamen Ätherischen in der Ehe nie an ein Ende, aus dem treuen Zusammenleben gewinnt es seine Kraft. So ist auch der Lebensprozess in der Ehe darauf ausgelegt, nicht vorzeitig beendet zu werden. Unter diesem Aspekt ist die lebenslange Ehe auch heute sachgemäß. In der schon zitierten schriftlichen Äußerung Rudolf Steiners zur Ehefrage (s. oben Anm. 220), findet sich dieser Gedanke auf eine entsprechende Weise: Steiner spricht nicht von *lebenslang*. Das drückt eine zeitliche Quantität aus, die leicht zur Abstraktion wird, weil man nicht sämtliche Fälle des Lebens kennen kann. Er benutzt den Begriff *stabil*, um auf eine mehr qualitative Weise das Gemeinte auszudrücken: Die soziale Umgebung wird »ein Interesse daran haben müssen, dass die Ehe … als ein stabiles Verhältnis gelten könne, mit dem gerechnet werden kann, wenn es einmal besteht.« Mit einem sachgemäßen Blick auf die Ehe fühlen wir uns geradezu gezwungen, »die Stabilität anzuerkennen, wie auch die persönlichen Interessen zu anderem neigen mögen«.

13.5 Der Entschluss

Viele Menschen bilden mit einem anderen eine Lebensgemeinsamkeit, ohne deshalb eine Ehe zu führen. Zur Lebensgemeinsamkeit tritt deshalb ein zweites konstitutives Element hinzu: der Entschluss. Haben wir uns bei der Lebensgemeinsamkeit in der Leibsphäre der Ehe bewegt, so treten wir mit dem Entschluss in die Ich-Sphäre ein. Jeder gefasste Entschluss hat etwas sehr Befriedigendes, denn er verbindet einen für einen Moment ganz mit der Zukunft, so, als ob man das Ziel schon erreicht hätte. Das ist eine typische Ich-Tätigkeit: Von der Gegenwart aus sich auf die Vergangenheit beziehen zu können (darüber haben wir beim Beichtsakrament gesprochen), aber auch einen unmittelbaren Bezug zur Zukunft herzustellen. Nur ein Ich-Wesen kann einen Entschluss fassen. Dann muss aber der Weg in diese Zukunft erst noch gegangen werden. Die Zukunft, die im Entschluss aufleuchtet, kommt einem nicht von selbst entgegen, sondern muss willentlich herbeigeführt werden. Wir selbst kommen uns im Entschluss aus der Zukunft entgegen durch unseren Willen. Deshalb wird dieser Wille geschwächt, wenn wir den Entschluss aufgeben. Der Wille als Ausdruck der Ich-Kraft wird aber gestärkt, wenn wir dem Entschluss treu bleiben. Auf dem Weg innerer Selbstschulung, wie ihn Rudolf Steiner beschrieben hat, gibt es die »Bedingungen zur Geheimschulung«. Die fünfte dieser Bedingungen ist die *Standhaftigkeit in der Befolgung eines einmal gefassten Entschlusses.* Dazu sagt Rudolf Steiner: »Nichts darf den Geheimschüler davon abbringen, von einem gefassten Entschluss abzukommen, als lediglich die Einsicht, dass er im Irrtume befangen ist. Jeder Entschluss ist eine Kraft, und wenn diese Kraft auch nicht einen unmittelbaren Erfolg da hat, wohin sie zunächst gewandt ist, sie wirkt in ihrer Weise. Der Erfolg ist nur entscheidend, wenn man eine Handlung aus Begierde vollbringt. Aber alle Handlungen, die aus Begierde vollbracht werden, sind wertlos gegenüber der höheren Welt. Hier entscheidet allein die *Liebe* zu einer Handlung. In dieser *Liebe* soll sich ausleben alles, was den Geheimschüler zu einer Handlung treibt ... Er wird lernen, seine Taten, ja sein ganzes Wesen der Welt zu opfern, wie auch immer diese sein Opfer aufnehmen mag.«[224]

Drei Motive sind uns aus dieser Beschreibung wichtig: einmal der Irrtums-Vorbehalt, dann das Nicht-Wichtig-Sein, ob der Entschluss äußerlich zum Erfolg führt (das ist nur wichtig, »wenn man eine Handlung aus Begierde vollbringt«), und schließlich die Substanz der Liebe, in der sich der Entschluss auslebt und zum Opfer wird. Das können wir unmittelbar auch auf das Wesen der Ehe anwenden. Liebe, Opfer und der Verzicht auf äußeren Erfolg sind die Fundamente, auf denen sie in der Ich-Sphäre ruht. Liebe gehört also nicht in erster Linie zur Leibsphäre der Ehe (Lebensgemeinsamkeit), sondern zur Ich-Sphäre (Entschluss). Was aber bedeutet hier der Irrtums-Vorbehalt? Wenn Ehen scheitern, steht ja im Mittelpunkt des Bewusstseins bei den Beteiligten sehr oft der Gedanke: Ich habe mich geirrt. Rudolf Steiner meint aber nicht, dass ein subjektives Irrtums-Bewusstsein ausreicht, um einen gefassten Entschluss aufzugeben. Sogar wenn der Entschluss äußerlich nicht zum Er-

[224] GA 10, Dornach 1992, S. 109.

folg führt, bedeutet diese Tatsache allein noch nicht, dass der Entschluss ein Irrtum war, sondern es ist vielleicht gerade dann »Standhaftigkeit in der Befolgung eines einmal gefassten Entschlusses« gefordert. Jedenfalls bezieht sich der Entschluss auf eine Zukunft – wir haben darüber im Kapitel *Ehegründe* gesprochen –, die auf neue Weise die Ehe über das Persönliche hinaus mit der Gemeinschaft in Verbindung bringt. Nur aus dieser überpersönlichen Perspektive könnte über einen Irrtum entschieden werden. Sonst beurteilt man eben den Irrtum nur unter dem Blickwinkel einer Handlung aus Begierde.

Eine wichtige Frage für viele Menschen ist die, ob die Ehe mit einem anderen Menschen Karma sei. Dann wäre man gar nicht frei in seinem Entschluss und würde eben ein Schicksal erfüllen. Auch der Volksmund sagt ja: »Ehen werden im Himmel geschlossen.« Wenn man als Karma alles das ansieht, was einem von außen zukommt als »Geschick«, dann sind die Ehen in früherer Zeit immer Schicksal gewesen. Gerade insofern sie aus übergeordneten Gründen geschlossen wurden, hatten sie den Charakter eines von außen kommenden Schicksals. In dem Maße, in dem der Entschluss zur Ehe persönlich gefasst wird, ändert sich das. In einem für dieses Thema wichtigen Vortrag[225] hat Rudolf Steiner über das aus der Vergangenheit kommende Karma, das in unserem Unterbewusstsein wirkt, und das Zukunftskarma, das aus unserem bewussten Handeln hervorgeht, in Bezug auf Menschenbegegnung gesprochen. Das mitgebrachte Karma erfüllt sich notwendig, weil es ganz im Unbewussten wirkt. Wir setzen unsere Schritte blind geführt dorthin, wo wir auf unser Schicksal auftreffen. Wären wir nicht blind, wir wären im Allgemeinen noch nicht reif, sehend etwa einem schweren Schicksal freiwillig zu folgen. Wo wir aber aus unserem vollen Wachbewusstsein heraus handeln, sind wir frei und schaffen durch unser Handeln den Keim künftigen Schicksals.

Wenn zwei Menschen sich begegnen, sind sie bis zu dieser Begegnung geführt worden, ohne dass diese Führung ihnen bewusst geworden wäre. In dem Augenblick aber, wo sie sich gegenüberstehen und sich ihrer Begegnung bewusst werden, kommt die unbewusste Führung an ein Ende. Was jetzt geschieht, ist – soweit es bewusst geschieht – Keim für die Zukunft. Da wirkt nicht mehr das Vergangenheitskarma. In allem aber, was

[225] GA 240, 25.1.1924.

sich auch weiterhin unbewusst zwischen den Menschen ereignet, wo sie noch nicht als freie Individualitäten handeln, setzt sich mitgebrachtes Karma weiter fort. Wenn sich zwei Menschen begegnen, sind sie im Augenblick der Begegnung frei und selbst dafür verantwortlich, was aus dieser Begegnung werden soll. Nur eine von vielen Möglichkeiten ist die Ehe. An diese Freiheit schließt das Ehesakrament an. Das unbewusst Gebliebene muss nachträglich aufgearbeitet werden, indem wir nach und nach – fast immer schmerzlich – erwachen. Damit wird aber die Freiheit in der Beziehung erst vollständig, das Ja kann nun ganz aus dem Bewusstsein heraus kommen. Es kann nie enttäuscht werden.

In der konkreten Wirklichkeit gibt es also kein Entweder-oder, sondern das Ja ist immer gemischt aus beiden Elementen, und bei jedem Menschen ist diese Mischung eine andere. Vielleicht ist der freie Anteil des Ja noch sehr gering, dann wird die Ehe weitgehend aus mitgebrachten Kräften geschlossen und ist tatsächlich Karma, auch in den aufzuarbeitenden Schwierigkeiten. Vielleicht ist es umgekehrt und es gibt für die beiden keine auch unbewusste Notwendigkeit, eine Verbindung einzugehen, dann ist die Ehe eher von Freiheit getragen. Die sakramentale Trauung jedenfalls bezieht sich nur auf den Anteil des Ja, der in Freiheit gesprochen wird. Der unbewusste Anteil – und sei er auch der viel größere – bleibt für das Sakrament unberücksichtigt.

Der durch das Ja-Wort zum Ausdruck gebrachte Entschluss ist nur dann vollständig, wenn er öffentlich gemacht wird. Das ergibt sich daraus, dass die Ehe ja keine Privatangelegenheit ist, sondern sich auf Gemeinschaft im weitesten Sinne bezieht. Hier liegt die Berechtigung der Tridentinischen Forderung, dass die Konsens-Erklärung der Brautleute (die damals natürlich noch nicht den Rang dessen hatte, was hier mit Entschluss gemeint ist) nicht im privaten Milieu der Braut erfolgen darf, sondern öffentlich »im Angesicht der Kirche«. Was heißt das heute? Was ist ein veröffentlichter Entschluss? In Bezug auf die äußere Welt könnte man sich gewiss viele Möglichkeiten einer Veröffentlichung vorstellen – durch Zeitungs-Annonce, durch Ausrufen auf einem öffentlichen Platz usw. Das würde von den Empfängern der Botschaft vielleicht als originelle Idee gewertet, aber es würde nicht als Wirklichkeit verstanden. Die Veröffentlichung muss in einer sozial verständlichen Sprache erfolgen, sonst hat sie keine Wirkung. Was sozial verständlich ist, hängt von der jeweiligen Kultur ab. In Deutschland erfüllt diese Funktion das Standesamt. Es ist der Ort, wo der Eheentschluss für alle verständlich gewissermaßen »horizontal« veröffentlicht und dadurch zu einer sozialen und zugleich spirituellen Wirklichkeit wird. In Bezug auf die geistige Welt geschieht die angemessene Veröffentlichung vor dem die sakramentale Trauungshandlung vollziehenden Priester als dem Repräsentanten des Christus und der mitwirkenden Gemeinde. Sie ist der zweite spirituelle Faktor der Ehe, der ihr eine weitere, eine »vertikale« Dimension gibt. So kann die Formel des Konzils mit ihrer Forderung »im Angesicht der Kirche« heute in einer doppelten Bedeutung verstanden und bejaht werden: horizontal-weltlich (Standesamt) und vertikal-geistig (Sakrament).

13.6 Mann und Frau

Das dritte für die Ehe konstitutive Element ist die Tatsache, dass nicht nur allgemein zwei Menschen heiraten, sondern Mann und Frau. Das erscheint so selbstverständlich, dass man sich des Ungewöhnlichen dieser Tatsache kaum bewusst wird.[226] Indem die Persönlichkeit des anderen für das Bewusstsein der Ehepartner heute eine so vordergründige Rolle spielt, zeigt sich zuletzt doch, dass in Wahrheit das Gattungselement das Entscheidende ist, das Typische also und nicht das Individuelle. Bevor der junge Mann weiß, wen er einmal heiraten wird, weiß er schon, dass es »eine Frau« sein wird. Und er wird dann, wenn er sie gefunden hat, zuerst die Frau, dann erst den Menschen in ihr sehen. Ist eine solche Form der menschlichen Begegnung, bei der das Typische das Wichtige ist, nicht unter dem Niveau des auf Freiheit hin veranlagten Menschen? Die Trauung ist unter den sieben Sakramenten das einzige, wo diese Tatsache – die Spannung zwischen dem Individuellen und Typischen des Menschen – auch Inhalt der sakramentalen Handlung geworden ist. Das Typische eines Menschen erscheint ja nicht nur im Geschlecht, son-

[226] Auch diejenigen, die es nicht selbstverständlich finden, dass die Ehe sich auf Mann und Frau bezieht, sondern die sie auch auf gleichgeschlechtliche Beziehungen angewandt wissen wollen, haben nur eine Verbindung im Auge, wo das jeweilige Geschlecht der Beteiligten eine Rolle spielt und nicht das allgemein Menschliche.

dern in allem, was den Menschen aus einem größeren Zusammenhang heraus prägt: Sprache, Volk, Rasse, bestimmte Erfahrungen, Berufszusammenhänge, Kirche usw.

Rudolf Steiner hat sich in seiner *Philosophie der Freiheit* auch mit dieser Frage auseinander gesetzt (das Typische nennt er »das Gattungsmäßige«), ob Individualität überhaupt noch möglich ist, wenn das Gattungsmäßige eine so unleugbare Rolle spielt. Seine Antwort ist eindeutig: Ja, denn »das menschlich Gattungsmäßige ist, vom Menschen richtig erlebt, nichts seine Freiheit Einschränkendes, und soll es auch nicht durch künstliche Veranstaltungen sein. Der Mensch entwickelt Eigenschaften und Funktionen an sich, deren Bestimmungsgrund wir nur in ihm selbst suchen können. Das Gattungsmäßige dient ihm dabei nur als Mittel, um seine besondere Wesenheit in ihm auszudrücken. Er gebraucht die ihm von der Natur mitgegebenen Eigentümlichkeiten als Grundlage und gibt ihm die seinem eigenen Wesen gemäße Form. Wir suchen nun vergebens den Grund für eine Äußerung dieses Wesens in den Gesetzen der Gattung. Wir haben es mit einem Individuum zu tun, das nur durch sich selbst erklärt werden kann. Ist ein Mensch bis zu dieser Loslösung von dem Gattungsmäßigen durchgedrungen, und wir wollen alles, was an ihm ist, auch dann noch aus dem Charakter der Gattung erklären, so haben wir für das Individuelle kein Organ. Es ist unmöglich, einen Menschen ganz zu verstehen, wenn man seiner Beurteilung einen Gattungsbegriff zugrunde legt. Am hartnäckigsten in der Beurteilung nach der Gattung ist man da, wo es sich um das Geschlecht des Menschen handelt.« Nach dieser Auffassung ist das Gattungsmäßige die Grundlage für die Individualität und empfängt durch sie eine durchaus individuelle Form, jedenfalls bei einem Menschen, der »bis zu dieser Loslösung von dem Gattungsmäßigen durchgedrungen« ist. Es handelt sich also nicht darum, das Gattungsmäßige zu verleugnen, sondern sich so von ihm frei zu machen, dass es dem Menschen als Mittel dient, »um seine besondere Wesenheit in ihm auszudrücken«. Wie weit das Gattungsmäßige den Menschen noch bestimmt oder wie weit es ihm schon dient, ist bei jedem Menschen verschieden, weil das ein Weg ist. »Kein Mensch ist vollständig Gattung, keiner ganz Individualität.« [227]

[227] GA 4, Kapitel XIV.

Es wird also für das gegenseitige Verständnis der Ehepartner gut sein, wenn sie sich ein Bewusstsein davon verschaffen, was das »typisch Männliche« und das »typisch Weibliche« ist. Das kann helfen, im täglichen Miteinander gelegentlich Wesentliches von Unwesentlichem besser zu unterscheiden. Man darf dabei aber auch die Gefahr einer Psychologisierung der Beziehung unter dem Aspekt Männlich/Weiblich nicht aus dem Auge verlieren. Denn eine Beziehung ist nur dann lebendig, wenn die Partner sich gegenseitig immer wieder im Licht der Zukunft sehen und nicht nur im Blick auf das, was geworden ist. Die Zukunft aber ist, dass der Mensch sich nach und nach befreit von der Dominanz des Typischen. Es gilt, zugleich mit Vorstellungen über das Typische besonders das Organ für das Individuelle auszubilden, um dem anderen Menschen wirklich gerecht zu werden.

Das Männlich-Weibliche repräsentiert aber nicht nur das vor-individuelle Gattungsmäßige, sondern es gibt auch ein Männlich-Weibliches, das über den persönlichen Menschen hinausführt in ein neues Objektives hinein, das überpersönlich ist. Von diesem überpersönlichen Männlich-Weiblichen, das vom Menschen allenfalls im Irdischen abgebildet werden kann, spricht zum ersten Mal Paulus als von einem zentralen christlichen Geheimnis – im griechischen Text steht sogar *mysterion*. »Darum wird der Mann Vater und Mutter verlassen und sich an seine Frau binden, und die zwei werden ein Fleisch sein. Dieses Geheimnis ist groß; ich deute es aber auf Christus und die Gemeinde« (Epheser 5,31 f.). Paulus sieht also in der Ehe etwas, das weit über das Bewusstsein der Beteiligten hinausreicht. Sie ist ein Bild für das Wirken des Christus in der Gemeinde. Die Ehepartner können sich nur immer wieder neu bemühen, dieser objektiven Wirklichkeit im eigenen Männlichen und Weiblichen, soweit es der Individualität dient, Raum zu geben.

Auf dieses Männlich-Weibliche, das nicht dem Individuum vorangeht, sondern als Urbild erst durch das mit Christus vereinte Individuum im irdischen Männlich-Weiblichen aufscheinen kann, bezieht sich auch Rudolf Steiner in seiner Darstellung der Sakramente unter dem Gesichtspunkt von Evolution und Involution. Wir schauen noch einmal zurück. Bei der Letzten Ölung war es zum ersten Mal so, dass im Sakrament nicht wie bei den ersten vier »irdischen« Sakramenten ein Involutionswert, sondern ein Evolutionswert der entsprechenden

Lebenstatsache hinzugefügt wurde. Hier heißt die Lebenstatsache Sterben und ist zum ersten Mal selbst ein Involutionsvorgang. Man kann auch sagen: Alle Involutionsvorgänge beziehen sich auf die Schwelle. Der Tod ist der Fluchtpunkt auf der Schwelle, in dem sich alle Lebenslinien kreuzen. Im Tod überschreitet jeder Mensch individuell die Schwelle. Seine Erkraftung dafür wird dem Menschen durch die Letzte Ölung zuteil als dem hinzugefügten Evolutionswert. Das Leben jenseits der Schwelle ist besonders aus der Kraft des Heiligen Geistes möglich. Auch die Priesterweihe bezieht sich auf einen Involutionsvorgang, einen jenseits der Schwelle »ganz verborgenen Vorgang«. Das ist die tief unbewusste Beziehung, die jeder Mensch mit der geistigen Welt hat. Diese Beziehung wird – das ist die zugehörige Evolution – in den kultischen Handlungen als fortgesetzter Priesterweihe bewusst. Es ist eine Bewegung von der geistigen Welt zur Sinneswelt und umgekehrt, so wie das Christus von sich sagt: »Ausgegangen bin ich vom Vater und gekommen bin ich in die Welt; wiederum verlasse ich die Welt und gehe zum Vater« (Johannes 16,28).

Bei der Ehe schließlich muss der zugrunde liegende Involutionswert noch tiefer in der geistigen Welt aufgesucht werden – wir könnten auch sagen noch höher – als bei der Priesterweihe. Bei Letzterer geht es um die Verbindung des irdischen Menschen zur geistigen Welt. In einem höheren Bereich der geistigen Welt sind die Gegensätze, die innerhalb der irdischen Welt existieren, aufgehoben,[228] und auch die sinnlich-physische Welt erscheint nicht mehr als das ganz Andere, sondern in Verbindung mit der geistigen Welt. Es ist die Welt des Vatergottes, der im Credo der Christengemeinschaft, die Welt der Gegensätze umfassend, ein *geistig-physisches* Gotteswesen genannt wird. Die drei letzten Sakramente sind »wie das Hereinscheinen aus der geistigen Welt«, aus der Welt des Heiligen Geistes, des Sohnes und des Vaters.

Innerhalb der Vaterwelt kann das Verhältnis der geistigen zur physischen Welt in Erscheinung treten. Es hat ein »Abbild im Irdischen« und »ist auf naturgemäße Weise gegeben in dem Verhältnis zwischen Mann und Weib … Es ist ein tief verborgener Involutionsvorgang, auf den wir

[228] Nicolaus Cusanus (1401 – 1464) prägte für die Vaterwelt den Begriff der *coincidentia oppositorum*, des Zusammenfalls der Gegensätze.

hier hindeuten, wenn wir auf das Männliche und das Weibliche hindeuten.«[229] Die Verschiedenheit von Mann und Frau charakterisiert Rudolf Steiner an dieser Stelle so, dass beide eine Unvollkommenheit in ihrer Inkarnation haben im Sinne eines Zuviel und Zuwenig im Ergreifen des Leibes. Aber »was nur unvollständig gegeben ist bei Mann und Weib«, kann durch die »äußere sakramentale Handlung, durch den entsprechenden Evolutionswert ergänzt« werden. Durch die Trauung wird also auf sakramentale Weise erreicht, dass ein tief verborgener Involutionsvorgang, dem in der Welt des Vatergottes das Verhältnis der geistigen zur physischen Welt entspricht, sein irdisches Abbild in Mann und Frau findet. Das Männliche und das Weibliche werden durch die Trauung zu Urbildern hoher Art, die weit über das Individuelle hinausreichen und auf eine ferne Zukunft weisen, in der diese Polarität einmal wieder in eine höhere Einheit zusammengeführt sein wird. So übernehmen Mann und Frau in der Ehe eine Aufgabe gegenüber dem Ganzen der Menschheit, die genauso objektiv ist wie die Aufgabe des Priestertums.

Solche weit reichenden Perspektiven können das Bewusstsein davon unterstützen, dass die Ehe nicht nur eine persönliche Angelegenheit, sondern auch ein objektiver Dienst ist. Sie scheinen aber wenig zur Realität des täglichen Ehelebens zu passen. In der Tat ist es zutreffend, dass gerade bei der Trauung die Spannung zwischen dem ideellen Gehalt des Sakraments und der Lebenswirklichkeit der Ehe am größten ist. Das ist ein Aspekt, der auch verständlich machen kann, warum das Trausakrament das letzte, das siebente der Sakramente ist. Das tägliche Leben in der Ehe braucht von solchen Gesichtspunkten zunächst nicht belastet werden; sie gehören aber zum immer mitwirkenden Untergrund der mit ihr verbundenen sozialen Aufgabe.

Wir haben jetzt die drei Ehe-konstituierenden Elemente vor uns: die Lebensgemeinsamkeit; der (in einer sozial »verständlichen« Sprache) veröffentlichte Entschluss; Mann und Frau. Die Ehe erscheint dabei wie eine eigene Wirklichkeit, ein Wesen, das in der Lebensgemeinsamkeit seine Leiblichkeit hat und im Entschluss sein Ich. Es ist die Steigerung der Polarität von Mann und Frau, wir können auch sagen, es wird fortwährend geboren. Dieses Dritte findet ein irdisches Abbild im Kind, das

[229] GA 343, 4.10.1921 n.

geboren wird. Und es braucht, wie ein Kind, Zuwendung und Pflege. Wo die drei konstitutiven Elemente zusammenkommen, wird die Ehe »geboren«. Die sakramentale Trauung hat daran keinen unmittelbaren Anteil, sondern ist wie die »Taufe« der Ehe, die sie in den Zusammenhang mit Christus stellt, den Quell aller Wandlungskräfte.

13.7 Die Gestalt des Traurituals

Einer der Gründe, weshalb die Trauung schon in der Scholastik als das letzte der sieben Sakramente gezählt wurde, war die Auffassung, dass sie das »am wenigsten spirituelle«[230] Sakrament sei. Wir haben gesehen, dass sie am weitesten in die geistige Welt hineinreicht, bis in die Welt des Vatergottes. Am einen Ende des siebenfachen Spektrums der Sakramente steht die Taufe. Da liegt die Verantwortung noch ganz bei der Gemeinde, und das Kind wird von ihr »getragen«. Schritt für Schritt zieht sich die Gemeinde aus der verursachenden Verantwortung zurück, bis sie beim siebenten Sakrament, der Trauung, nur noch Zeuge[231] des Geschehens ist, während die Verantwortung ungeteilt bei den zu Trauenden liegt, deren Ja-Wort die Lebensgemeinsamkeit »besiegelt« und »segnet«.

Was den Aufbau der Handlung betrifft, so liegt eine gewisse Parallele zur historisch gewachsenen Trauung darin, dass auch in der Christengemeinschaft das Ja-Wort gleich am Anfang gesprochen wird, was der Konsenserklärung der Brautleute entspricht, die früher »im Angesicht der Kirche« abgelegt wurde. In der Christengemeinschaft wird das Ja-Wort nicht im Angesicht der Kirche, sondern im Angesicht Christi gesprochen. Christus erscheint immer in einer besonderen Form. In der Beichte ist er der Lehrer, bei der Kommunion der Arzt, in der Trauung

230 Rudolf Frieling: *Die sieben Sakramente in der Geschichte der Christenheit.* Stuttgart 2001.

231 »Zeuge« bedeutet hier nicht eine passive Funktion. Indem der Zeuge immer ein waches Bewusstsein pflegt von dem, was er wirklich wahrgenommen hat und deshalb auch sicher weiß (nämlich dass jeder der beiden Eheleute tatsächlich ein uneingeschränktes Ja gesagt hat), gibt er den beiden eine wichtige geistige Stütze, ihren Entschluss durchzutragen. Für das Zustandekommen des Entschlusses trägt er aber keine Verantwortung.

ist er derjenige, der durch sein Opfer »Erdenwirken« in »Geisteswirken« wandelt. Damit ist ein Grundmotiv der Ehe angeschlagen: Sie ist ganz und gar irdisches Wirken. Aber dabei soll es nicht bleiben. Was in der Ehe getan und erlitten wird, soll sich so verwandeln, dass es zum irdischen Abbild für eine geistige Wirklichkeit werden kann. Die Ehe soll also ein Ort der Wandlung sein und gründet deshalb auf Opferbereitschaft. So beinhaltet der erste Akt der Trauung, dass der Priester »im Namen« des Christus auftritt, der hinter allem Wandlungsgeschehen vom Irdischen ins Geistige steht.

Der zweite Akt enthält die Frage und Ja-Antwort des Mannes und der Frau. Die Frage des Priesters hat keinen Anklang an die traditionellen Formeln.[232] Sie betrifft das ganze Schicksalsgefüge der Brautleute. Was wir als unser Vergangenheitskarma mitbringen, kann man auch so verstehen, dass wir uns vor der Geburt ganz und gar damit identifiziert haben. Die auf der Erde einmal eintretenden karmischen Ereignisse sind dann nichts anderes als die Verwirklichung unserer eigenen vorgeburtlichen »Entschlüsse«. Im tiefsten Inneren bejahen wir immer unser Karma, weil wir wissen, dass es uns fördert und dass wir es brauchen. Wir wollen es in Wahrheit, wie wir es auch vor der Geburt gewollt haben. Diese vorgeburtlichen Entschlüsse, die unser Schicksal ausmachen, tragen wir auf der Erde immer in uns, ohne ein Bewusstsein davon zu haben. Wir wandeln mit ihnen »in der Geistwelt«. Die unbewussten Entschlüsse, die unser Vergangenheitskarma repräsentieren, wirken notwendig und verwirklichen sich auf jeden Fall. Die Ehe gehört nicht zu ihnen, denn die Ehe ist heute kein notwendig wirkendes Schicksal mehr. Ehen werden *nicht* mehr im Himmel geschlossen. Man kann sich aber vorstellen, dass ein irdischer Entschluss so tief gemeint ist, dass er von der geistigen Welt gewissermaßen rückwirkend wie ein

232 Eine der drei möglichen Formen der Konsenserklärung im heutigen katholischen Ritus ist: »N., nimmst du deine Braut N. als deine Frau an und versprichst du, ihr die Treue zu halten in guten und in bösen Tagen, in Gesundheit und Krankheit, und sie zu lieben, zu achten und zu ehren, bis der Tod euch scheidet?« Ja-Antwort des Bräutigams. Dann steckt er der Braut den Ring an mit den Worten: »Trag diesen Ring als Zeichen der Liebe und Treue. Im Namen des Vaters, des Sohnes und des Heiligen Geistes.« Entsprechendes macht nun die Braut.

vorgeburtlicher Entschluss aufgefasst wird und dadurch notwendiges Schicksal wird. So geschieht es tatsächlich bei der Trauung in der Christengemeinschaft. Die Frage, die den Brautleuten je einzeln gestellt wird, bezieht sich auf diese Entschlüsse, die das Karma ausmachen, und die Bereitschaft (»Gedenkst du ...«), zu ihnen einen weiteren aufzunehmen, so als ob er vorgeburtlich gefasst worden wäre. Es ist der Entschluss zur »Lebensgemeinsamkeit« mit dem Ehepartner. Das Ja-Wort – vor dem Christus gesprochen – verwandelt das Schicksal. Von nun an *ist* die Ehe Karma. Nur eben, dass der Mensch an dieser Stelle seines Karmas nicht unbewusst ist und dadurch sich auch der Karma-Führung entziehen kann. Das Ehekarma ist zwar notwendig, aber der Mensch ist dennoch nicht wie sonst unfrei, ihm zu folgen. So waren die Ehen früher Teil des mitgebrachten Schicksals. Heute müssen sie erst bewusst zu einer objektiven Wirklichkeit gemacht werden. Dass die Ehe darüber hinaus eine bewusst geschaffene karmische Tatsache wird, ist eine der Wirkungen der sakramentalen Trauung.

Bevor wir zum dritten Akt der Trauung weitergehen, müssen wir hier einen Einschub machen. Was geschieht, wenn eine sakramental getraute Ehe geschieden wird? Und ist eine zweite Trauung möglich? Auf diese Fragen gibt es keine prinzipielle Antwort, aber Gesichtspunkte für ein Urteil. Zunächst muss festgehalten werden, dass der Entschluss zur Lebensgemeinsamkeit ein bedingungsloser ist, also den Charakter des Einmaligen hat. Ein Entschluss von dieser Qualität kann in einem Leben kein zweites Mal gefasst werden. Ein objektiver Grund, dass eine Ehe ihre irdische Verwirklichung nicht finden kann, dass das dritte Element, das *Ehewesen* sich also zurückzieht, wäre die Unmöglichkeit der Lebensgemeinsamkeit, denn darauf bezieht sich ja der Entschluss. Die Lebensgemeinsamkeit umfasst allerdings ein großes Spektrum. Defizite in einem Bereich können gegebenenfalls in anderen Bereichen, zumindest für eine Zeit, ausgeglichen werden. Eine fortgesetzte von außen erzwungene räumliche Trennung (z.B. wegen notwendig gewordenem dauerhaftem Anstaltsaufenthalts eines Ehepartners) würde allerdings für das Erleben der meisten Menschen eine Lebensgemeinsamkeit fast unmöglich machen. Gründe, die zu einer Trennung führen, sind aber selten in dieser Weise objektive Gegebenheiten, sondern fast immer persönlicher Art. Das Spektrum dieser Gründe ist mannigfaltig, selten ist es nur ein Grund allein. Am einen Ende ist die Kapitulation nach einem langen Ringen um die Ehe und das Gefühl, mit den eigenen Kräften überfordert zu sein, am anderen Ende steht Leichtsinn und das Nicht-ernst-Nehmen des Eheentschlusses. In jedem Fall bleibt nach einer Trennung ein Schicksalsfragment übrig, das später einmal bearbeitet werden *muss*. Wie dieses Fragment aussieht, was es nach sich zieht, das kann sehr verschieden sein. Es bleibt aber mit den Beteiligten verbunden.

Wenn – nach einer Scheidung – eine zweite Ehe geschlossen werden soll, stellt sich manchmal die Frage, ob eine zweite sakramentale Trauung möglich ist. Gelegentlich wird gesagt, in diesem Fall solle darauf »verzichtet« werden. So wie man jedem Kind wünscht, dass es auch getauft wird, nachdem es einmal geboren ist, wünscht man gewiss auch jeder Ehe, dass sie, nachdem sie Wirklichkeit geworden ist (im Sinne der oben genannten Elemente, d.h. nach der standesamtlichen Eheschließung), auch den Segen der sakramentalen Trauung empfängt. Auch einem Kind würde man ja die Taufe nicht verweigern, welche Umstände auch immer zu seiner Geburt geführt haben. Dennoch muss ein Punkt bedacht werden, der mit der Entschlusskraft zusammenhängt. Wer immer wieder anderen seine Entschlüsse mitteilt, die er dann nicht durchführt, verliert seine Glaubwürdigkeit. Dieser Prozess beginnt aber schon beim ersten nicht durchgeführten Entschluss. So sagt Rudolf Steiner einmal: »Durch die Ehe wird ein Zentrum für die Ich-Kraft begründet. Wer die Ehe zerstört, wird daher in demjenigen geschwächt, was der Ich-Kraft zufließen soll.«[233] Bei einer Wiederverheiratung muss also von allen Beteiligten geprüft werden, welche wirkliche – nicht vermeintliche – Entschlusskraft für eine zweite Ehe (noch) zur Verfügung steht. Diese Entschlusskraft kann auch in den Jahren wachsen und sich bewähren, sodass sie im Verlauf der Zeit differenziert beurteilt werden kann. Es ist hier aber kein allgemein gültiges Urteil möglich. Wie auch immer das Zugehen auf eine zweite sakramentale Trauung geschieht, die Aufgabe aus der ersten Ehe bleibt als Tatsache übrig.

Wir kommen nun zum dritten Akt der Trauung, der einen anderen Ton anschlägt. Bei der Frage, die auf die Ja-Antwort hinführt, werden

[233] GA 107, 16.11.1908.

Mann und Frau völlig gleich angesprochen. Wer einen Entschluss fasst und äußert, macht das aus seiner Ich-Kraft heraus, da spricht die Individualität, die weder männlich noch weiblich ist. Nun werden die Trauzeugen angesprochen, deren Sorge es ist, dass der Entschluss auch seinen Weg ins Leben findet. Die beiden suchen »das Tor der Lebensgemeinsamkeit«. Hier erscheinen sie als Mann und Frau differenziert, der »Geisteswille« des Mannes und der »Seelengeist« der Frau haben sich zur Lebensgemeinsamkeit verbunden. Die Trauzeugen empfangen die Aufgabe, dieses immer im Bewusstsein lebendig zu halten. Sie sind Zeugen, dass die beiden Eheleute »Ja« gesagt haben, und sie bekräftigen das insbesondere in solchen Momenten, in denen die Eheleute zu zweifeln beginnen, ob sie tatsächlich zu der gelebten Wirklichkeit »Ja« gesagt haben.

Mit dem vierten Akt sind wir im Zentrum der Trauungshandlung angekommen, wo die Ringe gewechselt werden. Im Mittelalter gab es nur einen Ring, den der Bräutigam der Braut ansteckte und sie damit zur Treue verpflichtete (nicht umgekehrt). Der Ring, den sie an der Hand trug, machte nach außen sichtbar, dass sie bereits jemandem angehörte. Zugleich war diese Verbindung aber auch so, dass sie durch den Ring immer auch »in seinem Namen« handelte und in ihren Handlungen ihn repräsentierte. Diese ursprünglich antik-heidnische Sitte der einseitigen Beringung behauptete sich zunächst auch in den christlichen Trauungszeremonien, in einigen deutschen Diözesen bis 1950, im römischen Rituale sogar bis zum 2. Vatikanischen Konzil. Parallel dazu hat sich aber schon seit dem 11. Jahrhundert im byzantinischen Verlobungsritus die beiderseitige Ringgabe durchgesetzt, ebenso im mozarabischen (spanischen) Trauungsritus.[234] In Deutschland kam es erst im 13. Jahrhundert zur Anerkennung der gegenseitigen Treuepflicht von Frau und Mann. Der erste Beleg eines gegenseitigen Ringwechsels stammt aus dem 14. Jahrhundert. In der Trauung der Christengemeinschaft wird hier noch ein weiterer Schritt gemacht. Man stelle sich den gegenseitigen Ringwechsel einmal so vor, dass mit dem Ring Ich- und Lebenskräfte verbunden sind. Dann opfern die Eheleute sich gegenseitig von diesen Kräften und sie empfangen.

[234] Adolf Adam: *Sinn und Gestalt der Sakramente.* Würzburg 1975, S. 174 f.

Vielleicht könnte sich dann einmal ereignen, dass eine Frau, die um ihres Mannes willen auf eine eigene berufliche Karriere verzichtet hat, verbittert ausruft: »Ich habe dir die besten Jahre meines Lebens geopfert…«, und dann auf das enttäuschende Ergebnis hinweist. Vielleicht hat diese Konstellation auch zu einem positiven Ergebnis geführt, dann sagt der Mann etwa: »Alles, was ich geworden bin, verdanke ich dir …« Wir haben es hier – negativ oder positiv – mit Opfern und Empfangen innerhalb einer Zweierkonstellation zu tun, die im gegenseitigen Ringtausch symbolisiert wird.

Ganz anders ist die Wirklichkeit, wenn man die Ehe als eine Dreierkonstellation versteht. Man muss sich ja auch in dem genannten Beispiel die Frage stellen: Welcher Mensch kann es eigentlich auf sich nehmen, dass ein anderer ihm die besten Jahre seines Lebens opfert? Und so schön Dankbarkeit natürlich ist, was drückt sich aus, wenn ein Mensch alles, was er geworden ist, einem anderen verdankt? Welche Abhängigkeiten zeigen sich da? In der Trauung der Christengemeinschaft gibt es keinen Ringtausch in dem Sinne, dass die Ehepartner sich gegenseitig ihren Ring anstecken, sondern der Priester ist als Dritter einbezogen. Der Mann gibt seinen Ring dem Priester, die Frau ebenfalls. Dann werden die Ringe gesegnet, worauf die Frau den Ring des Mannes aus der Hand des Priesters empfängt und der Mann entsprechend. Darin drückt sich aus, dass die notwendigen Opfer in der Ehe sich nicht auf den anderen direkt beziehen sollten, sondern auf ein Drittes. Wir haben schon darüber gesprochen, in wessen Namen der Priester handelt. Man kann hier aber auch sagen, er vertritt als der Dritte unmittelbar das Wesen der Ehe. So würde die Frau dann richtiger sagen: »Ich habe die besten Jahre meines Lebens unserer Ehe geopfert …« Obwohl der Satz nur geringfügig anders lautet als der erste, ist er der Qualität nach völlig anders. Einem unwürdigen Menschen etwas zu opfern, kann sinnlos sein (im Neuen Testament heißt das: Perlen vor die Schweine werfen[235]), immer aber ist es sinnvoll, der Ehe zu opfern. Entsprechendes gilt für das, was man einer Ehe verdanken kann. Auf diese Sphäre des Christus sollte al-

[235] »Gebt das Heilige nicht den Hunden, und werft eure Perlen nicht den Schweinen vor, denn sie könnten sie mit ihren Füßen zertreten und sich umwenden und euch zerreißen.« (Matthäus 7,6).

les hinorientiert sein, was die Ehe an Opfern erfordert. Den Ehepartner braucht man damit nicht zu belasten. Das ist die Hingabe des Ringes. Dann verwandelt sich das Geopferte in der Sphäre des Christus und kann schließlich dem einzelnen Ehepartner in der ihm gemäßen Weise zugute kommen – der Ring wird empfangen. Dieser ganze Vorgang ist wie ein subtiler Prozess von Opferung, Wandlung und Kommunion, der sich im »Allerheiligsten« der Ehe abspielen kann. Da begegnen sich die Individualitäten, das Männlich-Weibliche spielt hier keine Rolle – wie beim Entschluss auch. Im Wortlaut der Trauung werden an dieser Stelle Mann und Frau wieder gleich angesprochen.

Der fünfte Akt der Trauung führt wieder in den Lebensbereich, wo Mann und Frau differenziert erscheinen und entsprechend differenziert angesprochen werden. In gewisser Weise erreicht hier die Trauung ihren Höhepunkt. Zum ersten Mal wird nun Gott genannt, nachdem bis dahin alles »nur« menschliches Handeln war. »Eines Gottes Geist« schaut auf das Geschehen der Trauung. Die Zweiheit wird nun definitiv zur Dreiheit. In diesem Teil der Trauung wird der Ehe die Substanz der Liebe eingepflanzt, ohne dass diese beim Namen genannt wird (in der gesamten Trauung kommt Liebe als Wort nicht vor!).

Wir haben schon, im Zusammenhang mit der Beichte, auf ein Wort aus den Mysteriendramen Rudolf Steiners hingewiesen, in dem das Wesen der Liebe charakterisiert wird: »Die Liebe soll getrennte Wesen binden, / Doch nicht die Eigenheiten töten wollen.« Im Ritualwortlaut ist nun entsprechend davon die Rede, dass Getrenntes sich bindet. Zugleich wird dazu ein Zeichen gezeigt: zwei Stäbchen, die miteinander verbunden worden sind, aber nicht parallel (das wäre das Ertöten der Eigenheiten), sondern in einem flachen Kreuz. Jedes Stäbchen hat seine eigene Richtung – nur im Kreuzungspunkt sind sie gebunden. Kein neuer Zustand wird dadurch herbeigeführt, aber ein Prozess: Das Getrennte wird nicht einfach vereint, sondern zum »Einenden« verbunden. So ist auch die Ehe ein Prozess und kein Zustand. Aus der Substanz der Liebe, die hier aufleuchtet, geht hervor, wie sich die Ehepartner als Mann und als Frau zueinander verhalten. Aber die Stufe ist hier eine höhere als im dritten Akt der Trauung, wo die Trauzeugen ihre Aufgabe empfangen, ein lebendiger Beistand zu sein für die Brautleute, die als Mann und als Frau das Tor der Lebensgemeinsamkeit suchen. Wir haben oben gesagt: Das Männliche und das Weibliche werden durch die Trauung zu Urbildern hoher Art, die weit über das Individuelle hinausreichen und auf eine ferne Zukunft weisen, in der diese Polarität einmal wieder in eine höhere Einheit zusammengeführt sein wird. So übernehmen Mann und Frau in der Ehe eine Aufgabe gegenüber dem Ganzen der Menschheit, die ganz objektiv ist. Jetzt sind wir dort angelangt, wo die Ehe selbst Urbild wird und die Aufgabe entsteht. Was jetzt gesagt wird, bezieht sich nicht auf das äußere Leben, sondern auf das »Abbild im Irdischen, das im Irdischen das [Verhältnis zwischen] dem Geistig-Seelischen und dem Physisch-Leiblichen zum Ausdruck bringt.«[236] Dieses Verhältnis ist ein sehr verborgener Involutionsvorgang, und man kann daraus keine äußeren Verhaltensformen ableiten. Wenn jetzt in Bezug auf den Mann von »Voranleuchten« und in Bezug auf die Frau von »Folgen« gesprochen wird, so bezieht sich das nicht auf die soziale Stellung der Eheleute zueinander, sondern es steht dahinter auch das Verhältnis der geistigen zur sinnlichen Welt. Der Erlöser *folgt* dem gefallenen Menschen aus der geistigen Welt in die sinnliche. Entsprechend *geht* Johannes der Täufer, der Repräsentant der gefallenen Menschheit, dem Erlöser wegbereitend *voran.*[237] Wenn dieses Verhältnis der beiden Welten im Lichte des Wiedererstandenen sein irdisches Abbild finden kann in einer an diesem Urbild orientierten Ehe, leuchtet die Zukunft auf, in der diese Welten wieder vereinigt sein werden.

Der sechste und der siebente Akt der Trauung sind Rückblick und Vorblick und enthalten den Segen, der aus der trinitarischen Gottheit strömt und das Erdendenken, Erdenfühlen und Erdenwollen der Brautleute erfüllen soll, damit das im Eheentschluss geschaffene Schicksal sich erfüllen kann. Wie das Priestertum ist auch die Ehe – recht verstanden – ein Dienst. Der Priesterdienst bezieht sich auf die Gemeinde des Christus, der Ehedienst auf die Menschheit.

[236] GA 343, 2.10.1921 n.

[237] Auch Michael und Christus stehen, wie Rudolf Steiner ausführt, in einem Verhältnis von Vorangehen und Nachfolgen: »Michael trägt gewissermaßen vorne das Licht der spirituellen Erkenntnis, hinten trägt Christus die Forderung der allgemeinen Menschenliebe« (GA 218, 19.11.1922).

Nach 25 bzw. 50 Jahren kann die Trauung wiederholt werden. Diese Feier der silbernen oder goldenen Trauung ist keine Erneuerung, so als ob die Kraft der Trauung nur für 25 Jahre ausreichen würde, sondern ganz faktisch eine Wiederholung. Es ist das gleiche Ja-Wort, das nun wiederum öffentlich gesprochen wird, nachdem es über neuntausend Mal in 25 Jahren täglich unöffentlich gesprochen worden ist. Es klingt nun anders, wie Wasser, das sich im unterirdischen Lauf mit Mineralsalzen angereichert hat und dann als Heilquelle an die Oberfläche kommt. Das tägliche Ja in der Ehe kann so im Lauf von 50 Jahren dreimal öffentlich gehört werden.

Teil IV

Der erneuerte Sakramentalismus im 20. Jahrhundert

14.1 Zusammenfassung der bisherige Ergebnisse

Nachdem wir die sieben Sakramente der Christengemeinschaft im Einzelnen dargestellt haben, wollen wir noch einmal die allgemeine Frage nach den Sakramenten aufgreifen und weiterführen. Einige Ergebnisse haben wir schon gewonnen:

Von Augustinus stammen die zwei Bestimmungen der Sakramente, die auch für die Christengemeinschaft gelten können. Sie sind *sichtbare Zeichen einer unsichtbaren Gnade* und *Zeichen, die das Bezeichnete bewirken*.

Ignatius von Antiochien nennt die Kommunion ein *Heilmittel der Unsterblichkeit*. In der Christengemeinschaft wird sie entsprechend *heilende Arznei* (für die Sündenkrankheit) genannt.

Schließlich haben wir von der *Intention* gesprochen, die heute die richtige ist, um den Kultus zu vollziehen. Der Priester soll nicht wie im Mittelalter die Intention haben, »zu tun, was die Kirche tut«, sondern er soll eine *persönliche* Intention haben, keine willkürliche, aber im Sinne des heute berechtigten Wirkens der Geister der Persönlichkeit.

Zuletzt hat sich für die *Siebenheit der Sakramente* ein zusammenfassender Gesichtspunkt ergeben. Sie ist im Mittelalter scheinbar eher zufällig entstanden, ohne bis heute eine wirkliche theologische Erklärung gefunden zu haben (abgesehen von dem Versuch des Thomas). Durch die Einbeziehung des vollständigen Entwicklungsgedankens im Sinne von Evolution und Involution ergibt sich die Siebenheit der Sakramente aus der Sache heraus.

14.2 Das Verhältnis der Menschenweihehandlung zu den anderen Sakramenten

In der Scholastik wurde für den Wesensaufbau der Sakramente eine dreigliedrige Gestalt erkannt (s. Kapitel 5.2): die kultische Handlung als solche, die objektive Wirkung und das Fruchtbarwerden im Leben (die eigentliche Gnade). Die objektive Wirkung, das mittlere Glied, wurde *res et sacramentum* genannt. Sie muss im Menschen, der ein Sakrament empfangen hat, zu finden sein. Bei drei Sakramenten, die nicht wiederholt werden können – Taufe, Firmung und Priesterweihe –, spricht die katholische Theologie von einem Siegel (*character indelebilis*), das sich der Seele des Menschen unauslöschlich einprägt. Bei den anderen Sakramenten (Beichte, Krankenölung, Trauung), die nicht grundsätzlich einmalig sind, gibt es für die objektive Wirkung keine entsprechende Beschreibung. Diese sechs Sakramente nennt man Kasualien, weil sie nur von Fall (*casus*) zu Fall stattfinden, indem sie sich auf Einzelschicksale beziehen.

Ganz anders wurde schon in der Scholastik die objektive Wirkung bei der Messe beschrieben: »In der Eucharistie ist *res et sacramentum* die wirkliche Gegenwart des Leibes und Blutes Christi« (s. oben Kapitel 5.2.2 »Die sakramentale Wirklichkeit«). Was bei den sechs Kasualien die Verwandlung des Menschen ist (als »objektive Wirkung«), ist bei der Menschenweihehandlung – wir können hier den Gedanken unmittelbar übernehmen – die Verwandlung von Brot und Wein. Bei den sechs Kasualien ist gewissermaßen der Mensch die Substanz, die gewandelt wird. Bei der Menschenweihehandlung ist diese Substanz Brot und Wein am Altar, da wird äußerlich anschaubar, was sonst verborgen im Menschen ist. »Die Transsubstantiation ist das Hinausstellen desjenigen in die Außenwelt, was im tiefsten menschlichen Innern wirklich sich vollzieht.«[1]

So können wir sagen: Die Kasualien haben dem inneren Prozess nach (nicht unbedingt in der äußeren Form) eine gewisse Parallelität zur Menschenweihehandlung bis zur Wandlung.[2] So wie man am Ende der Wandlung sagen kann: im Brot *ist* der Leib Christi gegenwärtig und im Wein sein Blut, so kann man am Ende der anderen Sakramente, z.B. der Taufe sagen: Clara *ist* getauft. Eine objektive Wirklichkeit ist entstanden. Die muss dann noch ins Leben übergeführt werden, Clara muss sich im Lauf ihres Lebens auch als getauft *erweisen*, erst dadurch ist das Sakrament vollständig. Es genügt nicht, getauft (oder konfirmiert usw.) die Kirche zu verlassen; das sich nun anschließende Leben ist ein

1 GA 343, 27.9.1921 v.

2 Der Wandlung gehen in der Menschenweihehandlung die Opferung und das Evangelium voraus. Auch diese Elemente lassen sich in den Kasualien finden, was aber eine eigene Darstellung erforderte.

dazugehöriger Teil des Sakramentes. In der Parallele zur Menschenweihehandlung entspricht er dem vierten Teil, der Kommunion. Das Buch liegt hier auf der rechten Seite des Altars, die Handlung wird also von der inneren Aktivität der Gemeinde getragen. Dann kommt der Moment, wo sich die Gemeinde sogar erhebt und nach vorn zum Altar geht, um die Kommunion zu empfangen. Das ist zugleich ein tiefes Bild für den »vierten Teil« bei den Kasualien, der sich nicht mehr in der Kirche, sondern im Leben abspielen muss. Es geht um ein fortwährendes innerliches Sich-Erheben, um mitten im Leben den inneren Ort aufzusuchen, wo erst die volle Gnade des Sakramentes als Kommunion empfangen wird. Ohne diese immer neu vollzogene innere Erhebung kann das Sakrament nicht seine volle Wirksamkeit entfalten. Der Ort ist der Altar, das eigentliche Wesenszentrum des Menschen, sein Allerheiligstes: »Das ›Ich‹ bleibt als die eigentliche Wesenheit des Menschen ganz unsichtbar. Treffend nennt daher Jean Paul das Gewahrwerden des ›Ich‹ eine ›bloß im verhangenen Allerheiligsten des Menschen vorgefallene Begebenheit‹. Denn mit seinem ›Ich‹ ist der Mensch ganz allein.«[3] In diesem Allerheiligsten des Menschen kann sich die Kommunion ereignen, die Wesensvereinigung mit Christus. In der Mystik des Paulus heißt das: »Ich lebe, aber nicht ich, sondern der Christus lebt in mir« (Galater 2,20). Im innersten Zentrum kann der Mensch seine wahren Lebensziele als seine »Kommunion« finden. Umgekehrt kann die Kommunion in der Menschenweihehandlung eine innere Anregung sein, den »vierten Teil« der empfangenen Sakramente (Taufe, Konfirmation, Trauung usw.) im Leben zu vollziehen bis dahin, dass der Mensch beginnt sich als getauft, konfirmiert, getraut usw. zu *erweisen*.

In dieser Weise ergibt sich eine Ordnung der sieben Sakramente, die vergleichbar ist dem Planetensystem in heliozentrischer Sicht. Die Sonne steht in der Mitte und alle Planeten empfangen ihr Licht von ihr. So werden auch die sechs Sakramente als Kasualien beleuchtet und erst zu einem Ganzen gemacht durch die Menschenweihehandlung, die in ihrer Mitte steht als das Ur-Sakrament.

Eine ganz andere Ordnung der Sakramente ergibt sich aus der Reihenfolge, die schon in der Scholastik aufgestellt wurde und die erst

[3] GA 9, Dornach 2003, S. 49.

unter dem entscheidenden Gesichtspunkt der Entwicklung sinnvoll erscheint. Es gibt Zahlengesetze, die als übergeordnete Prinzipien in den irdischen Verhältnissen wirksam sind. Entwicklungsbögen sind nach der Siebenzahl gegliedert. Das gilt vom größten Entwicklungsbogen, der kosmischen Evolution der Erde in sieben planetarischen Stufen, bis zum kleinen Bogen der Woche mit ihren sieben Tagen. Die Siebenheit der Sakramente stellt in dieser Sicht auch einen solchen Entwicklungsbogen dar, der die irdische *und* die kosmische Biografie des Menschen umfasst: Vier Sakramente sind »irdisch«, drei Sakramente sind »wie das Hereinscheinen aus der geistigen Welt«.[4] Man kann auch sagen: Vier Sakramente beziehen sich auf das Gewordene (Evolution), drei auf die Zukunft (Involution). Wir erwarten nun, dass sich die allgemeinen Entwicklungsgesetze auch in der Siebenheit der Sakramente widerspiegeln. Dann würden sich die Stufen der kosmischen Evolution wiederfinden in den einzelnen Sakramenten. Die erste Stufe (»alter Saturn«) würde der Taufe, die zweite Stufe (»alte Sonne«) der Sonntagshandlung und Konfirmation, die dritte Stufe (»alter Mond«) der Menschenweihehandlung entsprechen usw. In einem Biografie-Vortrag[5] schildert Rudolf Steiner, wie diese kosmischen Entwicklungsstufen sich aber auch in der menschlichen Biografie widerspiegeln: die Saturnstufe im ersten Jahrsiebt, die Sonnenstufe im zweiten Jahrsiebt usw. Bei der Besprechung der einzelnen Sakramente haben wir bereits die vier »irdischen« Sakramente in Beziehung gesetzt zu den ersten vier Jahrsiebten der menschlichen Biografie. Jetzt können wir sagen, dass sich darin auch die kosmische Evolution spiegelt. Wir wollen diese grundsätzliche Einsicht an einer Einzelheit stellvertretend vertiefen.

In dem genannten Biografie-Vortrag sagt Steiner, dass im dritten Jahrsiebt, das der Mondenentwicklung entspricht, durch den frei werdenden Astralleib seelische Kräfte zur Erscheinung kommen, die der Läuterung bedürfen oder »herausgeworfen« werden müssen. »Da kommt heraus, was wirklich manchmal so behandelt werden muss wie die Schlacke des Mondes; es muss wirklich manches herausgeworfen werden, wie es mit dem Mond geschehen ist.« Wenn das nicht gelingt,

[4] GA 342, 14.6.1921.

[5] GA 96, 4.3.1907.

können Störungen eintreten, sogar Krankheiten (z.B. Dementia praecox), weil das Verhältnis des Astralleibes zum Ätherleib nicht richtig ist. »Der Astralleib ist mitunter sehr klug, aber die Art und Weise, wie sich der Astralleib zum Ätherleib stellen soll, ist in Unordnung.« Etwas Entsprechendes sagt Rudolf Steiner bei der Betrachtung des dritten Sakramentes über das Verhältnis des Geistig-Seelischen zum Leiblich-Physischen, wenn auch unter einer anderen Blickrichtung. Auch hier geht es um das empfindliche Verhältnis des Astralleibes zum Ätherleib. Das hängt damit zusammen, dass im dritten Jahrsiebt »der Mensch … fortwährend in einer Art von Schwingungszustand ist, in dem Zurückgehen zum Geistig-Seelischen, in dem Wiederuntertauchen in das Physisch-Leibliche, so dass er in einem Rhythmus drinnensteht, wodurch ihm droht, entweder ekstatisch sich zu verlieren in dem Geistig-Seelischen oder hinunterzufallen in das Tierische, in vollständiger Verleiblichung. Der Mensch braucht etwas, was diesem Evolutionsvorgang als ein Involutionsvorgang gegenübersteht, und dieser Involutionsvorgang ist der Empfang des heiligen Abendmahls.«[6] So können wir sagen: Der dritten Evolutionsstufe entspricht im Kosmos die alte Mondenentwicklung, in der Biografie das dritte Jahrsiebt und in der Folge der Sakramente das Abendmahl als Hilfe, die mit dem dritten Jahrsiebt beginnenden (und lebenslang weiter bestehenden) seelischen Herausforderungen zu bestehen.

In dieser Ordnung der sieben Sakramente steht die Menschenweihehandlung *nicht* in der Mitte (auf der vierten Stufe), sondern die Beichte – an dieser Stelle als das Ich-Sakrament. Diese Ordnung und ihre Reihenfolge haben wir bei der Besprechung der einzelnen Sakramente zugrunde gelegt. Man muss von dieser Ordnung ausgehen, um die Sakramente in ihrer Beziehung zum *einzelnen Menschen* zu verstehen. Das Erleben der Sakramente im *Leben der Gemeinde* gründet sich auf die andere Ordnung, bei der die Menschenweihehandlung als Sonne in der Mitte der Sakramente steht.

[6] GA 343, 2.10.1921 n.

14.3 Menschenkundliche Gesichtspunkte zur Wirkung der Sakramente

Die Scholastik hat sich intensiv damit auseinander gesetzt, wie die Wirkung der Sakramente zu verstehen sei. Wir wollen diese Frage aufgreifen unter den Gesichtspunkten der anthroposophischen Menschenkunde. Ein fruchtbarer Ausgangspunkt dafür ist die in der Scholastik beschriebene dreigliedrige Struktur des Sakramentes. Das erste Glied (*sacramentum tantum*) ist die Kultushandlung als solche, wie sie vom Priester vollzogen wird. Sie ist in dem, was gezeigt, gesprochen und gehandelt wird (*deiknymena, legómena, drómena*), eine bildhafte Handlung. Bilder, auch Vorstellungsbilder, haben immer eine Wirkung auf den Ätherleib und regen ihn an, was vielfach von Rudolf Steiner beschrieben wird.[7] Sie nehmen den Weg vom Bewusstsein ins Leben, vom Astralleib in den Ätherleib. Das wird verstärkt, wenn es sich um religiöse Bilder handelt, weil das Religiöse auch unmittelbar auf den Ätherleib wirkt.[8] In der Kultushandlung selbst sind das Religiöse und das Bildhafte die zugrunde liegenden Elemente, wodurch eine starke Wirkung auf den Ätherleib ausgeht, auch in Richtung einer Umwandlung, einer Vergeistigung in das höhere Wesensglied des Lebensgeistes[9], was sonst nur auf dem Weg der individuellen Schulung geschieht. So können wir sagen, dass die Kultushandlung selbst, das erste Glied des Sakramentes, zunächst eine Wirkung auf den Ätherleib des Menschen hat und dort einen Wandlungsprozess anregt, der auf das Geistige hinorientiert ist.

[7] »Wir sollen möglichst alles in Bildern denken, das wirkt auf den Ätherleib« (GA 266/3, 6.11.1905, S. 341).

[8] »... seine religiösen Erlebnisse und manche anderen Erfahrungen prägen sich dem Ätherleibe ein und machen diesen zum Lebensgeist« (GA 13, Dornach 1989, S. 75). »Aber durch nichts ist der Religionsunterricht zu ersetzen. Die Bilder des Übersinnlichen prägen sich tief in den Ätherleib ein ... Alle religiösen Vorstellungen müssen Bildervorstellungen werden« (GA 97, 12.1.1907).

[9] »Mit Symbolen, mit dem Sakramentalismus, mit der Kultushandlung wirkt man aber tiefer hinein, bis in den Ätherleib« (GA 167, 9.5.1916). Diese Bemerkung hat allerdings einen kritischen Kontext, in dem sich Rudolf Steiner mit dem Missbrauch von Symbolen etc. auseinandersetzt. Zum *Lebensgeist* vgl. die Darstellung Rudolf Steiners in seiner *Theosophie* (GA 9).

Das dritte Glied des Sakramentes (*res tantum*), die eigentliche Gnade (»Clara *erweist* sich als getauft«), bezieht sich in erster Line auf ein anderes Wesensglied. Die luziferische Infektion, die den Sündenfall zur Folge hatte, hat sich im Astralleib des Menschen abgespielt. Dieses Wesensglied, das im »Paradies« noch ein ganz reiner Seelenspiegel für die Welt in ihrer objektiven Wahrheit war, wurde durch die luziferische Versuchung auf sich selbst orientiert und selbstbezogen. Der Astralleib wird »begehrlich« und dadurch irrtumsfähig. Diese Begehrlichkeit zeigt sich in der Frau, die sich im Paradies der luziferischen Versuchung öffnet: »Da sah die Frau, dass es köstlich wäre, von dem Baum zu essen, dass der Baum eine Augenweide war und dazu verlockte, klug zu werden« (Genesis 3,6). Indem sich der Astralleib durch diese Selbstbezogenheit aus-»sondert« aus der Umgebung, wird dadurch der Fall in die »Sonderung«, in den Sündenfall eingeleitet.[10] Es ist ein fortwirkender Prozess, der dann auch die anderen Wesensglieder ergreift und bis in unsere Zeit das letzte Stadium im »intellektuellen« Sündenfall[11] erreicht, wie er sich insbesondere in der heutigen wissenschaftlichen Denkart zeigt. Damals, im Paradies, war der Mensch noch nicht vollständig bei sich angekommen. Er hatte schon die unteren Wesensglieder, den physischen, ätherischen und astralischen Leib, aber noch nicht wirklich sein Ich. Nur Ich-Wesen können aber für ihre Handlungen die volle Verantwortung übernehmen. Wir haben schon Lessing zitiert, der den Gedanken geäußert hat, dass der Mensch vor dem Sündenfall noch nicht »Herr seiner Handlungen« sei und deshalb auch nicht »moralischen Gesetzen« folgen könne.[12] Rudolf Steiner führt diesen Gedanken aus unter Einbeziehung der Wesensglieder des Menschen: »Die Verführung des Luzifer, diese Versuchung des Luzifer fällt gerade in die Zeit hinein, da der Mensch vor dem Tore stand, sein Ich zu erhalten. Es ist also eine Handlungsweise des Menschen, die vor seiner jetzigen Ich-Entwickelung liegt, die aber ihre Schatten in diese ganze Ich-Entwickelung hineingeworfen hat. Also wer ist denn eigentlich

[10] Genau genommen hängen *Sünde* und *sondern* etymologisch nicht zusammen. Sachlich sind sie dennoch aufeinander bezogen.

[11] Siehe Rudolf Steiner: *Lebendiges Naturerkennen – Intellektueller Sündenfall und spirituelle Sündenerhebung*, GA 220.

[12] *Die Erziehung des Menschengeschlechts*, § 74.

Sünder geworden? Der Mensch, insofern er ein Ich-Mensch ist, noch nicht. Durch Luzifer ist der Mensch mit einem Teile seines Wesens Sünder geworden, mit dem er heute im Grunde genommen nicht mehr Sünder werden kann. Denn heute hat er sein Ich. Der Mensch ist also mit dem Astralleib damals Sünder geworden … Es ist also eine Tat der Vor-Ich-Entwickelung, eine ganz andersartige Tat als alle die Taten, die der Mensch hat tun können, nachdem sein Ich auch nur in den allerersten Andeutungen in seine Natur eingezogen war.«[13] So ist der Mensch im Sündenfall gewissermaßen unschuldig schuldig geworden, hat aber die Folgen zu tragen. Doch kann er diese Schuld nicht aus eigenen Kräften ausgleichen, sondern bedarf der Hilfe, die ihm durch Christus als Gnade zukommen kann. Steiner drückt das so aus: »Es kommt uns durch das Dasein des Christus auf Erden die Kraft, wiederum hinaufzusteigen, ebenso ohne Verdienst, wie das andere ohne unsere Schuld gekommen ist. Denn beide haben es nicht zu tun mit dem Persönlichen, in dem das Ich lebt, sondern mit dem, was dem Ich vorangeht und was dem Ich nachfolgt … So, wie der Mensch seinen astralischen Leib schlechter gemacht hat durch die Erbsünde, so macht er ihn wiederum besser durch den Christus-Impuls. Das ist das Äquivalent, das ist dasjenige, was man im wahren Sinne die Gnade nennt.«[14] Diese Gnade ist die Möglichkeit, den Astralleib zu verwandeln, obwohl er »schlechter« geworden ist durch den Sündenfall. Den Astralleib verwandeln bedeutet, sich selber zu erziehen und über sich zu herrschen. Dass wir mit unseren schwachen Ich-Kräften überhaupt Aussicht haben, hier weiterzukommen, ist der Gnadenwirkung des Christus zu verdanken, der des Menschen »Willen stärkt«. Er stärkt ihn, aber er ersetzt ihn nicht, er baut auf unseren Beitrag.[15] Indem die Wandlungsarbeit am Astralleib getan wird, entsteht allmählich der erste Keim eines höheren Wesensgliedes, des Geistselbstes.

Wenn der Mensch durch die Kräfte des unverwandelten Astralleibes fortwährend die Neigung hat, sich abzusondern und auf sich selbst zu beziehen, wächst ihm durch das Geistselbst die Kraft zu, sich unter Wah-

[13] GA 127, 3.5.1911.

[14] Ebd.

[15] Es sollte überflüssig sein, hier noch einmal zu betonen, dass dieser Gedanke nichts mit Selbsterlösung zu tun hat. Nicht wir erlösen uns, aber wir geben den uns möglichen Beitrag zum Erlösungswerk.

rung seiner Individualität mit anderen Menschen zu verbinden, neue Gemeinschaften zu bilden von der Art, wie wir das schon besprochen haben (s. Kapitel 7.1 »Die Kindertaufe«). Die erste solche Gemeinschaft entstand am Pfingstmorgen durch die vom Heiligen Geist erfüllten Apostel. Man kann geradezu sagen, dass die pfingstlichen Flammen, die sich auf die Häupter der Apostel »setzten«[16], nicht allein ein Zeichen des Heiligen Geistes waren, sondern auch ein Zeichen dafür, dass in den Aposteln die Kraft des Geistselbstes zu wirken begann. So floss ihnen auch die Kraft zu, ganz neue Taten zu vollbringen im Namen Christi. Damit haben wir ein Bild von dem dritten Glied des Sakramentes, der eigentlichen sakramentalen Gnade (*res tantum*). Wenn sie wirksam zu werden beginnt, wenn wir beginnen, uns als solche, die ein Sakrament empfangen haben, zu *erweisen*, tritt ein pfingstliches Moment in unsere Biografie ein: Die sakramentale Gnade erweist sich als eine Gabe des Heiligen Geistes.[17] Sie kommt nicht von selbst, auch über die Jünger kam Pfingsten nicht unvorbereitet, und doch ist sie nicht vorausberechenbar. Aber sie kommt unserem Bemühen entgegen.

Wie kann man nun das zweite Glied des Sakramentes verstehen, die objektive Wirkung (*res et sacramentum*) der sakramentalen Handlung (Clara *ist* getauft)? Was wir für die Trauung beschrieben haben, gilt für alle Sakramente: Die eigentliche objektive Wirkung liegt in einer Schicksalsverwandlung. Die Sakramente fügen dem mitgebrachten Karma etwas hinzu, was »schon jetzt« Konsequenzen hat und nicht erst, wie bei anderen Taten, in einer zukünftigen Zeit. Augustinus nannte das Siegel und versuchte es mit dem Begriff des sakramentalen Males (*character*) zu fassen, der zur Welt des römischen Militärs gehört: Der Soldat bekam dieses Mal eingebrannt und wurde so *Angehöriger* des Militärs, aber verbunden mit einer *Dienstverpflichtung*. Man kann also sagen, dass mit einem Sakrament neue Möglichkeiten im Karma verbunden sind, zugleich aber auch neue Aufgaben. Wir haben gesehen (s. Kapitel 9.3 »Das Wesen der Wandlung«), dass die gleiche Kraft, die in der Menschen-

[16] »Und es erschienen ihnen Zungen zerteilt, wie von Feuer; und es setzte sich auf einen jeden von ihnen« (Apostelgeschichte 2,3).

[17] In der Ostkirche werden die sieben Sakramente als die sieben Gaben des Heiligen Geistes aufgefasst. Siehe Kapitel 5.1 »Die Siebenzahl der Sakramente«.

weihehandlung am Altar in der Wandlung wirksam ist, auch in der Verwandlung und Gestaltung des Karmas wirkt. Die anderen sechs Sakramente gehen alle bis zu dem Punkt, der in der Menschenweihehandlung der Wandlung entspricht, wo also die Karma verwandelnden und Karma bildenden Kräfte auftreten. Die daraus hervorgehenden Aufgaben sind dann aber im Leben zu erfüllen. Über diese Aufgaben wird am Ende der sakramentalen Handlung jeweils gesprochen. Wenn sie ergriffen werden, sind sie der Weg, auf dem die sakramentale Gnade dem Menschen entgegenkommen kann; er ist dann nicht nur getauft (konfirmiert, getraut etc.), sondern beginnt sich auch als solcher zu erweisen.

Die objektive Wirkung eines Sakramentes ist also eine geistige im Bereich des Karmas. Ihr entspricht aber eine subtile Wirkung in der Konstitution des Menschen. Der Übergang von der mit einer bewussten Intention mitvollbrachten sakramentalen Handlung in das Leben und die mit ihm verbundene neue Aufgabe hat seine Entsprechung dort, wo das, was im Astralleib angeregt worden ist, in den Ätherleib übergeht – vom Bewusstsein ins Leben. An dieser Stelle fallen Freiheit und Notwendigkeit zusammen. Was als Bewusstseinstatsache im Sakrament zunächst entstanden ist und nun ins Leben übergehen soll, bleibt nicht eine abstrakte Aufgabe, sondern wird gewissermaßen Teil der menschlichen Konstitution. Man könnte paradox formulieren und sagen: Dem Menschen ist nun konstitutionell eine Aufgabe einverwoben, die den Charakter einer »freilassenden Notwendigkeit« hat. In diesem Charakter kann man das Wesen des Christus erkennen, der den Menschen zum Schutze seines Ich völlig frei lässt und der zugleich als der Christus der Apokalypse seinen Blick streng auf das Notwendige richtet. So mag es nicht überraschend sein, wenn Rudolf Steiner diesen empfindlichen Punkt im Menschen zwischen Astralleib und Ätherleib, wo der Übergang vom Bewusstsein ins Leben geschieht, in einen Zusammenhang mit dem Christus-Erlebnis bringt: Anthroposophie tritt »an das Christus-Problem [heran], indem sie lebendig macht die Anschauung des Ätherleibes und des Astralleibes und wiederum dasjenige, was sich aus dem Zusammenwirken beider ergibt. Sie sehen, dass sie, indem sie gewissermaßen entdeckt das Christus-Erlebnis an der Grenze zwischen dem Astralleib und Ätherleib, dadurch in einer positiven Weise zum Christus-Erlebnis stehen muss.« Zu diesem Erlebnis kann der zu Recht bestehende christliche Kultus hinführen, denn er ist zu verstehen »aus einem Einblick in jene Wechselwirkung, die da statt hat zwischen dem, was erlebt werden kann im astralischen Leib, und dem, was erlebt werden kann im ätherischen Leib.«[18] Wir können uns also das Bild machen, dass die objektive Wirkung des Sakramentes auf eine subtile Weise das Wesensgliedergefüge des Menschen an dieser Stelle berührt.

Das wird an einer bestimmten Stelle der Priesterweihe deutlich. Auf die objektive Wirksamkeit im priesterlichen Handeln wird mit den Worten hingewiesen (wir haben sie schon einmal angeführt), dass das, was der Priester »im Zeichen« vollzieht, »im Geiste getan« sein soll. Über dieses Handeln kann gesprochen werden, weil dem Kandidaten in diesem Augenblick die priesterliche Würde übertragen worden ist im Zeichen der Stola. Dass die Stola als Zeichen des Priestertums gilt, weist auf das hin, was uns hier beschäftigt: Das priesterliche Gewand der Alba symbolisiert den Ätherleib des Menschen, die darüber getragene Casula den Astralleib. Dazwischen wird die Stola getragen, von der Steiner sagt: Es »deutet sich in der Stola an das Verbindungsglied des astralischen und des ätherischen Leibes.«[19] Das kultische Handeln des Priesters geht also von dieser Stelle im Wesensgliedergefüge des Menschen aus. An dieser Stelle verbindet sich der Christus im Sakrament auf eine objektive Weise mit dem Menschen und stellt ihn dadurch in eine »freilassende Notwendigkeit«. Die so geschaffene neue Situation kann man vielleicht mit dem Wort *Disposition* beschreiben.[20] Die objektive Wirkung des Sakramentes besteht darin, dass von nun an eine innere Disposition da ist, die aber frei lässt, die mit dem Sakrament verbundene Aufgabe zu ergreifen und den Weg zu gehen, auf dem die sakramentale Gnade dem Menschen entgegenkommt – von Gott her gedacht als Gabe des Heiligen Geistes, vom Menschen her gedacht als beginnendes Erwachen des Geistselbstes.

Als menschenkundliche Gesichtspunkte für die dreifache Wirkung des Sakramentes haben sich so ergeben: Die Kultushandlung selbst wirkt über das Bewusstsein vorzüglich auf den Ätherleib und regt seine

[18] GA 343, 28.9.1921 v.

[19] GA 343, 6.10.1921 v.

[20] In der scholastischen Theologie wurde der Begriff der »exigitiven Disposition« geprägt, d.h. der »fordernden« Disposition.

Verwandlung an. Die zweite – objektive und bleibende – Wirkung des Sakramentes geschieht im Karma des Menschen und findet ihren konstitutionellen Ausdruck in einer veränderten Situation an der Grenze zwischen Astralleib und Ätherleib, wo das Christus-Erlebnis zu suchen ist. Die dritte Wirkung ist mit der Aktivität des Menschen, mit dem Ergreifen seiner Aufgabe verbunden und bezieht sich als eine Gabe des Heiligen Geistes auf die Verwandlung – oder Erlösung – des Astralleibes. In der dreifachen Wirkung des Sakramentes kann zuletzt auch das Walten der Trinität gesehen werden.

14.4 Kirche und Gemeinschaft

Zum Schluss bleibt uns noch die Auseinandersetzung mit einem wichtigen Begriff aus der scholastisch-theologischen Erbschaft, der für viele heutige katholische Theologen zu jenen dogmatischen Festlegungen gehört, auf die sie lieber verzichten würden (ähnlich wie auch die Siebenzahl der Sakramente) und die sie deshalb, soweit möglich, relativieren. Es ist der Begriff *ex opere operato*, die Auffassung also, dass ein Sakrament »kraft des Vollzugs« wirksam ist (wenn Materie, Form und Intention stimmen), unabhängig von der äußeren oder moralischen Verfassung des Priesters oder dessen, der das Sakrament empfängt. Die dahinter liegende Kernfrage ist die nach der Objektivität der Sakramente. Das ist auch für die Christengemeinschaft eine zentrale Frage.

Wenn man nicht sicher sein könnte, dass nach einer Taufe in der Christengemeinschaft das Kind auch tatsächlich getauft ist oder nach einer Trauung die Ehe auch tatsächlich sakramental geschlossen ist, oder wenn gar bei der Menschenweihehandlung die Gewissheit, dass sie sich tatsächlich ereignet, immer vom jeweils zelebrierenden Priester abhängig wäre, käme eine gesunde Gemeindebildung nicht zustande. Bestimmte Menschen würden sich um bestimmte Priester scharen, denen sie zutrauten, die Sakramente gültig zu vollbringen, andere hätten vielleicht andere Auffassungen. Und obwohl heute die persönlichen Möglichkeiten der einzelnen Priester eine berechtigte Rolle spielen, kann sich die »Kirche«, die das Reich des Christus repräsentieren soll, nur auf das Überpersönliche gründen. Damit entsteht aber die Schwierigkeit, nicht doch in ein Verständnis von *unpersönlicher* Sakramentenwirksamkeit zu fallen und damit beim *ex opere operato* anzulangen.

In der Christengemeinschaft ist alles, was das kultische Wirken betrifft, auf die Gemeinschaft gegründet. Der Gottesbund, dem auch der Kultus der Christengemeinschaft entstammt, bezieht sich nicht auf einen Einzelnen, wie bei Noah (Genesis 6,18) oder Abraham (Genesis 17,2 ff.), sondern auf eine Gemeinschaft, die Rudolf Steiner Urgemeinde nannte. Die geistige Berechtigung, den neuen Kultus in die Welt zu tragen, also vor der Gemeinde und damit erst sozial wirksam zu vollziehen, hat also nicht der Einzelne, sondern die Priestergemeinschaft. Von ihr geht dann die Beauftragung des Einzelnen (als »Entsendung«) aus. Eine solche Gemeinschaft kann heute nur so konstituiert werden, dass ihre Mitglieder nicht auf eine bestimmte Weltanschauung verpflichtet werden.[21] Für den modernen Menschen kann es nicht um ein bestimmtes Dogma gehen, sondern nur um die Wahrheit. Da aber muss der Mensch frei sein, nur das als Wahrheit anzuerkennen, was er auch verstehen oder (im Glauben) erleben kann. Anders ist das in Bezug auf den Willen. Die Menschen können sehr verschiedene Dinge wollen. Es muss also klar sein, ob diejenigen, die eine solche Kultus tragende Gemeinschaft gründen, dasselbe wollen. Das Urbild für diese Urgemeinde ist der Apostelkreis.

Es sind im Wesentlichen drei Elemente des Wollens, auf die es ankommt: Die Apostel haben in ihren Taten das Reich Christi, das nicht von dieser Welt ist (Johannes 18,36), in der Welt zur Wirksamkeit gebracht. Auch für den heutigen Diener im kultischen Handeln können die Impulse für sein Tun auf Erden nicht dem Irdischen entstammen, sondern sie müssen letztlich aus der geistigen Welt kommen. Die Apostel haben zweitens das, was sie in den drei Jahren mit Christus erlebt hatten, zu verstehen gesucht. Das geschah im Wesentlichen in den vierzig Tagen bis Himmelfahrt durch die Lehren des Auferstandenen, wie etwa bei den Emmaus-Jüngern (Lukas 24,13 ff.).[22] An Pfingsten kam dann der Erkenntnis-Durchbruch. Auch dieses Ziel wird der heutige Priester erstreben: was er im Innern an Christus *erlebt* und dadurch

[21] Das gilt selbstverständlich auch gegenüber der Anthroposophie.

[22] Auch Rudolf Steiner spricht über die Lehren des Auferstandenen: GA 211, 13.4.1922.

glaubt, immer tiefer auch zu *verstehen*. Das ist ein ganz individueller Erkenntnisweg, der sich vom anthroposophischen dadurch unterscheidet, dass er nicht voraussetzungslos (und damit ergebnisoffen) ist, sondern das Erkenntnisziel »im Glauben«, als inneres Erlebnis, schon gegeben ist. Das dritte Element des Wollens ist die Bereitschaft, fortwährend an sich zu arbeiten und einen inneren Weg zu gehen. Das gilt heute in besonderer Weise, noch stärker als zu den Zeiten der Apostel, die sich noch von einer geistigen Wirklichkeit getragen fühlen konnten. Einen Hinweis auf Schulung finden wir z.B. in dem, was Paulus seinem Schüler Timotheus schreibt, der in Ephesus Bischof war. Er darf sich nicht dem äußeren Leben überlassen, sondern soll ein inneres aufbauen: »Du aber, ein Mann Gottes, flieh vor all dem. Strebe unermüdlich nach Gerechtigkeit, Frömmigkeit, Glauben, Liebe, Standhaftigkeit und Sanftmut. Kämpfe den guten Kampf des Glaubens, ergreife das ewige Leben, zu dem du berufen worden bist und für das du vor vielen Zeugen das gute Bekenntnis abgelegt hast« (Timotheus 6,11 f.).

Wenn in dieser Weise eine Kultus tragende Gemeinschaft sich durch den klar orientierten Willen ihrer Mitglieder immer neu gründet, kann sie als Gefäß für die Substanz der Sakramente dienen. Dann kann darauf vertraut werden, dass die Sakramente objektiv wirksam sind, wenn sie, dem Willen der geistigen Welt folgend, in die Welt übergehen. Dafür bürgt nicht der einzelne Priester durch eine irgendwie geartete Weihe-»Vollmacht«, sondern die Gemeinschaft. Darin besteht ja das Geheimnis der Gemeinschaft, dass durch sie die Schwächen des Einzelnen ausgeglichen werden können. Solange sie den Einzelnen trägt, wird er die Sakramente wirksam vollziehen. Sie hat allerdings auch die Verantwortung, den Moment festzustellen, wo ein Einzelner nicht mehr getragen werden kann, weil er sich faktisch von der Gemeinschaft gelöst hat, auch wenn er selbst seine eigene Situation anders interpretiert. Es kann zwischen »drinnen« und »draußen«, zwischen Zugehörigkeit zur Gemeinschaft und Außerhalb-Stehen keine Übergänge, sondern nur ein klares Entweder-oder geben. Solange also die Christengemeinschaft eine lebendige Gemeinschaft ist und die Urgemeinde darüber wacht, dass diejenigen, die kultisch handeln, wirklich innerhalb der Gemeinschaft stehen, darf man auf die Objektivität der Sakramente vertrauen. Die Kraft der Gemeinschaft ist dann stärker als die Schwächen des Einzelnen. Entsprechendes kann nun auch von den konkreten Gemeinden gesagt werden. Auch da trägt die Gemeinde die Schwächen des Einzelnen und leistet – als Gemeinde – ihren Beitrag am objektiven Ereignis der sakramentalen Handlung. Denn bei den neuen Sakramenten ist der Priester nicht der Allein-Handelnde, sondern die Gemeinde ist ausgesprochenermaßen Mitvollbringerin der Handlung.

Die *Ex-opere-operato*-Auffassung gründet die Objektivität der Sakramente auf ein Element des Unpersönlichen. Die Objektivität kann sich aber auch auf einen Gemeinschaftsprozess gründen, wenn die Gemeinschaft so konstituiert ist, dass sie eine Quelle überpersönlicher Wirksamkeit ist. Wenn die Beteiligten die Gemeinschaft in der oben beschriebenen dreifachen Art wollen, wird sie das leisten und persönliches Wollen in überpersönliche Wirksamkeit verwandeln.

Hier erscheint nun das Bild der neuen Kirche. Wir haben schon im Kapitel über die Kindertaufe von den alten und neuen Gemeinschaften gesprochen. Die Urgemeinde und mit ihr auch alle anderen Gemeinden (der Christengemeinschaft) sind als eine solche neue Gemeinschaft konstituiert: Die »Interessen des Individuums« sollen gerade nicht der Gemeinschaft geopfert werden, sondern umgekehrt bildet sich die Gemeinschaft, wie wir gesehen haben, aus den Willensintentionen der Einzelnen. Um die ganze Entwicklung zu überschauen, genügt es aber nicht, nur bis zu den alten Gemeinschaften zurückzugehen und von da aus auf die neuen Gemeinschaften zu blicken. Der Ursprung des Erdenmenschen findet sich noch vor den alten Gemeinschaften innerhalb der Natur oder – biblisch gesprochen – im Paradies. So wie in den Naturprozessen allergrößte Weisheit waltet, wie auch das Tier etwa sich ganz der weisheitsvollen Führung seiner Instinkte überlassen kann, war auch der Mensch ursprünglich in allen seinen Lebensäußerungen von Weisheit gelenkt. Aber diese Weisheit war nicht individuell. Dieser paradiesische Urzustand wurde durch Luzifers Eingriff beendet. Der Mensch verlor die Qualität eines »Naturwesens«. Zwar hat er weiterhin Anteil an der Natur – er hat »natürliche« Bedürfnisse, wie essen, schlafen, sich bewegen usw. –, dennoch hat er mit seinem wahren Wesen das Heimatrecht in der Natur verloren und muss ein eigenes »menschliches« Reich bilden. Der Weg zurück zur Natur ist eine Illusion und dem Menschen versperrt. Wenn der Mensch sein Niveau über der Natur nicht halten kann, sinkt er unter die Natur; aber ihr selbst kann er sich nicht mehr überlassen. Goethe hat diesen Gedanken in seinem *Faust* ausgedrückt, wenn er Mephisto über den Menschen sagen lässt (Prolog im Himmel):

> Ein wenig besser würd' er leben,
> Hättst du ihm nicht den Schein des Himmelslichts gegeben;
> Er nennt's Vernunft und braucht's allein,
> Nur tierischer als jedes Tier zu sein.

Wenn der Mensch mit der empfangenen Vernunft zurück zur Natur gehen möchte, wird die Vernunft zur grenzenlosen Raffinesse im Genuss und lässt ihn tierischer als die Tiere werden.

Die erste Form des menschlichen Reiches formuliert Rudolf Steiner im »Soziologischen Grundgesetz« – wir haben es schon zitiert – so: »Die Menschheit strebt im Anfange der Kulturzustände nach Entstehung sozialer Verbände.« Außerhalb des Paradieses beginnt die Kultur, und mit den sozialen Verbänden bildet sich die erste Form der Moralität, die noch ganz von außen den Menschen lenkt als »Gesetz«. Schließlich wird der Mensch sich auch von diesen Gemeinschaften befreien, was durchaus gesetzmäßig geschieht. Und er wird dieser von selbst kommenden äußeren Befreiung die innere Freiheit erst noch durch eigene Tätigkeit hinzufügen müssen, sodass er wirklich eine freie Individualität werden kann. In seiner *Philosophie der Freiheit* hat Steiner diese drei Phasen der Entwicklung zusammengefasst: »Die Natur macht aus dem Menschen bloß ein Naturwesen; die Gesellschaft ein gesetzmäßig handelndes; ein *freies* Wesen kann er nur *selbst* aus sich machen. Die Natur lässt den Menschen in einem gewissen Stadium seiner Entwicklung aus ihren Fesseln los; die Gesellschaft führt diese Entwicklung bis zu einem weiteren Punkte; den letzten Schliff kann nur der Mensch sich selbst geben.«[23]

Am Übergang von der Natur zur Gesellschaft steht die Wirksamkeit Luzifers. Der Übergang von den alten Gemeinschaften zur wirklichen Autonomie gelingt nur, wenn die Vereinzelung nicht allein das Ergebnis einer gesetzmäßigen Entwicklung ist, sondern der Mensch sich selbst »den letzten Schliff« zu einem freien Wesen gibt. Es wäre aber eine Illusion zu glauben, dass wir die Kraft zu diesem letzten Schliff allein zur Verfügung

[23] *Die Philosophie der Freiheit*, GA 4, Kap. IX.

hätten. So wie am Übergang von der Natur zur Gesellschaft die Gestalt Luzifers steht, so begleitet Christus den Übergang zur freien Individualität. Er hilft dem Menschen, aber nicht von außen, indem er ihm etwas abnimmt, sondern so, wie wir das im letzten Kapitel besprochen haben: Er wirkt nicht anders als so, dass er allein den Willen des Menschen stärkt und dadurch seine Freiheit schützt. Auf dieser dritten Stufe gibt es also Menschen, die äußerlich befreit als Einzelwesen auftreten. Und es gibt die Menschen, die sich darüber hinaus – durch die Hilfe des Christus – die innere Freiheit und Autonomie errungen haben. Das sind die »wahren Christen«. Diese Freiheit beginnt erst allmählich den Menschen der Gegenwart zugänglich zu werden, wir stehen noch am Anfang. Dennoch muss man sagen, dass diese Epoche der Freiheit schon vor zweitausend Jahren mit dem Christus-Ereignis eingeläutet worden ist.

Und dann sehen wir zwei weitere Epochen vor uns: eine Zeit, in der sich über die Vereinzelung der Menschen hinaus wieder Gemeinschaften ganz neuer Art bilden werden – wir haben sie christliche Gemeinschaften genannt. Schließlich wird von diesen Gemeinschaften die Kraft ausgehen, dass aus dem menschlichen Wirken eine ganz neue Natur hervorgeht, eine »menschliche« Natur. Man kann auch sagen: eine durch den Menschen verwandelte Natur, die einen ähnlichen Prozess durchgemacht hat wie Brot und Wein am Altar nach der Wandlung. Von dieser Sehnsucht der Natur nach Verwandlung durch den Menschen spricht Paulus (Römer 8,19 ff.): »Rings um uns her wartet die Schöpfung mit großer Sehnsucht darauf, dass in der Menschheit die Söhne Gottes zu leuchten beginnen. Die Schöpfung ist der Vergänglichkeit unterworfen, nicht um ihrer selbst willen, sondern um dessentwillen, der sie in die Vergänglichkeit mit hineingerissen hat, und so ist in ihr alles von Zukunftssehnsucht erfüllt. Denn auch durch die Schöpfung soll der Atem der Freiheit hindurchgehen; die Tyrannei der Vergänglichkeit soll aufhören.« Darüber haben wir schon anfänglich im Kapitel 2.3 über die Sakramentalien gesprochen.

So erkennen wir fünf große Epochen der Menschheitsentwicklung. Die ersten drei Epochen haben sich ohne aktive menschliche Mitwirkung ereignet – zuletzt erscheint der Mensch als Einzelwesen. Nun aber beginnen die Epochen sich nur noch unter menschlicher Aktivität zu verwirklichen. Das ist die christliche Ära. Sie beginnt in der dritten Epoche, wenn der Mensch ein freies Wesen zu werden beginnt dadurch, dass er sich selbst »den letzten Schliff« gibt. Und dann kommen die weiteren Epochen in der Zukunft. Aber diese Zukunft ist schon jetzt gegenwärtig im sakramentalen Handeln.[24] Die Gemeinden, die um die Sakramente entstehen, sind ein Bild künftiger Gemeinschaften, das in die Gegenwart hereinleuchtet. Und die Substanz, die in der Wandlung am Altar entsteht, ist die Wirklichkeit der künftigen Erde, die schon jetzt in die Gegenwart hereinwirkt. Die Sakramente, durch die Zukunft schon jetzt in der Gegenwart wirksam wird, gehören einer eigenen Wirklichkeitsschicht an. Wir kennen sonst nur zwei Wirklichkeiten: die *sinnliche* und die *geistige*. In der sinnlichen Wirklichkeit erleben wir die Gegenwart. Die Zukunft der sinnlichen Wirklichkeit ist rein geistig in der geistigen Welt schon jetzt aufzufinden, gewissermaßen als eine Intention. Die *sakramentale* Wirklichkeit liegt dazwischen. Sie bringt die Zukunft in die Gegenwart, aber nicht allein als geistige Tatsache, sondern auch als sinnliche. Sie wirkt in der sinnlichen Welt, aber rein geistig. Zwischen der sinnlichen und der geistigen Welt gibt es also noch die sakramentale Welt als eine eigene, dritte Wirklichkeitsschicht. Durch sie ist der Mensch in der Sinneswelt schon jetzt mit der Zukunft verbunden. Der Ort, wo diese Wirklichkeit erscheint, ist die christliche Kirche mit ihren Sakramenten. Der autonome Mensch, die neuen Gemeinschaften und die künftige Natur beginnen sich in ihr schon jetzt sakramental zu verwirklichen.

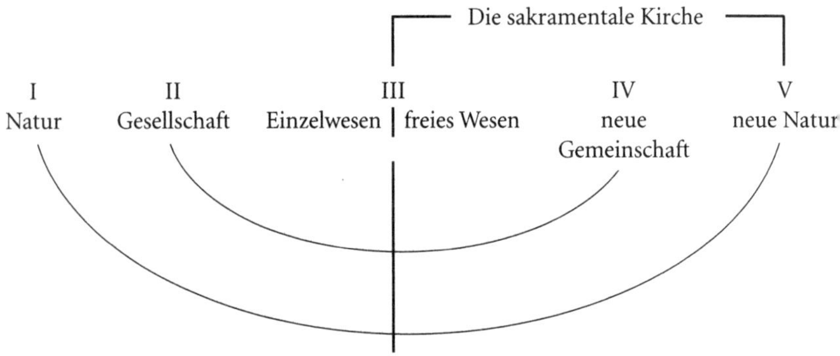

[24] Das hier Ausgeführte gilt in der entsprechenden Form auch für den Weg der Anthroposophie. Vgl. das Kapitel 2.4 »Kultus und Sakrament in der Anthroposophie«.

Zeittafel

im Text erwähnter Personen und Ereignisse
(kursive Jahreszahlen sind unsicher)

Aristoteles	384 v.Chr.–322 v.Chr.
Ignatius von Antiochien	?–*110/117*
Justin der Märtyrer	*100–165*
Tertullian (Quintus Septimius Florens Tertullianus)	*160–220*
Hippolyt von Rom	?–*235*
Cyprian (Thascius Caecilius Cyprianus)	*200*–258
Plotin (Plotinos)	*205*–270
Donatus von Karthago	?–*355*
Aurelius Augustinus	354–430
Dionysius Areopagita (Pseudo-Dionysios)	6. Jh.
Columban der Jüngere	*530*–615
Paschasius Radbertus	*790–856/59*
Johannes Scotus Eriugena	*810–877*
Berengar von Tours	*1000*–1088
Gilbert von Poitiers	*1080*–1154
Petrus Lombardus	*1100*–1160
Petrus von Poitiers	1130–1205
Papst Innozenz III.	1198–1216 (Pontifikat)
Alexander von Hales	*1170*–1245
Hugo von St. Cher	*1190*–1263
Thomas von Aquin	*1225*–1274
Johannes Duns Scotus	*1270*–1308
Unionskonzil von Lyon	1274
Konzil von Vienne	1311/12
Lehrentscheid (Dekret) für die Armenier	1439
Martin Luther	1483–1546
Theophrastus Paracelsus	1493–1541
Konzil von Trient (Tridentinum)	1545–1563
Gottfried Wilhelm Leibniz	1646–1716
Gotthold Ephraim Lessing	1729–1781
Johann Wolfgang von Goethe	1749–1832
Rudolf Steiner	1861–1925
Friedrich Rittelmeyer	1872–1938

Odo Casel	1886–1948
Emil Bock	1895–1959
Gottfried Husemann	1900–1972
Rudolf Frieling	1901–1986
Gründung der Christengemeinschaft	1922
Zweites Vatikanisches Konzil (II. Vaticanum)	1962–1965

Von Rudolf Steiner gegebene Namen

Die vier jeweils am häufigsten (Häufigkeit in Klammern) verwendeten männlichen und weiblichen christlichen Vornamen – sie repräsentieren 88% der von Steiner gegebenen christlichen Namen – sind:

Johannes (15)	Michael (13)	Markus (7)	Immanuel (6)
Johanna (16)	Maria (15)	Michaela (7)	Elisabeth (4)

Weitere Namen sind: Jakobus, Paulus, Anna, Martha, Pia, Sophia, Theodora.

Die den »Stammescharakter« (hier: das »germanische Element«) ausdrückenden Namen sind:

Adalbert
Christlieb
Christward
Elfried
Franz
Friedhold
Friedolf
Friedwart
Gerhard
Gerhardes
Gottfried
Godhard
Gotthard
Gotthart
Gotthilf
Gotthold
Gottwalt
Harald
Hellpurgus

Helmut
Herman
Hermann
Sigurt
Traugott
Trauwart
Wahrmund
Wilfried
Willhall
Wilrat

Berta
Berthild
Berthilde
Klara
Clara
Clarissa
Ella

Friedhilde
Gerda
Gerharda
Germana
Gertraude
Gunda
Gundi
Gundhild
Gunhild
Hellpurga
Lichthild
Mechthild
Mechthilde
Radegunde
Veronika
Vincenzia
Walpurga
Wartpurga
Wilfrieda

Literatur *(soweit sie im Text zitiert oder erwähnt ist)*

Adam, Adolf: *Sinn und Gestalt der Sakramente.* Würzburg 1975.

Adam, Adolf: *Grundriss der Liturgie.* Freiburg ^{5}1992.

Auer, Johann / Joseph Ratzinger: *Kleine Katholische Dogmatik*, Band VI (1974) und VII (1979). Regensburg.

Beckh, Hermann: *Alchymie. Vom Geheimnis der Stoffeswelt.* Dornach 1987 .

Birnbaum, Walter: *Das Kultusproblem und die liturgischen Bewegungen des 20. Jahrhunderts.* Tübingen 1970.

Bock, Emil: »Aus der Arbeit an einer neuen Übersetzung«. Nachwort in: *Das Neue Testament in der Übersetzung von Emil Bock.* Stuttgart 1983.

Boogert, Arie: *Der Weg der Seele nach dem Tod.* Stuttgart 2005.

Daems, Willem F.: *»Denn der Himmel ist der Mensch und der Mensch ist der Himmel ...« Paracelsica.* Dornach 1993.

Dausend, Hugo: *Die Sakramentalien* (Reihe »Religiöse Quellschriften«, Hrsg. J. Walterscheid). Düsseldorf 1930.

Debus, Michael: *Anthroposophie und die Erneuerung der christlichen Kirche.* Stuttgart 1989.

Debus, Michael / G. Kačer: *Das Handeln im Umkreis des Todes.* Hrsg. Anthroposophische Gesellschaft Stuttgart 1999.

Evangelischer Oberkirchenrat Stuttgart (Hrsg.): *Zur Frage der Christlichkeit der Christengemeinschaft.* Filderstadt 2004.

Fischer, Engelbert: *Die Menschen-Weihehandlung – was ist das?* Stuttgart 2002.

Frieling, Rudolf: *Die sieben Sakramente in der Geschichte der Christenheit.* Stuttgart 2001.

Gädeke, Wolfgang: *Ehe. Sehnsucht – Idee – Wirklichkeit.* Stutgart ^{2}2006.

Gädeke, Rudolf: *Die Gründer der Christengemeinschaft.* Dornach 1992.

Ganoczy, Alexandre: *Einführung in die katholische Sakramentenlehre.* Darmstadt 1979.

Goebel, Robert: *Schelling, Künder einer neuen Epoche des Christentums.* Stuttgart o.J. (1975).

Hahn, Herbert: *Von den Quellkräften der Seele.* Arlesheim 1959.

Handbuch der Kirchengeschichte. Freiburg/Br. 1985.

Harlan, Volker: *Das Bild der Pflanze in Wissenschaft und Kunst.* Stuttgart 2001.

Hotz, Robert: *Sakramente im Wechselspiel zwischen Ost und West.* Zürich-Köln 1979.

Kaiser, Günther: »Jugend als gesellschaftliches Massenphänomen«. In: H. Schäfer (Hrsg.): *Gewaltkriminalität Minderjähriger*. Bd. 1. Heidelberg 1979.
Kurras, Eberhard: *Christus-Erfahrungen. Petrus – Paulus – Johannes*. Stuttgart 1975.
Lenz, Johannes: *Die Taufe*. Stuttgart ²1995.
–: *Der Gottesdienst für die Kinder*. Stuttgart ²1999.
–: *Die Konfirmation*. Stuttgart ³2000.
–: *Die Menschenweihehandlung*. Stuttgart ²1999.
–: *Die neue Beichte*. Stuttgart 1983.
–: *Das Ereignis des Todes*. Stuttgart ²1997.
–: *Priestertum im 20. Jahrhundert*. Stuttgart 1988.
–: *Lebensgemeinschaft und Trauung*. Stuttgart ²1993.
Lexikon für Theologie und Kirche (LThK²). Freiburg/Br. 1986.
Lexikon für Theologie und Kirche (LThK³). Freiburg/Br. 1995.
Maas, Wilhelm: *Menschenweihehandlung und römische Messe. Rudolf Frielings »Messe-Studien« im Gespräch mit der katholischen Liturgiewissenschaft*. Stuttgart 1999 (unveröffentlicht).
Meyer, Rudolf: *Zur Erlösung der Tierwelt*. Stuttgart 1970.
Mirbt, Carl: *Quellen zur Geschichte des Papsttums und des Römischen Katholizismus*. Tübingen 1924.
Neuner, Josef / Heinrich Roos: *Der Glaube der Kirche in den Urkunden der Lehrverkündigung*. Regensburg 1971.
Paungarten, Ferdinand von (Hrsg.): *Das Eheproblem im Spiegel unserer Zeit. Äußerungen bekannter Persönlichkeiten zu dieser Frage*. München 1913.
Piault, Bernard: *Was ist ein Sakrament?* Aschaffenburg 1964.
Rau, Christoph (Hrsg.): *Vom Kultuserleben*. Stuttgart 1983.
Religion in Geschichte und Gegenwart (RGG³). Tübingen 1956–65.
Rittelmeyer, Friedrich: *Meine Lebensbegegnung mit Rudolf Steiner*. Stuttgart ¹⁰1983.
Sam, Martina Maria: *Im Ringen um eine neue Sprache*. Dornach 2004.
Scheffler, Armin: *Die Alchemie der Jahreszeiten. Betrachtung zu den Jahreszeiten-Imaginationen Rudolf Steiners*. Stuttgart 1998.
Schmaus, Michael: *Katholische Dogmatik*, Bd. III/2. München 1941.
Schroeder, Hans-Werner: *Die Christengemeinschaft. Entstehung – Entwicklung – Zielsetzung*. Stuttgart ²2001.
–: *Vom Erleben der Menschenweihehandlung*. Stuttgart ³1997.
–: *Der kosmische Christus*. Stuttgart 1995.
Schühle, Erwin: *Entscheidung für das Christentum der Zukunft*. Stuttgart 1969.
Skinner, Frederic: *Jenseits von Freiheit und Würde*. Reinbek 1973.

Steiner, Rudolf: Titel nach der Bibliografie-Nummer der Gesamtausgabe (GA) im Rudolf Steiner Verlag, Dornach/Schweiz

–: GA 1e: J. W. Goethe: *Naturwissenschaftliche Schriften.* Mit Einleitungen, Fußnoten und Erläuterungen im Text hrsg. von Rudolf Steiner.

GA 1: *Einleitungen zu Goethes Naturwissenschaftlichen Schriften.*

GA 2: *Grundlinien einer Erkenntnistheorie der Goetheschen Weltanschauung, mit besonderer Rücksicht auf Schiller.*

GA 4: *Die Philosophie der Freiheit.*

GA 6: *Goethes Weltanschauung.*

GA 8: *Das Christentum als mystische Tatsache und die Mysterien des Altertums.*

GA 9: *Theosophie. Einführung in übersinnliche Welterkenntnis und Menschenbestimmung.*

GA 10: *Wie erlangt man Erkenntnisse der höheren Welten?*

GA 11: *Aus der Akasha-Chronik.*

GA 13: *Die Geheimwissenschaft im Umriß.*

GA 14: *Vier Mysteriendramen.*

GA 15: *Die geistige Führung des Menschen und der Menschheit.*

GA 18: *Die Rätsel der Philosophie.*

GA 23: *Die Kernpunkte der Sozialen Frage.*

GA 26: *Anthroposophische Leitsätze.*

GA 28: *Mein Lebensgang.*

GA 31: *Gesammelte Aufsätze zur Kultur- und Zeitgeschichte 1887 – 1901.*

GA 34: *Lucifer – Gnosis.*

GA 35: *Philosophie und Anthroposophie.*

GA 38: *Briefe Band I: 1881 – 1890.*

GA 39: *Briefe Band II: 1890 – 1925.*

GA 53: *Ursprung und Ziel des Menschen.*

GA 56: *Die Erkenntnis der Seele und des Geistes.*

GA 59: *Metamorphosen des Seelenlebens – Pfade der Seelenerlebnisse,* Zweiter Teil.

GA 60: *Antworten der Geisteswissenschaft auf die großen Fragen des Daseins.*

GA 64: *Aus schicksaltragender Zeit.*

GA 67: *Das Ewige in der Menschenseele. Unsterblichkeit und Freiheit.*

GA 72: *Freiheit – Unsterblichkeit – Soziales Leben.*

GA 77b: *Kunst und Anthroposophie.*

GA 78: *Anthroposophie, ihre Erkenntniswurzeln und Lebensfrüchte.*

GA 79: *Die Wirklichkeit der höheren Welten.*

GA 92: *Die okkulten Wahrheiten alter Mythen und Sagen.*

GA 93a: *Grundelemente der Esoterik.*

GA 94: *Kosmogonie. Populärer Okkultismus. Das Johannes-Evangelium. Die Theosophie an Hand des Johannes-Evangeliums.*
GA 96: *Ursprungsimpulse der Geisteswissenschaft.*
GA 97: *Das christliche Mysterium.*
GA 98: *Natur- und Geistwesen – ihr Wirken in unserer sichtbaren Welt.*
GA 102: *Das Hereinwirken geistiger Wesenheiten in den Menschen.*
GA 104: *Die Apokalypse des Johannes.*
GA 107: *Geisteswissenschaftliche Menschenkunde.*
GA 112: *Das Johannes-Evangelium im Verhältnis zu den drei anderen Evangelien.*
GA 123: *Das Matthäus-Evangelium.*
GA 127: *Die Mission der neuen Geistesoffenbarung.*
GA 131: *Von Jesus zu Christus.*
GA 140: *Okkulte Untersuchungen über das Leben zwischen Tod und neuer Geburt.*
GA 144: *Die Mysterien des Morgenlandes und des Christentums.*
GA 145: *Welche Bedeutung hat die okkulte Entwickelung des Menschen für seine Hüllen (physischer Leib, Ätherleib, Astralleib) und sein Selbst?*
GA 149: *Christus und die geistige Welt.*
GA 151: *Der menschliche und der kosmische Gedanke.*
GA 153: *Inneres Wesen des Menschen und Leben zwischen Tod und neuer Geburt.*
GA 155: *Christus und die menschliche Seele.*
GA 162: *Kunst- und Lebensfragen im Lichte der Geisteswissenschaft.*
GA 166: *Notwendigkeit und Freiheit im Weltengeschehen und im menschlichen Handeln.*
GA 167: *Gegenwärtiges und Vergangenes im Menschengeiste.*
GA 175: *Bausteine zu einer Erkenntnis des Mysteriums von Golgatha.*
GA 182: *Der Tod als Lebenswandlung.*
GA 186: *Die soziale Grundforderung unserer Zeit – in geänderter Zeitlage.*
GA 187: *Wie kann die Menschheit den Christus wiederfinden? Das dreifache Schattendasein unserer Zeit und das neue Christus-Licht.*
GA 193: *Der innere Aspekt des sozialen Rätsels.*
GA 196: *Geistige und soziale Wandlungen in der Menschheitsentwickelung.*
GA 211: *Das Sonnemysterium und das Mysterium von Tod und Auferstehung.*
GA 216: *Die Grundimpulse des weltgeschichtlichen Werdens der Menschheit.*
GA 217: *Geistige Wirkenskräfte im Zusammenleben von alter und junger Generation.*
GA 218: *Geistige Zusammenhänge in der Gestaltung des menschlichen Organismus.*
GA 219: *Das Verhältnis der Sternenwelt zum Menschen und des Menschen zur Sternenwelt.*

GA 220: *Lebendiges Naturerkennen. Intellektueller Sündenfall und spirituelle Sündenerhebung.*

GA 222: *Die Impulsierung des weltgeschichtlichen Geschehens durch geistige Mächte.*

GA 224: *Die menschliche Seele in ihrem Zusammenhang mit göttlich-geistigen Individualitäten.*

GA 229: *Das Miterleben des Jahreslaufes in vier kosmischen Imaginationen.*

GA 232: *Mysteriengestaltungen.*

GA 237: *Esoterische Betrachtungen karmischer Zusammenhänge, Dritter Band: Die karmischen Zusammenhänge der anthroposophischen Bewegung.*

GA 238: *Esoterische Betrachtungen karmischer Zusammenhänge, Vierter Band: Das geistige Leben der Gegenwart im Zusammenhang mit der anthroposophischen Bewegung.*

GA 240: *Esoterische Betrachtungen karmischer Zusammenhänge, Sechster Band.*

GA 254: *Die okkulte Bewegung im neunzehnten Jahrhundert und ihre Beziehung zur Weltkultur.*

GA 257: *Anthroposophische Gemeinschaftsbildung.*

GA 260a: *Die Konstitution der Allgemeinen Anthroposophischen Gesellschaft und der Freien Hochschule für Geisteswissenschaft. Der Wiederaufbau des Goetheanum.*

GA 261: *Unsere Toten.*

GA 262: *Rudolf Steiner / Marie Steiner-von Sivers: Briefwechsel und Dokumente 1901–1925.*

GA 264: *Zur Geschichte und aus den Inhalten der ersten Abteilung der Esoterischen Schule 1904 bis 1914.*

GA 266/2: *Aus den Inalten der esoterischen Stunden, Band II: 1910–1912.*

GA 266/3: *Aus den Inalten der esoterischen Stunden, Band III: 1913 und 1914: 1920–1923.*

GA 268: *Mantrische Sprüche. Seelenübungen Band II, 1903–1925.*

GA 269: *Ritualtexte für die Feiern des freien christlichen Religionsunterrichtes.*

GA 318: *Das Zusammenwirken von Ärzten und Seelsorgern.*

GA 328: *Die soziale Frage.*

GA 333: *Gedankenfreiheit und soziale Kräfte.*

GA 342: *Vorträge und Kurse über christlich-religiöses Wirken, I.*

GA 343: *Vorträge und Kurse über christlich-religiöses Wirken, II.*

GA 344: *Vorträge und Kurse über christlich-religiöses Wirken, III.*

GA 345: *Vorträge und Kurse über christlich-religiöses Wirken, IV.*

GA 346: *Vorträge und Kurse über christlich-religiöses Wirken, V.*

GA 353: *Die Geschichte der Menschheit und die Weltanschauungen der Kulturvölker.*

Steiner, Rudolf: *Das Christentum und die Mysterien des Altertums.* München 2005.

Teichmann, Frank: »Die Entstehung des Entwicklungsgedankens in der Goethezeit«. In: Wolfgang H. Arnold (Hrsg.): *Entwicklung. Interdisziplinäre Aspekte zur Evolutionsfrage.* Stuttgart 1989.

Thiede, Werner: *Wer ist der kosmische Christus?* Göttingen 2001.

Vorgrimler, Herbert: *Sakramententheologie.* Düsseldorf 1987.

Wenz, Gunther: *Einführung in die evangelische Sakramentenlehre.* Darmstadt 1988.